미국 비즈니스계의 거물들

세계 최강 미국 경제를 만든

기업가

미국 ④

미국 비즈니스계의 거물들

세계 최강 미국 경제를 만든 기업가

한솔교육연구모임 지음

솔과나무

차례

서문 왜 미국을 읽어야 할까요? • 009

추천사 세상의 변화를 읽고, 앞을 내다보는 힘 • 013

추천사 〈세계통찰〉 시리즈에 부쳐 • 016

01

상반된 평가를 받는 경영자
잭 웰치 • 020

GE(제너럴 일렉트릭)의 시작 | 미국 제조업의 상징이 된 GE | 잭 웰치 | GE와의 만남 | CEO가 된 잭 웰치 | 외국 기업의 도전 | 중성자탄 잭 | 인재사관학교 | 파경을 맞은 결혼생활 | 위기의 시작 | GE캐피탈 | 실패한 직원 평가제도 | GE의 수모 | 재평가받는 잭 웰치

들여다보기 살찐 고양이법 • 053

다국적 농업기업을 만든
존 퀴니 • 056

아일랜드 이민자 2세 | 몬산토의 시작 | 디디티가 가져온 성공 | 맹독성 물질로 만든 고엽제, 에이전트 오렌지 | 생명공학 기업으로의 변신 | 농업의 산업화 | 상반되는 평가

들여다보기 줄소송에 걸린 몬산토 • 083

글로벌 자본투자가
조지 소로스 • 086

전쟁의 공포 | 고단한 유학 생활 | 퀀텀펀드 | 열린사회를 꿈꾸는 투기꾼 | 영국 초토화 작전 | 악마처럼 벌지만 천사처럼 쓰는 사람 | 닫혀가는 미국 사회 | 중국을 공격한 헤지펀드 | 철학이 있는 금융인

들여다보기 멀어지는 조지 소로스의 꿈 • 123

레저문화를 선도한
윌리엄 할리와 아서 데이비슨 • 126

할리와 데이비슨 | 첫 번째 위기 | 두 번째 위기 | 전쟁이 가져다 준 행운 | 영화와 할리데이비슨 | 일본산 모터사이클의 도전 | 주인이 바뀐 할리데이비슨 | 할리데이비슨을 살려낸 사람들 | 심장 소리를 닮은 엔진 개발 | 일본 혼다에서 배우다 | 할리데이비슨의 전략 | 마음을 움직이는 마케팅 | 개성 마케팅 | 4대째 내려온 가족경영

들여다보기 여성과 할리데이비슨 • 166

05

석유왕
존 록펠러 • 168

미래의 에너지 사업에 뛰어든 록펠러 | 밴더빌트와의 만남 | 탐욕스러워지는 록펠러 | 노동자와 법 위에 군림하는 독점재벌들 | 러드로 대학살 사건 | 쪼개지는 회사 | 수전노에서 기부천사로 | 자선가 록펠러

들여다보기 셰일혁명이 몰고 온 변화 • 195

06

자동차왕
헨리 포드 • 198

어린 포드의 꿈 | 횡포의 시대 | 포드의 도전 | 세상을 바꾼 포드시스템 | 포드주의 | 이익공유제 실시 | 포드와 히틀러 | 차가운 아버지 | GM의 거센 도전 | 떠나가는 포드 | 포드시스템이 남긴 문제

들여다보기 대통령 전용차 • 233

07

금융재벌
존 피어폰 모건 • 236

금융 제국의 시작 | 철도와 전신 사업 | US스틸의 탄생 | 올림픽호와 타이타닉호 | 금융 위기를 해결한 금융왕 | 미국 중앙은행 | 제1차 세계대전과 JP모건 | 두 얼굴의 경제 대공황 | JP모건의 마지막 영광

들여다보기 유대인과 금융산업 • 270

08

철강왕
앤드루 카네기 • 272

가난한 어린 시절 | 코끼리가 만든 기적 | 미국의 현대화에 이바지한 카네기철강 | 노동자의 몰락 | 욕심 많은 부자들 | 카네기철강의 노동자 학살 | 물러나는 카네기 | 기부천사 카네기

쇠락한 미국의 철강산업 • 303

09

발명왕
토머스 에디슨 • 306

집념의 에디슨 | 멘로 파크의 마법사 | 냉혹한 경영자 | 에디슨과 테슬라 | 전기전쟁 | 테슬라의 완승으로 끝난 전기전쟁 | 존 모건의 배신 | 사라지지 않은 앙금 | 전설이 된 에디슨

들여다보기 전구와 LED • 340

왜 미국을 읽어야 할까요?

〈세계통찰〉 시리즈는 다양한 독자에게 세계를 통찰할 수 있는 지식과 교양을 전해 주고자 합니다. 미국을 시작으로 중국, 일본, 중남미, 유럽, 아시아, 아프리카 등 오대양 육대주의 주요 국가들에 관한 정치, 경제, 역사, 문화 등 다양한 정보를 제공하여 세상이 움직이는 원리를 독자 스스로 알게끔 하고자 합니다.

지구상에 있는 국가들은 별개가 아니라 서로 연결된 유기체입니다. 여러 나라 가운데 〈세계통찰〉 시리즈에서 미국 편 전 16권을 먼저 출간하는 이유는 유기적인 세계에서 미국이 가진 특별한 지위 때문입니다. 19세기까지 세계를 호령하던 대영제국의 패권을 이어받은 미국은 20세기 이후 오늘날까지 세계 유일의 초강대국으로 세계를 이끌고 있습니다. 또한 세계 최강의 경제력을 기반으로 자유시장을 중시하는 자본주의 이념을 전 세계에 전파했습니다. 우리나라를 포함하여 많은 나라가 세계 최대 시장인 미국과의 무역을 통해 가난을 딛고 경제성장을 이룰 수 있었습니다. 애플이나 구글 같은 미국 기업들이 새로운 산업을 일으키면서 미국은 물론, 전 세계에 수많은 일자리와 자본력을 제공했습니다.

이처럼 전 세계에 커다란 영향을 미치고 있는 미국이라는 나라를 알기 위해 '미국의 대통령'을 시작으로 한 '미국을 만든 사람들' 편을 소개합니다. 대통령제를 기반으로 한 미국식 민주주의는 전 세계로 전파되면서 수많은 국가에 영향을 미치고 있습니다. 제2차 세계대전 이후 독립한 국가들이 대부분 대통령제를 선택하면서 대통령제는 미국을 넘어 많은 국가의 정치체제로 자리 잡았습니다. 도전 정신과 혁신을 바탕으로 미국 경제를 세계 최강으로 만든 '기업인들' 역시 우리에게 많은 교훈을 줍니다. 세계인의 감성과 지성을 자극하고 있는 '예술인과 지식인'도 이야기의 대상입니다. '사회 문화' 편에서는 미국의 문화를 통해 미국만이 가진 특성을 살펴봅니다. 창의와 자유를 존중하는 사회 분위기는 할리우드 영화, 청바지, 콜라 등 미국만의 문화를 탄생시켰고 이는 전 세계로 확산되어 지구촌의 문화로 자리 잡았습니다. 이제 미국의 문화는 미국인만 누리는 것이 아니라 세계인이 함께 공유하는 것이 되었습니다. '산업' 편에서는 정보통신, 우주 항공, 에너지, 유통 등 미국의 주력 산업을 통해 오늘날 미국이 세계경제를 주무르고 있는 비결과 미래에도 미국이 변함없이 강력한 영향력을 행사할 수 있는 이유에 대해 알아봅니다.

'전쟁' 편에서는 미국이 참전한 전쟁을 통해 전쟁이 미국은 물론 세계에 미친 영향에 대해 살펴봅니다. 미국은 전쟁으로 독립을 쟁취했을 뿐만 아니라 세계를 움직일 수 있는 새로운 질서를 만들어 냈습니다. 다시 말해 전쟁은 미국이 세계를 뜻대로 움직이는 도구였습니다.

이처럼 미국의 정치, 경제, 문화 등 각 분야는 20세기 이후 지구촌에 막대한 영향을 미치고 있기에 미국에 관한 지식이 없으면 세계를 제대로 이해할 수 없습니다. 미국을 제대로 알게 된다면 세상이 돌아가는 힘의 원리를 더 잘 알 수 있습니다. 〈세계통찰〉 시리즈 미국 편은 '미국을 만든 사람들' 전 6권, '세계의 중심이 된 미국의 문화와 산업' 전 6권, '전쟁으로 일어선 미국' 전 4권으로 되어 있습니다. 이렇게 총 16권의 인물, 사회·문화, 산업, 전쟁 등 주요 분야를 다루면서 단편적인 지식의 나열이 아니라 미국의 진면목, 나아가 세계의 흐름을 알 수 있도록 했습니다. 적지 않은 분량이지만 정치, 경제, 문화사에 남을 인물들과 역사에 기록될 사건을 중심으로 다양한 예화와 사례를 들어가면서 쉽고 재미있게 썼습니다. 처음부터 끝까지 차분히 읽다 보면 누구나 미국과 세계의 과거와 현재, 미래를 명확하게 들여다볼 수 있는 통찰력을 가질 수 있을 것입니다.

세계를 한눈에 꿰뚫어 보는 〈세계통찰〉 시리즈! 길고도 흥미진진한 이 여행에서 처음 만나게 될 나라는 미국입니다. 두근거리는 마음으로 함께 출발해 봅시다!

한솔(한솔교육연구모임 대표)

세상의 변화를 읽고, 앞을 내다보는 힘

미래학자 엘빈 토플러는 "한국 학생들은 하루 10시간 이상을 학교와 학원에서 자신들이 살아갈 미래에 필요하지 않을 지식을 배우고, 존재하지 않을 직업을 위해 아까운 시간을 허비하고 있다."라고 했습니다. 그렇다면 우리는 무엇을 배우고, 생각해야 할까요? 수년 안에 지구촌은 큰 위기를 맞이할 가능성이 큽니다. 위기는 역사적으로 늘 존재했지만, 앞으로 닥칠 상황은 미국과 중국의 패권 전쟁의 상황에서 과거와는 차원이 다른 큰 변화가 일어날 것입니다. 2018년 기준 중국은 미국의 66% 수준의 경제력을 보입니다. 구매력 기준 GDP는 중국이 이미 2014년 1위에 올라섰습니다. 세계 최강의 지위를 위협받은 미국은 트럼프 집권 이후 중국에 무역 전쟁이란 이름으로 공격을 시작했습니다. 미국과 중국의 무역 전쟁은 단순히 무역 문제로만은 볼 수 없는 정치, 사회, 경제, 문화가 엮여 있는 총체적 전쟁입니다. 미국과 중국의 앞날을 예측하기 위해서는 경제 분야 외에, 정치, 사회, 문화 등을 통합적으로 볼 수 있어야 합니다. 역사는 리듬에 따라 움직입니다. 현재와 비슷한 문제가 과거에 어떤 식으로 일어났는지를 알면 미래를 읽는 통찰력이 생깁니다. 지나온 역사를 통해 세상의 변화를 읽고 앞을 내다보는 힘을 길러야 합니다. 역사를 통해서 남들이 보지 못하는 곳을 보고, 다른 사람과 다르게 생각하는 힘을 길러야 합니다.

〈세계통찰〉은 이러한 필요에 따라 세계 주요 국가의 역사, 경제, 사회, 문화 등 다양한 주제를 통해 세계를 이해하는 안목을 심어 주고자 쓰인 책입니다. 솔과나무 출판사는 오대양 육대주에 걸쳐 있는 중요한 나라를 대부분 다루는 계획 아래 먼저 미국과 중국에 대한 책을 출간할 계획입니다. 이는 오늘날 미국과 중국이 정치, 경제, 문화 등 모든 분야를 선도하며 전 세계에 막대한 영향을 미치고 있는 초강대국이기 때문입니다. 〈세계통찰〉 시리즈는 미국과 중국 세계 양강 대결의 상황에서 미·중 전쟁의 미래를 예측할 수 있는 훌륭한 나침반이 될 수 있을 것입니다.

특히 미국은 정치, 경제, 문화 등 어느 분야로 보아도 세계인의 관심을 가장 많이 받는 나라입니다. 〈세계통찰〉 시리즈 '미국'은 정치, 경제, 사회, 문화 모든 분야에 걸쳐서 시간과 공간을 넘나들며 현재의 미국을 이해할 수 있게 만든 획기적인 시리즈입니다. 인물, 산업, 문화, 전쟁 등의 키워드로 살펴보면서 미국의 역사와 문화, 각국과의 상호관계를 파악할 수 있는 지식과 읽을거리를 제공합니다. 인물과 사건을 중심으로 이야기를 이어가고 그 과정에서 우리가 오늘날 세상을 살아갈 때 활용할 수 있는 지혜를 담고 있습니다. 단순히 사실 나열에 그치지 않고, 왜 그렇게 되었는지, 그 뒤에는 어떻게 되었는지, 과정과 흐름 속에서 숨은 의미를 찾아냄으로써 유연하고 창의적인 생각을 할 수 있도록 자극합니다. 무엇보다 〈세계통찰〉 시리즈에는 많은 이들의 실패와 성공의 경험이 담겨 있습니다. 앞서 걸은 이들의 발자취를 통해서만 우리는 세상을 보는 통찰력을 키울 수 있다는 사실을 기억했으면 합니다. 미국을 자세히 들여다보면 지구촌 사람들의 모습을 다 알 수 있다고도 합니다. 세계를 이끌어가는 미국을 이해한다는 것은 단순히 한 나라를 아는 것이 아니라 세계를 이해하는 것이기 때문에 〈세계통찰〉 시리즈 미국 편을 통해 모두가 미국에 대해 입체적이고 통합적으로 살펴볼 수 있는 기회를 얻기를 바랍니다.

곽석희(청운대학교 융합경영학부 교수)

〈세계통찰〉 시리즈에 부쳐

4차 산업혁명 시대를 맞이하는 청소년에게 꼭 필요한 지혜

4차 산업혁명 시대에는 나라 사이의 언어적, 지리적 장벽이 허물어집니다. 견고한 벽이 무너지는 대신 개인과 개인을 잇는 촘촘한 연결망이 더욱 진화합니다. 이제 우리는 다양한 문화적 배경을 가진 친구와 이전과는 완전히 다른 방법으로 우정을 나눌 수 있습니다. 낯선 언어는 더는 장애가 되지 않습니다. 스마트폰의 번역 프로그램을 이용하면 내가 할 말을 실시간으로 전달할 수 있고 상대방의 말뜻을 이해할 수도 있습니다. 또 초고속 무선 통신망을 이용해 교류하는 동안 지식이 풍부해져서 앞으로 내가 나아갈 길을 설계하는 데 큰 도움이 됩니다.

저는 오랫동안 현장에서 청소년을 만나며 교육의 방향성을 고민해 왔습니다. 초 단위로 변하는 세상을 바라보면 속도에 대한 가르침을 줘야 할 것 같고, 구글 등 인터넷상에 넘쳐 나는 정보를 보면 그것에 대한 양적인 교육이 필요할 것 같았습니다. 긴 고민 끝에 저는 시대가 변해도 퇴색하지 않는 보편적 가치와 철학을 청소년에게 심어 줘야겠다는 결론을 내렸습니다.

4차 산업혁명 시대에는 인공 지능과 인간이 공존합니다. 최첨단 과학이 일상이 되는 세상에서 75억 지구인이 조화롭게 살아가려면 인간 중심의 교육이 필요합니다. 인문학적 지식과 소양을 통해 인간을 더욱 이해하고 이롭게 만드는 시각을 갖춰야 합니다. 〈세계통찰〉 시리즈는 미래를 이끌어 나갈 청소년을 위한 지식뿐 아니라 그 지식을 응용하여 삶에 적용해 볼 수 있는 지혜까지 제공하는 지식 정보 교양서입니다.

청소년이 이 책을 반드시 접해야 하는 이유

첫째, 사고의 틀을 확대해 주는 책입니다.

〈세계통찰〉 시리즈는 정치, 경제, 사회, 문화, 무역, 외교, 전쟁, 인물에 이르기까지 하나의 국가가 국가로서 존재하고 영유하는 모든 것을 다루고 있습니다. 한 국가를 이야기할 때 경제나 사회의 영역을 충분히 이해했다 해도 '이 나라는 이런 나라다.' 하고 한마디로 정의하기는 어렵습니다. 인물이나 역사적 사건과 같은 눈에 보이는 사실과 이념, 사고, 철학과 같은 눈에 보이지 않는 특성까지 좀 더 유기적이고 종합적인 사고를 해야 한 나라를 이해하고 정의할 수 있을 것입니다. 이 책을 통해 합리적이고 논리적으로 사고하는 습관을 자연스

럽게 기를 수 있습니다.

둘째, 글로벌 리더를 위한 최적의 교양서입니다.

4차 산업혁명 시대라 하더라도 모든 나라가 해체되는 것은 아닙니다. 세계화 속도가 점점 가속화되는 글로벌 시대에 꼭 필요한 소양은 역설적이게도 각 나라에 대한 수준 높은 정보입니다. 일반적으로 알려진 상식의 폭을 확대할 수 있어야 합니다. 미국과 중국의 무역 분쟁이나 우리나라와 일본의 갈등에서도 볼 수 있듯 세계 곳곳에는 국가 사이의 특수한 사정과 역사로 인해 각종 사건과 사고가 터져 나오고 있습니다. 한 국가의 성장과 번영은 자국의 힘과 노력만으로는 가능하지 않습니다. 가깝고 먼 나라와의 유기적인 관계 속에서 평화를 지키고 때로는 힘을 겨루면서 이루어지는 것입니다. 한편 G1, G2라 불리는 경제 대국, 유럽 연합EU이나 아세안ASEAN 같은 정부 단위 협력 기구 사이에 일어나는 상호 이해관계도 중요해지고 있습니다. 〈세계통찰〉 시리즈는 미국, 중국, 일본, 아세안, 유럽 연합, 중남미 등 지구촌 모든 대륙과 주요 국가를 공부하는 데 반드시 필요한 영역을 씨실과 날실로 엮어서 구성하고 있습니다.

마지막으로 〈세계통찰〉 시리즈는 글쓰기, 토론, 자기 주도 학습, 공동 학습에 최적화된 가이드 북입니다.

저는 30년 이상 교육 현장에 있으면서 토론, 그중에서도 대립 토론debating 수업을 강조해 왔습니다. 학생 스스로 자료를 찾고 분류하며 자신만의 생각을 정리하고 발표하는 방식입니다. 이때 다른 사람의 생각을 경청하고 공감하는 학생일수록 주도적이고도 창의적인 인재로 성장하는 것을 보았습니다. 〈세계통찰〉 시리즈가 보여주는 형식과 내용은 학생과 교사 모두에게 긍정적인 영향을 줄 것이라고 확신합니다.

가까운 미래에 글로벌 리더로서 우뚝 설 우리 청소년에게 힘찬 응원의 메시지를 보냅니다.

박보영(교육학 박사, 박보영 토론학교 교장, 한국대립토론협회 부회장)

01

상반된 평가를 받는 경영자

잭 웰치

미국 경영학의 살아있는 교과서 (1935 ~)

미국 제조업의 상징인 제너럴 일렉트릭의 최연소 최고경영자를 역임했다. 〈포춘Fortune〉잡지에 '20세기 최고의 경영자'로 선정되기도 했던 그는, 대규모 정리해고와 기업의 인수합병을 통해 미국은 물론이고 전세계의 기업 경영에 큰 영향을 끼쳤다.

GE(제너럴 일렉트릭)의 시작

1878년 토머스 에디슨은 백열전구를 발명하기 위해 에디슨 전기 조명회사Edison Electric Light Co.를 세웠습니다. 이듬해 필라멘트를 이용한 백열전구를 개발하고 이후 본격적으로 전기사업에 뛰어들었습니다. 미국 전역에 전기가 원활히 공급되어야 전구를 사용할 수 있기에 에디슨은 전력망을 만드는 사업에 나섰습니다. 전력망을 만드는 일에는 천문학적인 돈이 필요합니다. 그래서 그는 당시 미국에서 손꼽히는 억만장자였던 금융왕 존 모건과 손을 잡았습니다.

그런데 한 가지 문제가 있었습니다. 에디슨이 개발한 직류전기는 송전손실*이 커서 전기를 사용하려면 곳곳에 발전소를 만드는 불편함을 감수해야 했습니다. 게다가 발전소를 만들면 만들수록 투자비용이 늘어가기 때문에 사업화에 어려움이 뒤따랐습니다.

값싼 전기를 만들 수 있는 신기술이 필요했던 에디슨은 동유럽 출

* 발전소에서 생산한 전기를 다른 곳으로 보내는 과정에서 일어나는 전기 손실. 대부분은 열 손실에 해당한다.

신의 엔지니어 니콜라 테슬라를 스카우트해 직류전기의 문제점을 보완하도록 지시했습니다. 테슬라는 1년간의 연구 끝에 교류전기를 개발했습니다. 교류전기는 직류전기에 비해 송전손실이 적으면서도 멀리 보낼 수 있어서 영토가 방대한 미국에 적합했습니다.

에디슨은 교류전기의 장점에 무척 놀랐지만, 그동안 직류시스템 개발에 많은 돈을 들인 데다가, 테슬라가 개발한 교류시스템을 도입하면 그동안 자신이 이룩한 부와 명예가 무너질 것을 우려해 오히려 교류전기를 폄하했습니다. 결국 테슬라는 에디슨의 회사로부터 독립해 '테슬라 연구소'를 설립하고, 교류전기가 하루빨리 널리 보급되기를 바라는 마음에서 특허권을 포기했습니다.

에디슨은 직류전기가 교류전기를 누르고 전기업계의 표준이 될 수

초창기 GE 공장의 모습

있도록 수단과 방법을 가리지 않았습니다. 그는 교류전기가 위험한 것처럼 보이기 위해 기자들을 모아 놓고 교류전기를 이용해 강아지, 고양이, 코끼리 등 온갖 동물들을 잔혹하게 죽이는 이벤트를 벌였습니다.

에디슨의 방해 작전에도 테슬라의 교류전기는 뛰어난 성능을 인정받아 점차 퍼져 나갔습니다. 장거리 송전에 유리한 교류전기가 전기 업계의 대세를 이루자 '에디슨 전기조명회사'는 더는 설 자리가 없었습니다. 회사의 재무상태가 하루가 다르게 악화되자, 존 모건은 에디슨을 내친 후 교류전기 업체인 톰슨-휴스턴 일렉트릭을 사들였습니다. 1892년, 마침내 두 회사를 병합하고 회사 이름을 제너럴 일렉트릭General Electric(약칭 GE)으로 바꾸면서 GE의 역사가 시작되었습니다.

미국 제조업의 상징이 된 GE

존 모건은 GE를 미국 굴지의 제조업체로 발전시키기 위해 막대한 돈을 투자했습니다. 또한 앞선 기술력을 가진 첨단 기업을 대거 인수 합병하는 방법을 통해 GE의 규모를 확장해 나갔습니다. 존 모건이 죽은 이후에도 탁월한 능력을 지닌 전문경영인이 회사를 이끌면서 GE는 미국을 대표하는 제조 기업으로 성장했습니다.

GE의 제품들은 미국을 비롯해 전 세계에 큰 영향을 미쳤습니다. 그 대표적인 것이 엑스레이X-ray 촬영기의 상용화입니다. 엑스레이 촬영기가 GE에 의해 상용화되기 이전까지 의사들은 환자의 몸속 상황

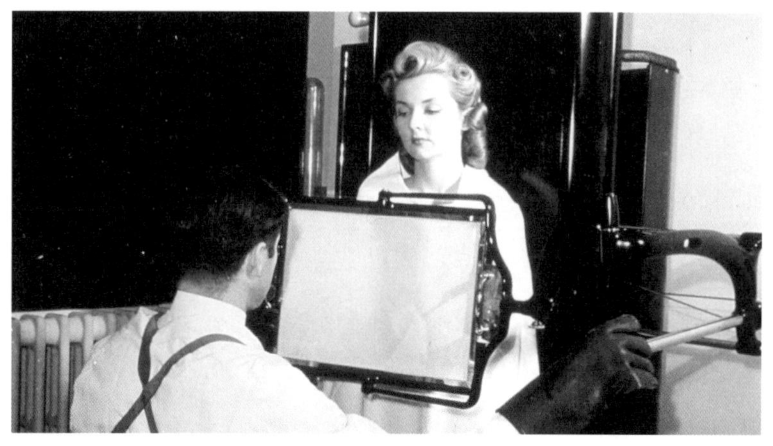

GE가 상용화한 X-ray

이동시간을 획기적으로 단축시킨 제트엔진 비행기

전자공학의 시작을 알린 진공관

전 세계에 큰 영향을 미친 GE의 제품들

을 눈으로 확인할 수 없어 추측으로 진단을 내릴 수밖에 없었습니다. 하지만 엑스레이 촬영기가 보급되면서 몸 안의 상태를 훤히 알 수 있게 되었습니다.

고성능의 제트엔진 역시 GE가 인류에게 준 혜택입니다. 프로펠러를 단 비행기에 비해 제트엔진을 단 비행기는 훨씬 빠른 속도를 낼 수 있어서 사람들의 이동 시간을 획기적으로 단축시켜 주었습니다. 또 GE의 역작인 진공관은 전자공학의 시작을 알린 발명품이었습니다. 진공관이 있었기 때문에 미국 최초의 컴퓨터인 에니악이 탄생할 수 있었고 훗날 반도체가 등장할 수 있었습니다.

이뿐만 아니라 GE는 앞선 기술력을 바탕으로 라디오, TV, 냉장고, 에어컨, 다리미 등 질 좋고 저렴한 가전용품을 대중화하면서 생활의 편리를 가져다주었습니다. GE는 미국의 제조업을 대표하는 기술 기업으로 미국인들의 자랑거리이자 미국을 상징하는 기업으로 뿌리내렸습니다.

잭 웰치

1935년, 잭 웰치John F. Jack Welch Jr.는 매사추세츠주의 아일랜드 이민자 가정에서 태어났습니다. 그의 아버지 존 웰치는 철도회사에서 일하던 가난한 노동자였고, 잭 웰치의 어린 시절은 풍요와 거리가 멀었습니다. 잭 웰치는 9살 때부터 골프장에서 일하거나 신문 배달로 용돈을 스스로 마련해야 했습니다. 아버지 존 웰치는 돈을 버는 재주는 없었지만, 누구보다 부지런하고 책임감이 강했는데 이는 아들에게 좋은 본보기가 되었습니다. 어머니 그레이스 웰치 역시 많이 배우지는 못했지만 온화한 인품을 가졌습니다.

잭 웰치는 어릴 적부터 말을 심하게 더듬거리는 단점이 있어 주위의 놀림감이 되었습니다. 그러자 어머니는 아들에게 "네가 말을 더듬는 것은 머리가 나쁘거나 능력이 부족해서가 아니란다. 네가 말을 하는 동안 수많은 좋은 생각이 머릿속에 떠오르기 때문이란다. 즉, 너의 머리가 다른 사람보다 좋아서 일어나는 일이란다." 라고 말하며 아들에게 힘을 실어주었습니다. 이처럼 잭 웰치는 가난하지만 반듯한 부모 밑에서 자랐고 부모의 무한한 사랑은 그가 평생 보여준 자신감의 원천이 되었습니다.

비록 경제 사정으로 인해 학창 시절 내내 방과 후에 일을 했지만, 잭 웰치의 성적은 항상 최상위권을 유지했습니다. 특히 수학과 과학 분야에서는 놀라운 능력을 보여주었습니다. 학창 시절 그는 공부만 잘한 것이 아니라 야구를 비롯해 다양한 운동에서도 재능을 보인 만능 스포츠맨이기도 했습니다.

1953년, 잭 웰치는 고등학교 3학년으로 대학 진학을 앞두고 있었습니다. 가난한 그의 집안에서는 외삼촌만이 유일한 대학 졸업자였습니다. 대학에서 전기공학을 전공한 그의 삼촌은 엔지니어가 되어 좋은 일자리를 잡고 안정된 생활을 하고 있었는데 조카인 잭 웰치에게 미국 사회에서 성공하려면 명문대에 진학해야 한다고 조언했습니다.

잭 웰치도 명문대학에 진학하고 싶었지만, 이른바 아이비리그라고 불리던 하버드, MIT, 프린스턴, 예일 등 미국 동부 명문대학들은 모두 사립대학으로 서민 가정에서는 감당할 수 없을 정도로 학비가 비쌌습니다. 가난한 철도 노동자인 아버지의 수입으로는 학비를 감당할 수 없었기 때문에 그에게는 장학금을 받는 것 외에 대학에 갈 방법이 없었습니다.

당시 미군에서는 명문대 졸업 후 장교로 의무 복무하는 조건으로 학생들에게 장학금을 주었는데, 미군 장학금을 받으려면 주지사의 추천장이 필요했습니다. 잭 웰치는 아버지와 함께 주지사를 찾아갔지만, 아일랜드 이민자 후손에게는 추천장을 써 줄 수 없다고 거절당했습니다.

결국 잭 웰치는 학비가 저렴한 매사추세츠 주립대학에 진학해 화학공학을 공부했습니다. 그는 대학에서도 최선을 다해 공부했고, 졸업반이 되자 미국 굴지의 대기업으로부터 잇따라 스카우트를 받았지만 더 공부하기로 했습니다. 1957년 매사추세츠 대학을 수석으로 졸업한 잭 웰치는 집안의 첫 번째 박사가 되고자 일리노이 대학으로 옮겨 대학원에서 학업을 이어갔습니다. 그는 1년 만에 석사학위를 받고 3년 만에 박사학위를 취득해 25살의 젊은 나이에 화공학 박사가 되었습니다.

GE와의 만남

1960년 잭 웰치는 초우량 기업 GE를 선택해 연구원으로 사회 첫 발을 내디뎠습니다. 그는 대학원을 다니던 중 결혼해 하루빨리 돈을 벌어야 했습니다. 그때 그가 받은 연봉은 겨우 1만 달러 남짓이었습니다. 당시 1만 달러는 상당한 박봉으로, 회사 근처에 방을 얻은 잭 웰치는 겨울에 난방조차 제대로 할 수 없었습니다. 임신한 그의 아내는 두꺼운 옷을 입고 추운 겨울을 지내야 했습니다.

잭 웰치는 입사 첫해에 회사 내에서 제일 열심히 일해 좋은 성과를 냈기 때문에 충분한 보상을 기대했습니다. 하지만 이듬해 그의 연봉은 천 달러가 오르는 데 그쳤습니다. 그를 더욱 놀라게 한 것은 열심히 일하지 않고 성과도 별로 내지 못 한 동기들 또한 자신과 같은 금액 만큼 연봉이 올랐다는 점이었습니다. 화가 난 잭 웰치는 상관에게 자신의 노력을 제대로 보상해 주지 않으면 회사를 그만두겠다고 했습니다. 상관은 회사에 꼭 필요한 인재인 잭 웰치를 잡기 위해 그에게만 3,000달러의 임금 인상을 해주었습니다.

이 사건을 계기로 잭 웰치는 능력 있고 열심히 노력하는 인재에게 충분한 보상을 하고 열심히 일하지 않는 직원들에게는 그에 맞는 대우를 하는 것이 정의라고 생각하게 되었습니다.

이 같은 보상 방식은 프로 스포츠의 세계에서는 당연하게 받아들여집니다. 잭 웰치가 좋아한 프로야구의 경우 그해 우수한 성적을 낸 선수에게는 그에 상응하는 연봉 상승이 있고 나쁜 성적을 낸 선수는 연봉이 삭감되거나 심지어 퇴출당하기도 합니다. 프로 스포츠의 세계에서는 철저히 능력대로 연봉을 받기 때문에 열심히 하라고 강요하지 않아도 살아남기 위해 최선을 다합니다. 잭 웰치는 기업도 프로스포츠처럼 직원을 능력에 따라 대우하면 최고의 성과를 낼 수 있다고 생각했습니다.

CEO가 된 잭 웰치

잭 웰치는 GE에서 근무하는 동안 누구보다 열심히 일해 고속승진이라는 대가를 받았습니다. 입사한 지 8년 만에 최연소 부장으로 승진하고 12년 만에 부사장으로 승진하며 경영자의 반열에 올랐습니다. 그는 주말에도 회사에 남아 열심히 일했고 수시로 공장을 방문해 현장의 목소리를 들었습니다. 경영자인 잭 웰치가 자주 공장을 들락거리면서 생산라인을 꼼꼼히 체크하자 불량률이 이전보다 훨씬 줄어들었습니다. 값비싼 양복을 입고 넓은 사무실에 앉아 결제 서류에 사인만 하던 당시의 미국 대기업 경영자들과는 달리 잭 웰치는 청바지에 스웨터를 입고 이곳저곳을 뛰어다니며 일했습니다.

'경영학의 살아 있는 교과서'라 불린 잭 웰치

잭 웰치의 유능한 모습은 오랜 기간 GE를 이끌어 오던 최고경영자CEO 레지널드 렉 존스의 마음을 사로잡았습니다. 당시 잭 웰치는

40대에 불과해 거대한 조직을 이끌어 가기에는 너무 젊다는 평가가 지배적이었지만, 존스는 주위의 반대에도 그를 후임자로 임명했습니다.

GE 로고

1981년, 잭 웰치는 46세의 나이에 최연소로 거대기업 GE의 수장 자리에 올랐습니다. 그러나 당시 회사 사정은 안팎으로 좋지 않았습니다. 1970년대 사우디아라비아를 중심으로 중동 지역의 산유국들이 미국의 친이스라엘 정책에 불만을 품고 석유를 무기화하면서 두 차례의 오일쇼크를 일으켰습니다. 플라스틱, 화학제품 등 수많은 제품의 주원료인 석유 값이 폭등하자 물가가 치솟으면서 세계 경제는 극심한 침체기를 겪어야 했습니다. GE 역시 오일쇼크로 인한 경제 불황의 직격탄을 맞고 있었습니다. 1980년대 초 미국 경제가 끝 모를 추락을 거듭하자 잭 웰치는 살아남기 위해 대책 마련에 나섰습니다.

외국 기업의 도전

GE를 괴롭힌 것은 오일쇼크만이 아니었습니다. 1960년대까지 GE를 비롯한 미국 기업들은 다른 나라와는 비교할 수 없을 정도로 뛰어난 성능의 제품을 만들어 내며 세계시장을 석권했지만, 1970년대에 들어서는 상황이 바뀌기 시작했습니다. 전통적인 제조업 강국인 일본과 독일이 제2차 세계대전 패전의 참상을 딛고 급부상하면서 미국 기업을 위협했기 때문입니다.

독일은 자동차와 화학 분야에서 미국을 추월하기 시작했고 일본은 자동차, 오토바이, 전자제품 등 여러 분야에서 미국에 위협적인 존재로 등장했습니다. 값싸고 품질 좋은 외국 제품들이 미국 시장으로 파고들자, 미국 기업의 시장점유율은 해가 갈수록 줄어들 수밖에 없었습니다. 다리미부터 항공기 엔진까지 온갖 제품을 생산하던 GE는 독일과 일본의 도전에 고전을 면치 못하고 있었습니다.

이때 잭 웰치가 선택한 것은 대대적인 구조조정이었습니다. 당시 GE는 가정용품을 비롯해 의료, 항공, 군수 등 거의 모든 분야의 제품을 만들고 있었습니다. GE 제품 중에는 시장점유율 1위나 2위를 다투는 것도 있지만 경쟁력을 상실해 가고 있는 제품도 많았습니다. 잭 웰치는 경쟁력을 상실해 적자를 면치 못하는 사업부를 매각하거나 아예 없애 몸집을 줄였습니다. 당시 시장점유율 1~2위를 다투던 분야일지라도 압도적인 우위를 갖지 못한 제품들은 과감히 포기함으로써 회사를 좀 더 효율적으로 만들고자 했습니다. 그는 취임 당시 170여 개에 이르던 사업부 중 절반이 넘는 110개 부문을 정리하는 과감한 결단력을 보여주었습니다.

중성자탄 잭

잭 웰치는 미래가 불투명한 사업들을 과감히 정리했을 뿐만 아니라, 남아있는 부서의 업무 능력을 높여 나갔습니다. 이를 위해서 그는 직원들의 능력을 평가해 줄 세우는 방법을 도입했습니다.

직원들이 1년 동안 이룬 성과를 기반으로 상위 20%, 중위 70%, 하위 10%로 나누었습니다. 상위 20% 직원에게는 연봉인상과 승진 등 온갖 혜택을 몰아주었지만, 하위 10%는 해고의 대상으로 삼았습니다. 해고의 대상이 되면 이를 벗어날 한 번의 기회를 주지만 다음 번에는 지위고하를 묻지 않고 회사에서 퇴출시켰습니다.

이 같은 인사 정책이 실시되자 직원들은 살아남기 위해 몸부림쳐야 했습니다. 상위 20% 안에 드는 사람들은 계속해서 남아있기 위해, 중위 70%는 상위 20% 안에 포함되어 온갖 특권을 누리기 위해, 하위 10%는 살아남기 위해 최선을 다해야 했습니다. 직원들이 성과를 내기 위해 퇴근 시간이 지났음에도 밤늦게까지 일하자 회사의 실적도 이전보다 나아졌습니다.

잭 웰치가 부진한 사업 부서를 통째로 매각하고 해마다 하위 10%의 직원을 퇴출시키자 GE의 직원 수는 해마다 줄어들어, 그가 CEO로 등극한 지 수년 만에 10만 명에 육박하는 직원들이 회사를 떠나야 했습니다. 잭 웰치가 공격적으로 직원들을 내쫓자 노동조합을 중심으로 격렬한 저항이 있었지만, 그는 눈도 깜짝하지 않았습니다. 미국 정부 역시 실업자 증가에 대한 걱정을 토로했지만 누구도 잭 웰치의 뜻을 꺾을 수 없었습니다. 이처럼 잭 웰치가 직원들을 내치자 사람들은 그에게 '중성자탄 잭'이라는 별명을 붙여주었습니다.

한편, 잭 웰치는 수많은 기업을 인수하면서 장래가 유망한 분야에 발을 담갔습니다. 그는 20년 동안의 재직 기간에 무려 1,700개가 넘는 기업을 인수했는데 여기에는 미국의 유력 방송사인 NBC를 비롯하여 금융, 의료기기 등 수많은 업종이 포함되어 있었습니다.

잭 웰치가 기존의 GE 사업과는 무관한 분야까지 문어발식으로 사업을 넓히자 내부에서조차 비판의 목소리가 흘러나오기 시작했습니다. 하지만 그 누구도 회사 내에서 제왕적 지위에 있던 잭 웰치를 막을 수는 없었습니다. 잭 웰치가 인수합병에 적극적이었던 것은 인수

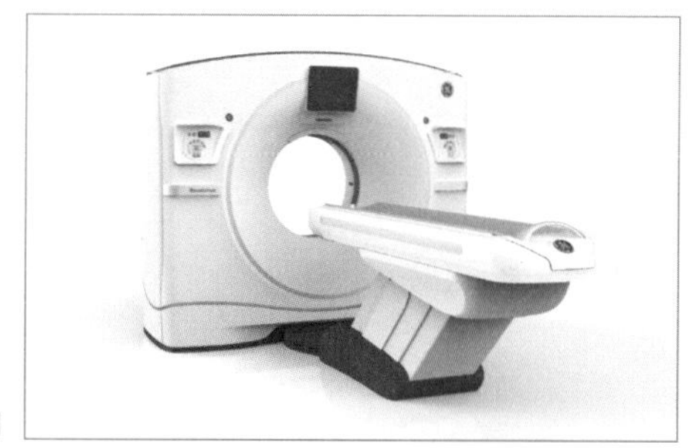

GE의 의료기기

GE가 인수한 NBC 방송국 로고

합병이야말로 그가 최상의 가치로 삼던 효율성 추구에 적합하다고 생각했기 때문입니다.

이를테면 인수합병 없이 의료기기 분야에 진출하려면 회사를 설립하고 직원을 뽑고 매출을 올릴 때까지 수많은 시행착오를 거쳐야 합니다. 어렵사리 회사를 만들더라도 경쟁력 있는 제품을 만들기 위해서는 오랜 기간 연구개발에 시간과 비용을 투자해야 하는 번거로움이 있습니다. 하지만 시장에서 나름대로 영역을 확보하고 있는 기존의 업체를 인수할 경우 단번에 경쟁력을 갖출 수 있기에 잭 웰치는 새로운 분야에 진출할 때 인수합병을 선호했습니다. 그가 문어발식으로 사업을 확장하자 회사의 매출도 계속 증가했고 덩달아 GE의 주식가격도 끝없이 상승했습니다.

인재사관학교

잭 웰치가 CEO가 된 이후 가장 관심을 기울였던 부분은 인재육성이었습니다. 능력 있는 인재를 발굴해 적재적소에 배치하면 회사는 자연스레 성장을 지속할 수 있기 때문입니다. 이를 위해 그는 뉴욕주 크로톤빌Crotonville에 있던 직원용 연수원에 거액을 쏟아부어 최신 시설로 바꾸었습니다. 그러자 사람들은 잭 웰치를 향해 "인건비를 조금이라도 줄이기 위해 직원을 가차 없이 해고하면서 연수원을 고치는 데 큰돈을 낭비하고 있다."라고 쓴소리를 하기도 했습니다.

잭 웰치는 회사의 중간 간부들을 연수원으로 불러들여 직접 교육하면서 그들의 능력을 지켜보았습니다. GE 입사 후 승승장구했던 잭 웰치는 연수원생들에게 '이 세상에 해결할 수 없는 문제는 없다.'라는 자신감을 심어주고자 했습니다. 연수원에서 잭 웰치의 눈에 든 중간 관리자들은 고속승진의 기회를 잡을 수 있었는데 특이한 점은 반드시 골프 테스트를 통과해야 한다는 것이었습니다.

학창 시절 내내 잭 웰치는 용돈을 벌기 위해 골프장에서 아르바이트를 했습니다. 그는 골프 하는 사람들을 지켜보면서 골프야말로 인간의 됨됨이와 능력을 발견할 수 있는 수단이라고 생각했습니다. 골프를 하는 모습에서 이기적인 사람과 남을 배려할 줄 아는 사람을 구분할 수 있고, 치밀한 전략을 세워 골프를 치는 사람과 별다른 생각 없이 경기하는 사람을 구별할 수 있다고 판단했습니다.

잭 웰치의 임기 동안 GE가 문어발식 사업 확장을 통해 외적인 성장을 거듭하자 그의 경영 방식이 세계 사람들의 주목을 받았습니다. GE 직원들뿐만 아니라 전 세계 기업에서 GE의 성공 비법을 배우기

능력 있는 인재를 육성하기 위해 거액을 투자한 GE 크로톤빌 연수원

위해 인재를 보내면서 크로톤빌 연수원은 '인재사관학교'로 불리게 되었습니다. 전 세계 경영자들에게 크로톤빌 연수원을 졸업했다는 것은 하나의 자랑거리가 되었고 심지어 졸업생끼리 강한 연대감이 생기기도 했습니다.

파경을 맞은 결혼생활

GE를 성장시킨 잭 웰치는 '경영학의 살아있는 교과서'라고 불리며 기업과 대학의 연구대상이 되었습니다. 1981년부터 2001년까지 잭 웰치가 GE의 CEO로 근무하는 동안 매출액은 대략 250억 달러에서 1,300억 달러로 5배 이상 늘어났습니다. 또 140억 달러에 불과했던 회사의 시가총액은 5,000억 달러에 육박하며 30배 이상으로 불어났습니다.

2001년 잭 웰치가 CEO에서 물러날 당시 GE는 명실상부한 미국 최대의 기업이자 세계적인 기업으로 성장했고, 이를 이룩한 잭 웰치는 '경영의 신'으로 추앙받았습니다. 잭 웰치는 GE를 떠나면서 4억 1,700만 달러의 퇴직금을 받았는데 이는 인류 역사상 가장 많은 퇴직금이었습니다. 퇴직 후에도 잭 웰치의 명성은 여전해 곳곳에서 그를 초대해 경영 노하우를 듣고자 했습니다. 잭 웰치를 초빙하려면 시간당 수십만 달러에 달하는 거액을 내야 했지만 잭 웰치는 쉴 수 있는 날이 거의 없을 정도로 높은 인기를 누렸습니다.

잭 웰치는 '샐러리맨 신화'를 창조했지만, 직장을 다니는 동안 좋은 일만 있었던 것은 아니었습니다. 출세욕에 사로잡힌 그는 일 년 내내 회사 일로 시간을 보냈기 때문에 가정에 소홀할 수밖에 없었습니다. 전문경영인으로서 많은 돈을 벌었지만, 그의 아내와 자식들은 가장의 빈자리를 느껴야 했습니다. 잭 웰치의 부인은 남편에게 가정생활에 좀 더 충실할 것을 수없이 요구했지만 그럴 때마다 거절당했습니다. 잭 웰치의 결혼생활은 파경으로 막을 내렸습니다.

위기의 시작

2001년 잭 웰치는 GE를 떠나면서 후임자로 제프리 이멜트Jeffrey Immelt를 선택했습니다. 45세의 젊은 나이로 미국 최고의 기업 GE를 이끌게 된 이멜트 역시 하버드대 경영대학원 출신의 엘리트로, 입사 직후부터 놀라운 수완을 발휘하면서 고속승진을 거듭한 인물이었습

잭 웰치의 후임자, 제프리 이멜트

니다. 이멜트의 능력을 알아본 잭 웰치는 일찌감치 그를 후임자로 점찍어 두고 CEO 자리를 물려주었습니다.

하지만 이멜트의 앞길은 시작부터 순탄하지 않았습니다. 1980년대 고난의 시기를 보낸 미국 경제는 1990년대 들어서는 정보통신 산업의 폭발적인 성장으로 더할 나위 없이 좋은 시절을 보냈지만, 2001년 9·11테러가 발생하면서 누구도 예상치 못한 위기가 찾아왔습니다. 아랍의 테러리스트들이 항공기를 공중 납치해 미국 경제의 심장부인 뉴욕을 공격하자 미국 경제뿐만 아니라 세계 경제가 크게 위축되었습니다.

뉴욕증시와 세계증시는 폭락을 거듭했고 잔뜩 위축된 소비자들이 지갑을 닫으면서 실물경제도 부진을 면치 못했습니다. GE의 실적 역시 악화일로를 걷고 주가도 하락하자 GE의 주주들은 이멜트에게 회사를 살려낼 무엇인가를 보여 달라고 요구했습니다. 이멜트는 잭 웰치에게 배운 대로 많은 돈을 들여 수많은 회사를 사들였습니다.

이멜트가 많은 회사를 사들이자 매출액이 늘면서 외형은 계속해서 커졌지만, 안으로 문제가 생겨났습니다. 수십억 달러를 쏟아부어 인수한 회사 중에는 게임회사, 빌딩 경호회사 등 GE의 본업과 무관한 회사가 상당수였습니다. 이 회사들은 재무상태도 좋지 않아 GE는 시간이 흐를수록 부실의 나락으로 빠져들어 갔습니다.

2008년 미국에서 시작된 금융위기가 전 세계를 강타하면서 GE는 또 한 번 심각한 타격을 입었습니다. GE가 치명적인 타격을 입게 된 것은 전임 CEO 잭 웰치 때문이었습니다. GE는 미국을 대표하는 제조업체였지만 잭 웰치는 수익을 늘리기 위해 재임 기간 금융업 진출에 막대한 돈을 쏟아부었습니다.

제조업체가 돈을 벌려면 공장을 세우고, 직원을 고용하고, 연구개발비를 투자해야 합니다. 반면 자금을 융통하는 일을 주업으로 하는 금융업은 투자비용이 제조업에 비하면 훨씬 적게 들어갑니다. 이 점이 수익을 중시하는 잭 웰치의 마음을 사로잡아, 그는 금융 업무를 담당하는 사업부 'GE캐피탈'을 출범시켰습니다.

잭 웰치가 CEO로 있던 때인 1990년대는 미국 경제가 호황이었기 때문에 GE캐피탈을 비롯한 미국의 금융 업체들은 손쉽게 돈을 벌었습니다. GE 수익의 절반가량이 GE캐피탈에서 나오자 잭 웰치는 더 많은 돈을 금융 부문에 투자했습니다.

2008년 미국발 금융위기가 발생하자 GE캐피탈 역시 꼼짝없이 어려움을 겪어야 했습니다. 그런데 그 해 미국에서 금융위기가 발생한 데에는 금융 업체의 책임이 큽니다. 9·11테러 사태로 경기가 얼어붙자 미국 정부는 경제를 살리기 위해 금리를 매우 낮은 수준으로 유지했습니다. 이를 틈 타 금융 업체들은 초저금리 대출을 크게 늘렸는데 대출자 중에는 돈을 갚을 만한 능력이 없는 사람도 부지기수였습

GE 캐피탈의 로고

니다.

공격적인 경영을 하던 GE 역시 신용도가 낮은 사람들에게 많은 돈을 대출해 주었는데 금리가 오르자 대출자들이 돈을 갚지 못하면서 문제가 발생했습니다. 금융 부문 부실로 GE에 위기가 찾아오자 이멜트는 정부에 손을 벌려야 했습니다. 거대 기업인 GE가 무너지는 것을 막기 위해 미국 정부가 1,390억 달러라는 큰돈을 빌려주면서 GE는 간신히 파산 위기를 벗어날 수 있었습니다.

GE캐피탈

미국 정부의 필사적인 노력으로 미국은 금융위기에서 벗어날 수 있었지만, GE의 위기는 계속되었습니다. 이멜트가 GE캐피탈의 부도를 막기 위해 부동산을 비롯해 돈이 될 만한 자산들을 팔아 파산은 면했지만, 제조업 분야에서 더 큰 위기가 찾아왔습니다.

잭 웰치가 등장하기 이전까지 GE는 미국을 대표하는 제조업체로서 해마다 첨단 기술 개발에 막대한 돈을 쏟아부었습니다. 이로 인해 GE는 시장을 선도하는 원천기술을 대거 확보했고 GE 연구원이 노벨상을 수상할 정도로 GE 연구소의 위용은 대단했습니다.

하지만 잭 웰치가 최고경영자가 된 이후에는 상황이 달라졌습니다. 잭 웰치는 연구원 출신이었지만 정작 기술개발을 위해 투자하는 것에 인색했습니다. 언제 수익으로 돌아올지 모르는 연구개발에 막대한 돈을 투자하는 것보다 기존의 기술 기업을 인수하는 것이 더욱 효율적이라고 그는 생각했습니다. 회사의 한정된 돈을 연구개발에 쏟아부으면 장기적으로는 이익이 될지 몰라도 당장에는 순이익이 줄어든다고 판단한 것입니다.

잭 웰치가 재임할 때까지만 하더라도 GE와 다른 기업 간의 기술격차가 컸기 때문에 연구개발에 전력을 기울이지 않아도 큰 문제가 되지 않았지만, 그가 물러나고 시간이 흐르자 경쟁력 약화가 수면 위로 드러났습니다.

GE가 연구개발에 소홀한 틈을 타 전통적인 기술 강국인 일본과 독일의 기업들이 무섭게 치고 올라왔습니다. GE를 비롯한 미국 기업들은 일본과 독일 기업으로부터 배울 점이 적지 않았습니다. 20세기까지 미국 기업들이 앞선 과학기술을 무기로 삼아 세계시장에서 앞서 갔다면, 2000년대 들어 독일과 일본 기업들은 장인정신을 앞세워 탄탄한 입지를 다졌습니다.

일본과 독일 기업의 연구원들은 연구원이라는 직업을 천직으로 알고 정년 퇴임할 때까지 연구 활동에만 전념해 뛰어난 성과물을 내놓

미국 시장을 파고든 일본 제품들

소비전력이 적고 휴대성이 좋은
액정표시장치 LCD

미국 시장을 파고든 일본의
도요타 자동차

왔고 이런 일이 반복되면서 마침내 미국 기업을 따라잡게 되었습니다. 액정표시장치LCD를 세계 최초로 개발한 독일 기업 머크Merck나 하이브리드 차를 처음 세상에 선보인 일본 기업 도요타자동차가 대표적인 예입니다.

잭 웰치가 재임 시절에 관심을 가진 것은 주식의 가치였습니다. 회사의 순이익을 늘려 주식의 가치를 높이면 주주들이 좋아했고 그러면 계속해서 최고경영자의 자리에 머물 수 있었기 때문에 잭 웰치는 주가를 높이는 데 심혈을 기울였습니다. 그가 최고경영자로 있던 20년 동안 단기이익에 집착하는 바람에 주가는 40배가량 올랐지만, GE

의 기초체력은 매우 부실해졌습니다. 제프리 이멜트는 회사 소유이던 NBC 방송국을 포함해 불필요한 계열사를 정리하기 시작했습니다. 그러나 이미 때가 늦었습니다.

실패한 직원 평가제도

제프리 이멜트는 회사를 회생시키기 위해 잭 웰치 시절에 만들어진 '줄 세우기 방식'의 직원 평가제도를 개선했습니다. '일한 만큼 보상한다.'라는 잭 웰치의 신념에서 비롯된 직원 평가제도는 겉에서 보면 합리적인 것 같지만 안으로는 많은 문제점을 안고 있었습니다. 모든 직원은 하위 10%가 되지 않기 위해 필사적으로 일해야 하는데 이 과정에서 엄청난 스트레스를 받았습니다. 남보다 더 많은 성과를 내기 위해 정시에 퇴근하지 못하고 밤늦도록 야근하는 것이 일상이 되었습니다.

직원에 대한 성과평가를 해마다 하기에 오랜 기간이 필요한 장기 프로젝트에 도전하는 직원들이 점차 줄어들었습니다. 직원들이 성과가 바로 나오는 단기 프로젝트에만 집착하자 GE의 경쟁력은 약화될 수밖에 없었습니다.

하위 10%에 해당되어 GE에서 퇴출되면 무능한 직원이라는 나쁜 이미지를 뒤집어쓰기 때문에 다른 직장을 잡기도 쉽지 않았습니다. 따라서 하위직 직원들은 근무성적을 매기는 중간급 관리자의 눈치를 보지 않을 수 없었습니다.

직원들을 평가해야 하는 위치에 있는 간부들 역시 괴롭기는 마찬가지였습니다. 특별히 일을 못하는 직원이 없더라도 잭 웰치의 명령에 따라 누군가를 반드시 하위 10% 명단에 포함시켜야 했는데 이 과정에서 간부들은 극심한 스트레스를 받았습니다. 일부 간부들은 도저히 칸을 메울 수 없어 빈칸으로 제출하기도 했지만, 이는 규정 위반이었습니다. 어떤 간부들은 회사를 이미 떠난 사람, 사망한 사람, 정년퇴임을 앞둔 사람의 이름을 써 넣기도 했습니다.

회사가 전쟁터로 변하다 보니 회사 내에서 협력이 사라지고 경쟁만이 남게 되면서 더 큰 문제가 발생했습니다. 직원들이 내부 경쟁에만 몰두하다 보니 외부업체와의 경쟁에 소홀해져서 회사의 근간이 흔들리게 되었기 때문입니다.

미국을 비롯한 전 세계의 기업들이 잭 웰치의 직원 평가제도를 도입했지만, 부작용이 심각하자 포기하는 사례가 늘어나고 있습니다.

노년의 잭 웰치

2013년 마이크로소프트MS 경영자는 "잭 웰치식 직원평가방식이 동기를 부여하기보다는 직원들을 과도한 경쟁으로 내몬다. 일심단결로 하나의 마이크로소프트를 만드는 것이 무엇보다 중요하다."라며 잭 웰치식 경영의 폐지를 선언했습니다. 마이크로소프트가 GE 방식을 도입함으로써 엄청난 손실을 입었기 때문입니다.

당시 마이크로소프트의 당면한 과제는 스마트폰의 등장이었습니다. 이전까지 사람들은 윈도우가 설치된 PC로 인터넷에 접속하고 업무를 처리했습니다. 2007년 스티브 잡스가 아이폰을 시장에 내놓자 상황이 달라졌습니다. 가지고 다니기 불편한 PC대신 스마트폰에 관심이 집중되었습니다. 스마트폰이 작동하려면 운영소프트웨어가 꼭 필요하지만, 내부 생존경쟁에 여념이 없던 마이크로소프트 직원들은 스마트폰의 중요성을 파악할 겨를조차 없었습니다.

그때 경쟁 기업 구글이 스마트폰용 운영소프트웨어 '안드로이드'를 내놓고 시장을 장악했습니다. 마이크로소프트는 심각한 타격을 입었습니다. 스마트폰이 PC의 역할을 빠르게 대체하면서 PC용 소프트웨어에만 전념하던 마이크로소프트가 밀려나게 된 것입니다.

기자들이 잭 웰치에게 "GE의 직원평가 방식은 문제가 있는 것이 아니냐?"라는 질문을 던지자 잭 웰치는 "나는 투명하고 공정한 평가를 통해 GE를 위대한 기업으로 만들려고 했을 뿐이다. 객관적인 평가를 통해 직원들이 자신의 위치를 명확히 파악하고 분발하도록 하려는 것이지 능력이 부족한 직원을 쫓아내기 위한 것이 결코 아니다. 초등학교에서 9살짜리 학생에게 각기 다른 성적을 매겨도 아무도 잔인하다고 말하지 않는데 어른들이 상대평가를 받아들이지 않는 것은 이해할 수 없다."라며 자신의 행동을 정당화했습니다.

하지만 직원들 간의 무한경쟁보다는 협력과 배려가 회사 경쟁력 강화에 도움이 된다고 생각하는 경영자들이 늘어나자 GE마저 잭 웰치 방식을 포기하기에 이르렀습니다. 제프리 이멜트 회장은 "직원들에게 해고보다는 기회를 더 많이 주어야 회사가 발전할 수 있다."라고 말하며 기존의 제도를 과감히 포기했습니다. 그러자 잭 웰치도 "이제는 시대가 바뀌었다. 관대한 리더가 필요한 시대이다."라고 말하며 기존 입장에서 한발 물러섰습니다.

GE의 수모

잭 웰치에 이어 CEO가 된 제프리 이멜트는 회사를 살리기 위해 밤낮으로 일했지만 잭 웰치 재임 기간에 쌓인 문제를 풀기에는 역부족이었습니다. GE가 금융업에 힘을 쏟아붓는 동안 세상은 크게 변해 애플, 구글, 페이스북 등 IT(정보통신기술) 분야의 기업들이 경제의 주도권을 행사하고 있었기 때문입니다.

제프리 이멜트는 IT 기업체들을 직접 방문하면서 활로를 찾고자 했지만 끝내 회생 방법을 찾지 못했습니다. 이에 회사의 매출과 이익이 시간이 흐를수록 악화되어 2017년 4분기에는 98억 달러에 달하는 엄청난 손실이 일어났습니다. 결국 미국을 대표하는 제조업체였던 GE는 2018년 다우지수에서 탈락하는 수모를 당했습니다. 다우지수란 뉴욕증시에 상장된 수많은 기업 중에 가장 우량한 기업 30개를 선정해 시장가격을 산출하는 주가지수로, 코카콜라, 맥도날드, 애플,

나이키 등 미국을 대표하는 기업들이 포함되어 있습니다.

GE는 1907년 이후 무려 111년 동안 다우지수에 포함되어 미국의 간판 기업으로 군림했지만 2018년 다우지우에서 퇴출당하면서 명성에 치명적인 손상을 입었습니다. GE가 퇴출당한 데는 세계적인 주식 투자자인 워런 버핏의 영향도 있었습니다. 그동안 워런 버핏은 제프리 이멜트에게 GE가 살아나려면 본업인 제조업으로 돌아가야 한다고 강조했지만 제프리 이멜트는 GE를 바꾸는 데 성공하지 못했습니다. 참다못한 워런 버핏이 GE주식을 전부 팔아치우자 이후 폭락을 거듭하다가 결국 다우지수에서 쫓겨난 것입니다.

GE가 다우지수에서 탈락하자 주식시장에서는 '결국에는 GE가 공중 분해되고 말 것'이라는 비관적인 전망이 주류를 이루었습니다. 이에 위기감을 느낀 GE의 주주와 이사회는 126년의 GE 역사상 최초로 외부에서 최고경영자를 영입하는 초강수를 두었습니다. 이 역시 잭 웰치로서는 속이 쓰라린 일입니다. 그는 재임 시절 많은 시간과 비용을 투자해 크로톤빌에 인재사관학교를 설립해 내부에서 경영자를 육성했습니다.

하지만 제프리 이멜트를 비롯해 잭 웰치가 키운 인재들이 제 역할을 다하지 못하면서 잭 웰치식 인재육성 방식이 더는 유효하지 않다는 결론이 났습니다. 급격히 변화하는 세상에서 내부 인사로 경영진을 채우는 순혈주의 방식은 객관적으로 그다지 바람직하지 않다는 것이 전문가들의 주장입니다. 서로 다른 경험을 가진 다양한 사람들

2018년 다우지수에서 퇴출당한 GE

이 머리를 맞대면 창의적인 아이디어가 생겨나지만 똑같은 경험을 가진 사람들이 모이면 비슷한 생각만을 내놓게 되기 때문입니다.

재평가받는 잭 웰치

잭 웰치가 퇴임한 이후 GE가 부진의 나락으로 떨어지자 잭 웰치에 대한 재평가가 이루어지고 있습니다. 잭 웰치가 GE를 이끌던 시절에는 그에 대한 긍정적인 평가가 압도적으로 많았지만, GE가 다우지수에서 퇴출된 이후에는 점점 부정적인 평가가 늘어나고 있습니다.

잭 웰치는 재임 시절 누구보다 열정적이었지만 공격적이고 독선적인 태도를 보인 '제왕적 리더십'의 소유자이기도 했습니다. 황제나 다름없는 막강한 권력을 가진 잭 웰치에게 직언할 수 있는 사람은 거의 없었기 때문에 문어발식 사업 확장도 막아낼 수 없었습니다. 오히려 구조조정과 인수합병이라는 새로운 경영 트렌드를 선보였다는 찬사를 늘어놓기 바빴습니다.

하지만 GE가 경쟁력을 상실한 데는 잭 웰치의 지나친 승부욕이 한몫했습니다. 골프는 잭 웰치의 승부 근성을 알 수 있는 사례입니다. 잭 웰치가 GE의 최고경영자로 있을 때 한 골프 전문잡지에서 경영자의 골프 실력을 순위로 매긴 적이 있습니다. 당시 잭 웰치는 자신이 2등이라는 사실에 분노를 느낀 나머지 1등을 차지한 기업인에게 "나는 당신이 1등이라 생각하지 않습니다. 한판 승부를 벌입시다."라고 대결 신청을 한 후 다음날부터 매일같이 골프장에 나가 강훈련을 했습니다. 2주 뒤에 벌어진 대결에서 잭 웰치는 마침내 승리했습니다. 이처럼 그는 매사 1등을 해야 직성이 풀리는 사람이었습니다.

설상가상으로 2002년 이혼소송에 휩싸이면서 잭 웰치는 그동안 쌓아온 명성에 치명적인 타격을 입었습니다. 이혼소송을 제기한 아내 제인 웰치는 남편이 GE로부터 부당한 특혜를 누리고 있다고 언론에 폭로했습니다. 그녀는 "잭 웰치가 정년퇴임 이후에도 최고경영자 때 받던 연봉의 절반이 넘는 900만 달러의 연봉을 매년 받고 있을 뿐만 아니라 회사 소유의 고급 아파트와 업무용 항공기를 마음대로 사용하고 심지어 술값과 야구 경기 1등석까지 회삿돈으로 처리했다."라고 주장했습니다.

이에 대해 잭 웰치는 "나는 재임 시절 주가를 40배 이상 끌어올린 공로가 있으니 이 정도의 혜택을 받을 자격이 있다."라고 말하기도 했습니다. 그런데도 여론이 악화되고 미국 증권거래위원회가 진상파악에 나서려고 하자 한발 물러서 "앞으로 공식적인 연금 이외의 모든 특혜를 포기하겠다."라고 선언했습니다.

잭 웰치가 GE를 이끌 때만 하더라도 그는 '경영의 신'이나 '경영의 교과서'로 추앙받는 연구대상이었지만 은퇴 후에는 비판의 대상으로 전락하고 말았습니다. 미국 최고의 경영대학원 중 하나로 손꼽히는 펜실베이니아 대학 와튼 스쿨에서는 잭 웰치를 '한때는 잘 나갔지만, 지금은 무너진 경영인'으로 선정했습니다.

GE 역시 명성을 잃어버리기는 마찬가지여서 미국 제일의 제조 기업에서 생존을 걱정해야 하는 처지로 추락했습니다. 과거 부모 세대만 하더라도 GE는 냉장고, 세탁기, 전구 등 온갖 생활용품을 공급하는 친근한 브랜드였습니다. 하지만 잭 웰치가 수익 향상을 위해 GE를 상징하는 사업부를 대거 처분하면서 요즘의 젊은 세대에게 GE는 낯선 브랜드가 되었습니다.

들여다보기

★

살찐
고양이법

잭 웰치는 GE의 최고경영자로 근무하는 동안 일반 직원들은 상상할 수 없을 정도로 큰돈을 연봉으로 벌었다. 잭 웰치를 시작으로 일반 직원보다 수백에서 수천 배에 이르는 보수를 챙기는 CEO가 속속 등장하자 곳곳에서 논란이 일어나게 되었다.

미국은 건국 이후 줄곧 능력을 최우선시하는 사회였기 때문에 탁월한 성과를 보여준 사람에게 그에 걸맞은 대가를 지급하는 것을 당연하게 생각해 왔다. 출중한 능력을 가진 사람들은 언제나 소수이기 때문에 이들을 제대로 대접해 최고의 능력을 끌어내야만 기업이 발전할 수 있다는 논리이다. 이 의견에 반대하는 사람들은 아무리 탁월한 경영자라 하더라도 일반 직원의 수백 배 능력을 가질 수는 없다고 주장한다. 즉 평범한 사람과 유능한 사람 사이에 능력 차이는 분명히 존재하지만 그렇다고 수백 배는 아니라는 것이다.

해마다 경영자와 노동자 간 소득격차가 커지면서 끊임없이 파열음을 일으켜도 그런대로 돌아가던 미국 사회는 2000년대 들어 발생한 글로벌 금융위기로 한바탕 소란을 겪었다. 2008년, 미국의 핵심 산업이자 소득격차가 가장 심각한 금융산업에 문제가 생기면서 미국 경제는 큰 충격을 받았다. 금융위기의 주요 원인은 수천만 달러의 연봉을 받던 투자은행 최고경영자들의 무능이었지만, 이들은 어떤 책임도 지지 않았다. 회사들이 망하고 수많은 일반 직원들이 길거리로 내몰려 생계 걱정을 하는 가운데 소수의 경영진은 거액의 퇴직금 잔치를 벌였다.

미국 경제를 수렁으로 몰아넣은 장본인들이 마지막 순간까지 자신의 잇속을 채우자 젊은 층을 중심으로 이에 항의하는 시위가 이어졌다. 무상교육제도가 정착한 유럽과는 달리 해마다 수만 달러에 이르는 값비싼 등록금을 치러야 하는 미국 젊은이들은 사회에 나오기 전부터 빚더미에 앉을 수밖에 없다. 게다가 직장을 잡더라도 회사 수익의 상당 부분을 경영진이 가져가기 때문에 평범한 근로자에게는 얼마 되지 않는 몫만 돌아올 뿐이다.

이와 같이 미국의 소득격차는 반드시 해결해야 할 사회문제가 되었지만, 개인과 기업의 자유를 존중하는 풍토로 인해 여전히 근본적인 해결책을 마련하지 못하고 있다. 오히려 미국보다는 소득격차 문제가 훨씬 덜한 유럽에서 다양한 해법이 등장하고 있다.

2012년, 프랑스는 공기업 CEO의 연봉이 그 기업 내 최저 연봉의 20배를 넘지 못하도록 하는 법을 제정했다. 2013년, 스위스는 주주총회에서 기업 CEO의 연봉을 결정하고 지나친 퇴직금을 받지 못하게 하는 법안을 국민투표로 통과시켰다. 2015년, EU는 은행 임원들의 보너스가 급여의 2배를 넘지 못하도록 하는 규정을 만들었다. 그러나 미국은 매년 CEO

의 연봉이 직원 연봉 중간값의 몇 배인지만을 공개하도록 규정할 뿐이다.

능력에 비해 많은 연봉을 챙기면서 회사에 부담을 지우고 일반 직원들의 사기를 꺾는 사람들을 두고 '살찐 고양이'라고 부른다. 유럽 각국은 살찐 고양이가 등장하지 않도록 대책 마련에 부심하고 있지만 정작 살찐 고양이가 가장 많은 미국에서는 이를 제재하려는 정부 차원의 움직임이 거의 없다. 2019년 미국 증권거래위원회(SEC)의 발표에 따르면 미국 100대 기업 CEO의 평균연봉은 일반 직원보다 무려 254배나 많다. 게다가 해마다 소득격차가 더욱 커지고 있지만 별다른 대책을 세우지 못하는 실정이다.

02

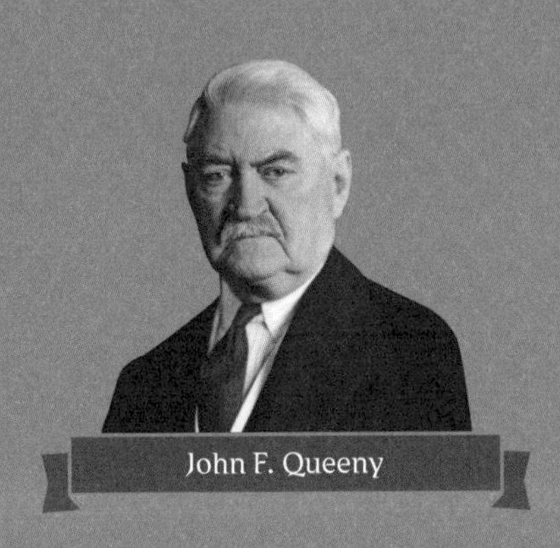

다국적 농업기업을 만든

존 퀴니

세계 종자시장을 개척한 기업가 (1859~1933)

미국의 농업생물공학 기업인 몬산토를 설립하고 성장시켰다. 설립 초기 약품 회사에 불과했던 몬산토는 사카린, 아스피린, 디디티, 고엽제, 농약 등의 제품을 생산 · 유통시키면서 거대 기업으로 성장했다. 그러나 병충해에 강한 종자를 개발했다는 공로에도 불구하고 인체에 치명적인 독성물질을 은폐하는 등 기업이 지켜야 할 윤리를 도외시했다는 평가도 받고 있다.

아일랜드 이민자 2세

1859년 존 퀴니John F. Queeny는 일리노이주 시카고에서 아일랜드 이주민의 후손으로 태어났습니다. 미국은 세계 각지에서 건너온 이민자들이 힘을 합쳐 개척한 나라이기 때문에 모두가 평등할 것처럼 보이지만 실제로는 차별이 만연한 나라였습니다. 미국 땅에 가장 먼저 정착해 주인 노릇을 하고 있던 영국인들은 오래 전부터 아일랜드에서 이주한 사람들을 철저히 무시했는데, 그것은 아일랜드가 영국의 식민지였기 때문입니다. 존 퀴니의 부모 역시 여느 아일랜드 이민자들처럼 궂은 일을 도맡아 하면서 열심히 살았지만, 생계는 늘 불안정했습니다.

1871년 10월 10일, 시카고에서 사상 최악의 큰 화재가 발생했습니다. 이날 시카고 데코벵Deco Beng 가에 있던 한 집에서 원인 모를 불이 일어나 도시가 초토화됐습니다. 시카고는 농촌에서 일자리를 찾아 무작정 상경한 사람들의 보금자리로서 무허가건물이 다닥다닥 난립해 있던 상황이었습니다. 게다가 대부분의 건물은 불에 타기 쉬운 목

1871년 대화재로 폐허가 된 시카고

조 건축물이어서 불은 삽시간에 도시를 집어삼켰습니다.

화재가 발생하자 시카고 소방당국은 불을 끄기 위해 최선을 다했지만 역부족이었습니다. 당시 소방서에서 보유한 장비는 말이 끄는 소방차 17대가 전부였고 소방대원도 185명밖에 되지 않아서 대화재를 진화하기에는 턱없이 부족했습니다. 화재는 3일간 지속됐고, 시카고의 3분의 2 이상을 전소시키며 도시를 잿더미로 만들었습니다. 대화재로 300명 이상이 목숨을 잃었고 10만 명 넘는 사람이 집을 잃은 채 거리에서 생활해야 했습니다.

모든 것을 잃은 시카고 주민 가운데 적지 않은 수가 범죄자로 돌변해 거리를 돌아다니며 약탈을 일삼자 민심은 더욱 흉흉해졌습니다. 더구나 화재 후 도시의 위생상태가 나빠지면서 콜레라 등 각종 전염병이 시카고를 휩쓸었기 때문에 사람들은 경제활동조차 마음 놓고 할 수 없는 처지에 몰렸습니다.

대화재 발생 이후 존 퀴니의 집안은 끼니조차 해결할 수 없을 정도로 가세가 기울었습니다. 존 퀴니는 학교 성적에서 두각을 나타냈지만 다니던 초등학교도 불에 타 없어지고 부모가 제대로 뒷받침해 주지 못해 학업을 중단해야 했습니다. 어린 나이에 생업 전선에 뛰어든 존 퀴니는 닥치는 대로 일해 돈을 벌면서 돈이 세상에서 가장 귀한 존재라고 생각하게 되었습니다.

1877년 존 퀴니의 집안은 새로운 기회를 찾기 위해 미주리주 세인트루이스Saint Louis로 이주했습니다. 존 퀴니는 18세 때 세인트루이스에서 가장 큰 약품 유통업체인 메이어브라더스Meyer Brothers Drug Company에 취직했습니다. 그는 초등학교도 제대로 졸업하지 못했을 정도로 제대로 된 정규교육을 받지 못했지만 일을 마친 후 집으로 돌아오면 독학으로 약품에 대해 공부하면서 지식을 넓혀 나갔습니다.

몬산토의 시작

1901년, 약품 유통업계에서 잔뼈가 굵은 존 퀴니는 아내의 결혼 전 성을 따서 몬산토Monsanto라는 약품 회사를 차렸습니다. 자기 사업을 시작한 존 퀴니가 제일 먼저 눈독을 들인 상품은 당시 설탕 대용으로 주목받기 시작한 사카린saccharin이었습

몬산토 로고

1930년대 몬산토 공장

니다. 사카린은 1879년 존스홉킨스 대학교의 두 화학자 콘스탄틴 팔베르크Constantin Fahlberg와 아이러 렘슨Ira Remsen 교수가 개발한 화학물질로 단맛이 설탕의 500배에 이를 정도로 강렬해 설탕의 대체재로 적합한 물질이었습니다.

사카린은 단맛을 즐기는 사람들에게는 더할 나위 없이 좋은 제품이었습니다. 설탕과는 달리 몸에서 소화되지 않고 그대로 몸 밖으로 배출되므로 비만 등의 각종 성인병을 일으킬 염려가 없었던 것입니다. 사업적 감각이 탁월한 존 퀴니는 재빨리 공장을 세워 사카린을 생산하기 시작했습니다. 그의 예상대로 설탕보다 훨씬 달콤하면서 가격도 저렴한 사카린은 날개 돋친 듯 팔려나가 몬산토는 처음부터 별다른 어려움 없이 성공가도를 달렸습니다.

특히 대형 탄산음료 업체인 코카콜라와 거래를 하게 되면서 회사는 급성장했습니다. 하지만 몬산토는 사카린을 생산한 지 얼마 되지 않아 예상치 못한 일에 시달렸습니다. 미국의 저명한 과학자들이 사카린의 유해성을 제기하자 곧바로 사카린의 안전성에 대한 논란이 벌어진 것입니다. 급기야 1907년 미국 식품의약품안전청FDA은 사카린 사용을 금지하려고 했습니다. 하지만 사카린 애호가였던 미국 제26대 대통령 시어도어 루스벨트의 반대로 사카린을 금지하지는 못했습니다.

평소 단 음식을 좋아한 시어도어 루스벨트는 사카린을 규제해 달라는 사람들의 요구를 듣고 "사카린이 건강에 해롭다고 말하는 이들은 멍청이다."라고 말했을 정도로 사카린에 대한 신뢰가 강했습니다. 몬산토는 시어도어 루스벨트 대통령 덕분에 사카린 생산을 지속했습니다. 1914년에 일어난 제1차 세계대전 기간에는 설탕 부족으로 애를 먹던 연합군에게 큰 도움을 주기도 했습니다.

그런데도 사카린의 안전성에 관한 논란은 끊임없이 계속되었습니

인공감미료 사카린

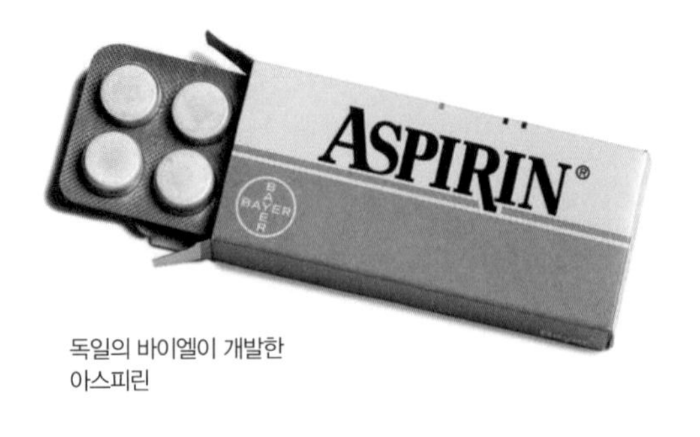

독일의 바이엘이 개발한
아스피린

다. 1977년 사카린의 과다섭취가 방광암을 유발한다는 결과가 발표되자, 사카린 사업은 사양길로 접어들었습니다. 몬산토는 생산하는 제품에 하자가 있음에도 문제가 불거질 때까지 판매를 계속해 미국 사람들에게 지탄받았지만, 이후에도 같은 패턴을 보이며 끊임없이 문제를 일으켰습니다.

존 퀴니는 사카린 사업의 성공으로 정상궤도에 오르자 1917년부터 아스피린Aspirin을 제조하며 돈을 긁어모았습니다. 아스피린은 독일의 제약회사 바이엘Bayer이 1897년에 개발한 해열, 진통, 항염에 작용하는 가정상비약으로, 탁월한 효능을 바탕으로 유럽인들의 관심을 모으고 있었습니다. 합성의약품인 아스피린이 등장하기 이전까지만 하더라도 사람들은 해열진통제를 손쉽게 구할 수 없어서 애를 먹고 있었습니다.

오래전부터 사람들은 몸에 열이 나거나 통증이 있을 때마다 버드나무 껍질을 벗겨 먹곤 했습니다. 버드나무 껍질 속에 있는 살리실산Salicylic Acid이라는 물질이 통증을 완화하고 열을 내려 주었기 때문입니다. 이를 주의 깊게 살핀 바이엘의 펠릭스 호프만Felix Hoffmann 박사는 세계 최초로 살리실산을 인공적으로 합성하는 데 성공해 아스피린을 개발했습니다. 존 퀴니는 바이엘의 아스피린을 복제, 유통해서 큰돈을 벌었습니다. 1927년, 증권시장에 상장되면서 막대한 돈이 유입되자 몬산토는 이전보다 적극적으로 새로운 사업에 진출할 힘을 갖게 되었습니다.

디디티가 가져온 성공

몬산토가 증시에 상장된 이듬해인 1928년, 존 퀴니는 암에 걸려 고통에 시달렸습니다. 회사 경영에 곤란을 겪게된 그는 아들 에드거 퀴니Edgar Queeny를 최고경영자로 앉힌 후 일선에서 물러나 배후에서 회사를 조종했습니다. 에드거는 아버지보다 더욱 공격적으로 회사를 경영해 새로이 화학 산업 분야로 진출했습니다.

제2차 세계대전은 퀴니 가문에 성공의 날개를 달아 주었습니다. 살충제이자 농약의 하나인 디디티DDT가 개발되기 이전까지만 하더라도 전쟁터에서 전염병으로 숱한 군인들이 죽어 나갔기 때문에 각국 정부는 골머리를 앓고 있었습니다. 총알이 쏟아지는 전쟁터에서 군인들은 위생에 신경 쓸 겨를이 없었습니다. 이로 인해 한 번 전염병이 돌면 그 피해가 엄청났습니다.

그런데 몬산토가 상품화한* 디디티를 사용하기 시작하자 전쟁터의 해충이 박멸되면서 군인들은 전염병의 공포로부터 해방되었습니

* 1874년 오스트리아 화학자 오트마 자이들러(Othmar Zeidler)가 실험실에서 우연히 디디티(DDT)를 합성했다. 디디티는 오랜 기간 빛을 보지 못하다가 1939년 스위스의 화학자 폴 헤르만 뮐러(Paul Hermann Muller)에 의해 살충효과가 확인되면서 몬산토가 상품화했다.

디디티 살포

제2차 세계대전에서
디디티를 몸에 사용하는 연합군

말라리아 모기

다. 전쟁에 참여한 수백만 명의 연합군은 빈대, 이, 벼룩, 모기 등 온갖 해충으로부터 자신을 지키기 위해 디디티가 들어 있는 작은 분무통을 가지고 다녔습니다. 디디티는 참전 군인들의 목숨만 살린 것이 아니라, 전 세계 수백만 명에 이르는 민간인의 생명을 구하기도 했습니다.

디디티가 살포되기 이전인 1943년 베네수엘라에서는 연간 800만 명 이상이 모기가 옮기는 말라리아에 감염되어 고통을 겪었지만, 1958년에는 800명 정도만 말라리아에 걸렸습니다. 디디티가 해충 퇴치에 큰 효과를 내면서 전염병으로부터 인류를 해방시키자 각국은 디디티를 확보하기 위해 열을 올렸습니다.

몬산토는 디디티를 대량으로 생산해 막대한 이윤을 올렸고 이를 통해 미국 굴지의 화학 회사로 거듭났습니다. 디디티 사용량이 최고조에 달한 1962년에는 무려 8만 톤이 전 세계에 뿌려졌을 정도로 디디티는 거의 모든 국가에서 애용되었습니다. 미국은 항공기를 이용해 다른 나라보다 훨씬 많은 양을 살포했습니다. 이는 미국 정부가 디디티의 안전성과 효능을 확신했기 때문입니다.

1950년대 후반부터 소수의 과학자와 환경 보호주의자들이 디디티의 위험성을 제기하면서 그동안 우호적이었던 분위기가 점차 변하기 시작했습니다. 디디티는 독성물질로서 신체에 흡수되면 잘 분해되지 않고 몸에 계속 축적되면서 온갖 문제를 일으키지만 몬산토는 이를 철저히 감추었습니다. 몬산토는 오히려 문제를 제기하는 사람들을 향해 디디티는 인류가 개발한 가장 안전한 물질이라고 주장하며 유해성을 은폐했습니다.

몬산토는 1972년 미국 정부가 디디티의 유해성을 확인하고 생산을 금지할 때까지 디디티로 막대한 돈을 벌어들였습니다.

맹독성 물질로 만든 고엽제, 에이전트 오렌지

1933년 몬산토 창업주 존 퀴니가 암으로 세상을 떠나고 회사를 물려받은 아들 에드거도 1960년에 회사를 떠나면서 퀴니 가문은 경영 일선에서 물러났습니다. 이후 전문경영인이 회사를 운영하면서 몬산토는 더욱 이익을 중시하는 기업으로 굳어져 갔습니다.

1960년대 초반, 미국은 베트남전쟁에 개입하면서 끝도 없이 펼쳐진 베트남의 밀림 때문에 곤란을 겪었습니다. 전쟁 초기에 미국은 베트남으로 대규모 병력을 파병하면서 손쉽게 승리하리라는 안이한 생

몬산토가 개발한 고엽제인 에이전트 오렌지

각을 했습니다. 세계 최강 미군의 군사력에 비해 호치민*이 이끄는 북베트남의 군사력은 비교도 할 수 없을 만큼 초라했기 때문입니다.

세계 최강 미군에 맞선 베트남 사회주의자들은 자신의 약점을 극복하기 위해 밀림에서만 전투를 벌였습니다. 이로 인해 미군의 인명 피해는 예상을 훨씬 뛰어넘어 미국 정부를 초조하게 만들었습니다. 미군은 밀림 속에 숨어 있는 적군을 죽이기 위해 고열로 모든 것을 태워 버리는 네이팜탄을 쏟아부었지만, 습도가 높고 밀림이 너무 많아 큰 효과를 거두지 못했습니다.

이때 골치 아파하던 미군에게 기막힌 해결책이 된 것이 바로 몬산토가 제조한 고엽제 에이전트 오렌지Agent Orange였습니다. 에이전트 오렌지는 살포되는 지역에 사는 모든 식물을 죽이며 밀림을 황폐화 시켰습니다. 몬산토는 고엽제를 미군에 공급하면서 "에이전트 오렌지

* 베트남의 초대 국가 주석. 혁명가이자 정치가로, 베트남 독립과 통일에 기여한 핵심 인물이다.

에이전트 오렌지 살포

는 독성이 없기 때문에 야생동물과 가축 그리고 사람에게 전혀 해가 되지 않는 물질입니다. 또 토양에도 무해하고 환경에 아무런 손상을 주지 않는 제초제입니다."라고 주장했습니다.

그러나 에이전트 오렌지의 주요 성분 중에는 '다이옥신Dioxin'이라는 화학물질이 포함되어 있었습니다. 다이옥신은 1그램으로 50kg의 사람 2만 명을 죽일 수 있는 맹독성 화학물질로서 인류가 만들어 낸 최악의 독극물입니다. 그런데 베트남전쟁 기간에 다이옥신 400kg 이상이 포함된 8천만 리터의 고엽제가 광범위한 지역에 살포되었고 이로 인해 수많은 피해자가 생겨났습니다.

파병된 미군들은 몬산토가 안전을 자신했기 때문에 별다른 보호장비 없이 몸으로 에이전트 오렌지를 맞았습니다. 이는 참전 군인들에게 두고두고 피해를 주었습니다. 에이전트 오렌지에 노출된 미군들은 종일 계속되는 가려움증, 원인을 알 수 없는 극심한 통증, 각종 암,

기형아 출산 등 온갖 고통에 시달리며 처참한 죽음을 맞이했습니다. 고엽제에 노출된 베트남 사람들 역시 미군처럼 고엽제 후유증에 시달리며 고통을 겪어야 했습니다.

많은 사람이 에이전트 오렌지로 인해 끔찍한 고통에 시달리자 미국 정부도 더는 사태를 두고 볼 수 없어 적극적인 진상조사에 나섰습니다. 그 결과 에이전트 오렌지에 들어 있는 다이옥신이 맹독성 물질이라는 사실을 확인할 수 있었습니다. 그런데도 몬산토는 계속해서 에이전트 오렌지가 안전한 제초제라고 주장했을 뿐, 피해자들에게 적극적으로 배상하려는 의지를 보이지 않았습니다.

몬산토는 오래전부터 에이전트 오렌지의 위험성에 대해 알고 있었으면서도 돈벌이를 위해 사실을 숨겼습니다. 이로 인해 많은 미국인이 분노했습니다. 1971년, 마침내 미국 정부가 에이전트 오렌지의 사용을 금지하자 몬산토는 새로운 돈벌이 수단을 찾아야 했습니다.

생명공학 기업으로의 변신

몬산토는 베트남전쟁 기간에 농업 분야가 돈이 될 수 있다는 사실을 알게 되었습니다. 에이전트 오렌지는 독성이 너무 강해서 문제가 되었지만, 적정수준의 제초제를 개발하면 큰돈을 벌어들일 수 있다는 판단 아래 새로운 제초제에 대한 적극적인 연구개발에 나섰습니다.

1974년 몬산토는 글리포세이트Glyphosate라는 강력한 제초성분 물질을 개발하고 이를 원료로 만든 '라운드업Roundup'이라는 농약을 세상

강력한 성능을 가진 라운드업 농약

에 선보였습니다. 그동안 몬산토는 사카린, 디디티, 에이전트 오렌지 등 만드는 제품마다 환경을 오염시키거나 사람들의 건강을 위협해 악덕 기업이라는 이미지를 갖게 되었습니다. 몬산토는 부정적인 이미지를 해소하기 위해 라운드업을 공개하면서는 100% 생물분해성 제품으로 토양에 잔류물을 남기지 않는 안전한 농약이라고 홍보했습니다.

그러나 이는 한낱 거짓말에 지나지 않았습니다. 라운드업은 결코 땅속에서 쉽게 분해되지 않았으며 다른 농약에 비해 독성이 약하거나 안전한 농약도 아니었습니다. 환경친화적 이미지를 강조하는 대대적인 과장 광고로 라운드업은 전 세계 농민들의 선택을 받아 농약 시장 점유율 1위를 차지하며 몬산토에 막대한 수익을 안겨 주는 효자상품이 되었습니다.

1990년대에 접어들자 몬산토는 당시 발전을 거듭하고 있던 생명공학기술 분야를 미래 사업으로 예측하고 농화학 업체에서 생명공학 업체로 탈바꿈을 시도했습니다. 1995년부터 생명공학 업체를 인수하기 시작해 오래지 않아 50개가 넘는 업체를 합병했습니다.

몬산토는 합병한 생명공학 회사들이 보유하고 있던 유전자조작 기술을 통해 콩, 옥수수, 면화 등 다양한 작물의 새로운 품종을 개발했

독성을 이겨내는 유전자를 집어넣어서
개발한 라운드업레디 콩

유선자변형 콩

습니다. 그 결과 탄생한 것이 '라운드업레디Roundup Ready 콩'이었습니다. 몬산토 연구원들은 우연히 라운드업 폐기물 처리장에서 죽지 않고 땅속에 살아 있는 특이한 세균을 발견했습니다. 라운드업이 뿜어내는 강력한 독성에도 땅속에서 멀쩡히 살아 있는 세균의 비밀을 연구한 결과 세균의 몸속에 독성을 이겨내는 특정 유전자가 있다는 사실을 알게 되었습니다. 연구원들은 특정 유전자를 콩 속에 집어넣으면 라운드업을 아무리 많이 뿌려도 콩이 살 수 있다고 생각했습니다.

1996년, 몬산토 연구원들은 수많은 시행착오 끝에 라운드업을 이

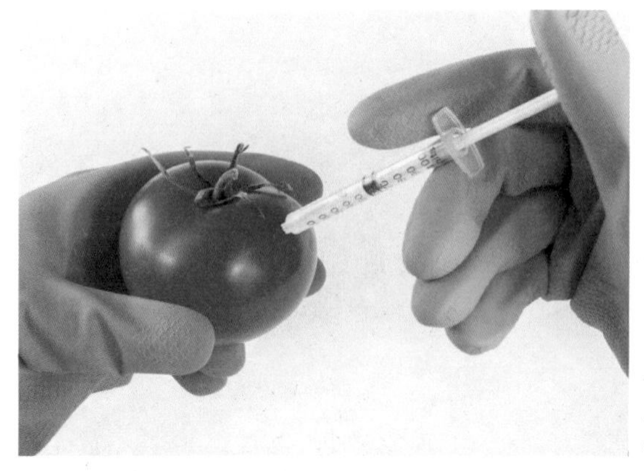

몬산토에서 개발한
GMO 토마토

겨내는 세균의 유전자를 콩 속에 집어넣는 데 성공했습니다. 이 콩을 두고 '라운드업레디 콩'이라고 불렀습니다. 몬산토가 생명공학기술을 활용해 유전자조작 생명체Genetically Modified Organism(이하 GMO)를 만들어 내자 많은 사람들이 우려의 목소리를 내기 시작했습니다.

그때까지 인류는 좀 더 우수한 품종을 통해 새로운 품종을 개량하는 육종育種 방식을 활용했습니다. 육종은 같은 종 내에서 더 나은 품종을 얻기 위한 수단이었기 때문에 별다른 문제가 없었지만, 몬산토의 유전자조작* 식품인 라운드업레디 콩은 세균 유전자를 식물 유전자에 이식하는 것이어서 논란이 생겨날 수밖에 없었습니다.

몬산토는 이전에도 쉽게 무르지 않는 토마토를 개발하면서 유전자 조작을 한 적이 있습니다. 토마토를 무르게 하는 유전자의 활동을 억

* 흔히 '유전자변형'이라고도 한다.

제함으로써 오래도록 신선도를 유지하게 했습니다. 이 정도의 유전자조작은 사람들에게 받아들여질 수 있었지만, 세균 유전자를 콩 속에 넣어 이전에는 없던 새로운 종류의 콩을 만들어 내는 일은 많은 걱정을 불러왔습니다.

하지만 몬산토는 사람들의 우려에도 라운드업레디 콩을 종자 시장에 내놓으며 광고를 통해 농민들의 마음을 사로잡았습니다. 미국 전역에 '라운드업레디 콩을 심으면 마음껏 라운드업 농약을 뿌릴 수 있어서 해충이나 잡초에서 벗어날 수 있다.'라는 광고를 내보내며 마치 잡초와 해충으로부터 농민들을 해방시켜 줄 것처럼 홍보했습니다.

그동안 미국의 농민들은 잡초와 해충 때문에 골머리를 앓고 있었습니다. 미국은 농사를 지을 수 있는 옥토를 세계에서 가장 많이 보유한 나라로서 한 명의 농민이 대규모의 농지를 관리해야 했습니다. 끝이 보이지 않을 정도로 방대한 농장을 가진 농장주들은 일손 부족으로 일일이 농장의 작물을 관리할 수 없었습니다. 이로 인해 농장 규모가 작은 나라의 농민들에 비해 해충과 잡초의 피해를 많이 받아왔습니다.

하지만 몬산토가 개발한 라운드업레디 콩을 심고 많은 양의 라운드업 농약을 살포하면 해충과 잡초를 모두 제거할 수 있기에 일손을 크게 덜고 수확량도 획기적으로 늘릴 수 있으리라 기대했습니다. 또 단위 면적당 필요한 노동력이 줄어든 만큼 더 넓은 땅을 경작할 수 있는 여력이 생겨나 수입이 늘어날 것이라고 생각했습니다. 몬산토 역시 종자와 농약을 한꺼번에 팔 수 있기에 일거양득이었습니다.

라운드업을 뿌려도 죽지 않는 슈퍼 잡초

몬산토와 농민들의 이익이 맞아떨어지자 라운드업레디 콩과 라운드업 농약은 짝이 되어 날개 돋친 듯이 팔려나갔습니다. 오래지 않아 미국에서 생산되는 대부분의 콩은 라운드업레디 콩이 되었습니다. 미국 농민들은 몬산토의 호언장담처럼 몇 년 동안은 해충과 잡초가 주는 스트레스에서 벗어날 수 있었습니다. 라운드업레디 콩을 심은 농민들은 마음 놓고 라운드업 농약을 뿌렸습니다. 그 결과 농장에는 라운드업 농약에 내성을 가진 라운드업레디 콩만 살아남고 해충이나 잡초는 대부분 사라졌습니다.

그런데 시간이 흐르면서 전혀 예상치 못한 일이 벌어지기 시작했습니다. 라운드업 농약을 오랫동안 뿌려도 소수의 잡초는 질긴 생명력을 바탕으로 살아남았습니다. 유전자가 라운드업 농약에 견딜 수 있도록 변형되면서 이들은 마치 라운드업레디 콩처럼 살아남았습니다. 농민들은 살아남은 잡초를 제거하기 위해 더 많은 농약을 살포했지만 모든 잡초를 없앨 수는 없었습니다. 더 많은 농약을 맞고도 살아남은 잡초는 이전보다 라운드업에 더욱 강력한 내성이 생겨 큰 골칫덩이가 되어 갔습니다.

농약의 살포량이 늘어날수록 농민들의 경제적 부담은 증가했지만 몬산토의 수익은 점점 늘었습니다. 이런 일이 지속적으로 반복되자 아무리 많은 라운드업을 뿌려도 죽지 않는 슈퍼 잡초가 등장했습니다. 이는 아무도 예측하지 못한 일이었습니다.

사실 강력한 독성을 갖춘 라운드업 농약으로 유전자조작 콩을 제외한 모든 생명체를 죽이는 것은 생태계 전체의 차원에서 보면 결코 좋은 일이 아닙니다. 땅속에는 토지를 비옥하게 하고 곡물의 성장에 도움을 주는 수많은 미생물이 존재하는데, 독성이 강한 라운드업이 땅속에 존재하는 미생물을 없애서 오히려 수확량이 떨어지는 결과가 발생하기도 했습니다.

농업의 산업화

1903년 미국 농무부에 등록된 상업 작물 중 토마토 종류의 95%, 옥수수 종류의 96%, 아스파라거스 종류의 98%가 지금은 존재조차 하지 않습니다. 이는 몬산토 같은 거대 농업기업이 종자 시장을 지배하면서 생긴 결과입니다. 이익을 최우선으로 하는 기업이 품종의 다양성을 지키는 것을 무의미한 일로 여기고 유전자조작을 통해 오직 상품성이 좋은 품종만을 내놓는 일에 몰두하자 작물마다 극소수의 품종만 남게 되었습니다. 품종의 수가 적어지면 기업은 관리비용을 줄일 수 있어 이익이 되지만 순식간에 특정 작물의 멸종 가능성이 크게 높아져 바람직하지 않습니다.

또한 유전자조작이 곡물 이외에도 과일, 야채 등 거의 모든 작물에 적용되면서 안전성 논란이 확산되고 있습니다. 이를테면 추위에 강한 딸기를 만들기 위해 찬 바다에 사는 넙치의 유전자를 딸기 속에 집어넣는 등 수단과 방법을 가리지 않고 새로운 품종개발에 나서고 있습니다. 기업은 품종개량을 위해서라는 이유로 식물은 물론 동물, 세균, 바이러스 등 온갖 것들을 대상으로 유전자를 채취해 작물 속에 집어넣는 실험을 계속하고 있습니다. 그러나 유전자조작이 어떤 부작용을 가져올지는 누구도 예측할 수 없고 전문가들은 이러한 문제점에 주목해야 한다고 말하고 있습니다.

현재의 지식수준으로는 한 생명체에 다른 생명체의 유전자를 집어넣었을 때 벌어지는 일을 완벽히 알기란 불가능합니다. 과거 미국의 과학자들이 돼지를 더 크게 만들기 위해 사람의 성장 유전자를 집어넣은 적이 있습니다. 사람의 유전자를 넣은 돼지는 사람의 모습도 돼지의 모습도 아닌 괴물의 모습에 가까워서 보는 이들을 경악하게 했습니다.

또 양털과 쇠고기를 한꺼번에 얻기 위해 소의 몸속에 양의 유전자를 집어넣는 실험을 했지만, 결과는 대실패였습니다. 양의 유전자를 가진 소는 복슬복슬한 양털은커녕 희한한 외모를 지닌 채 제대로 걷지도 못하다가 죽음을 맞이했습니다. 이런 종류의 실험은 유럽에서는 엄격히 금지되어 있지만, 생명공학을 미래의 주력산업으로 생각하는 미국은 거의 단속하지 않고 있습니다.

본래 농업은 자연의 일부인 인간이 자연 속에서 행하는 일이지만 미국 기업들의 생각은 다릅니다. 그들은 자연을 정복과 통제의 대상으로 보기 때문에 다양한 형태의 유전자조작에 심혈을 기울이고 있습니다. 미국의 농업 기업들은 공장에서 똑같은 물건을 찍어내듯이 농장에서 똑같은 농산물을 대량으로 생산해 내는 농업의 산업화에 앞장서면서 해마다 막대한 돈을 벌고 있습니다.

그러나 유전자조작 농산물이 인체와 생태계에 미치는 효과를 정확히 알기 위해서는 많은 세월이 필요합니다. 이 때문에 아직 GMO 농작물의 안전성이 확실하지 않다고 주장하는 사람들이 많습니다.

상반되는 평가

1901년 존 퀴니가 창업했을 당시 몬산토는 사카린 정도만 생산하던 그저 그런 회사였지만 1933년 그가 눈을 감았을 때는 미국 굴지의 화학회사로 성장했습니다. 이후 존 퀴니의 아들 에드거가 회사를 떠날 때도 여전히 화학제품을 주력으로 하던 회사였지만 지금은 세계 최대의 종자 기업으로 변신했습니다. 이는 창업주 후손들이 회사

몬산토를 창업한 존 퀴니

경영에서 떠난 이후 전문경영인들이 시대에 맞춰 회사를 변혁시킨 결과입니다.

몬산토는 양대 작물인 옥수수와 콩의 종자 시장에서 유전자조작 품종으로 90% 넘는 시장점유율을 앞세워 세계 종자 시장을 장악하고 있습니다. 몬산토는 대단한 기업이지만 기업의 사회적 역할에는 소홀한 면이 있습니다.

1997년 미국에서 유기농으로 카놀라를 재배하는 농장에 유전자조작 카놀라 종자가 바람을 타고 날아가 뿌리를 내렸습니다. 그러자 몬산토는 힘없는 농부를 상대로 특허침해 소송을 제기해 승소한 바 있습니다. 또 유전자조작 종자를 사려는 농부들은 외부로 반출하지 않겠다는 계약서에 서명해야만 합니다. 이는 몬산토의 유전자조작 종자를 대상으로 위해성 실험이나 연구를 하려는 사람들에게 종자가 흘러 들어가는 것을 막으려는 조치입니다.

몬산토는 과거에 사카린, 디디티, 에이전트 오렌지 등 회사에 큰 수익을 안겨 준 제품에 여러 가지 문제가 있음을 사전에 알고 있었지만 단 한 번도 문제의 심각성에 대해 솔직히 말한 적이 없습니다. 이로 인해 사람들은 몬산토의 유전자조작 농작물에 대해서도 위해성을 의심하고 있습니다.

한번은 세계적인 갑부 빌 게이츠가 아프리카 빈곤국에 유전자조작 작물 무상 지원을 제안한 적이 있습니다. 그는 오랜 기간 굶주림에 시달리던 아프리카 국가들이 본인의 제안을 기꺼이 환영하리라 생각했습니다. 그러나 아프리카 지도자들은 "우리는 아무리 배가 고파도 사람이 먹어서는 안 될 유전자조작 곡물은 받지 않겠다."라고 말해 빌 게이츠를 당황하게 했습니다.

일리노이주 한 농가에서 있었던 실화를 보면 철새도 유전자조작 작물의 안전성을 의심하기는 마찬가지라는 사실을 알 수 있습니다. 그 농가는 커다란 호수를 끼고 있어서 해마다 기러기 떼의 습격으로 골머리를 앓고 있었습니다. 어느 해부터는 유전자조작 콩과 일반 콩을 반반씩 심었는데, 어떤 이유에서인지 유전자조작 콩을 먹는 기러기는 거의 없었습니다. 이듬해에도 찾아온 기러기들은 유전자조작 콩밭에는 얼씬도 하지 않고 일반 콩만 먹었습니다. 단지 우연일 뿐이라고 주장하는 사람도 있지만 유전자조작 콩에 인간이 모르는 어떤 문제가 있다고 주장하는 사람도 많습니다.

한편 몬산토와 같은 대기업이 비싼 가격에 종자와 제초제를 독점적으로 판매하면서 농가 수입은 제자리를 걷거나 오히려 감소하는 실정입니다. 1910년에는 농산물 판매금액의 40% 이상이 농민의 몫이었지만 2000년대 들어서 겨우 7%에도 미치지 못하고 있습니다. 이는 농민들이 종자, 제초제, 비료 등에 지출하는 비용이 큰 폭으로 늘어났기에 벌어진 일입니다. 게다가 유전자조작으로 만든 종자는 지적재산권이 인정되기 때문에, 회사로부터 비싼 가격에 종자를 사야 하는 농민들의 부담은 향후 더욱 늘어날 것으로 전문가들은 예상합니다.

몬산토는 유전자조작 농작물 시대를 개척한 혁신적인 기업이라는 찬사를 받고 있습니다. 이와 동시에 종자 독점을 통해 막대한 수익을 올리는 악덕 기업이라는 평도 받는 기업입니다. 몬산토의 창업자 존 퀴니 역시 상반된 평가를 받는 인물입니다. 농업 분야에 새로운 지평을 연 위대한 기업인이라는 칭송과 함께 건강을 위협하는 거대 화학회사를 만든 장본인이라는 비판을 받기도 합니다. 2018년 독일 굴지의 제약회사인 바이엘이 630억 달러를 들여 인수하면서 몬산토의 주주와 경영자는 바뀌었지만, GMO 농작물에 대한 연구개발은 계속되고 있습니다.

들여다보기

★

줄소송에 걸린 몬산토

1970년대 몬산토가 세상에 내놓을 때만 하더라도 라운드업은 미국을 비롯한 전 세계 농민들에게 '기적의 제초제'라는 찬사를 받았다. 라운드업은 160여 개국에서 인기리에 판매되며 세계에서 가장 유명한 제초제로 자리 잡았다. 독일의 대규모 종합화학회사 바이엘이 거액을 들여 몬산토를 인수한 것도 황금알을 낳는 거위나 다름없는 라운드업이 있었기 때문이다.

오래전부터 화학 분야 전문가들을 중심으로 라운드업의 주성분인 글리포세이트가 건강을 해칠 수 있다는 주장이 끊임없이 제기되었다. 그러나 미국환경보호청(EPA)이 적정량의 글리포세이트를 사용하면 인체에 해가 없다는 결과를 발표하며, 라운드업은 안전한 제초제로 인정받았다. EPA 외에도 라운드업이 진출한 수많은 나라에서 정부 주도로 라운드업의 안전성을 테스트했지만 별다른 문제점이 발견되지 않았다.

그런데 2015년, 세계보건기구(WHO)에서 라운드업의 주성분인 글리포세이트가 암을 유발할 가능성이 있다고 발표하자 문제가 불거지기 시작했다. 그동안에는 라운드업에 노출되었던 농민들 중 많은 사람들이 암으로 고통받았지만 글리포세이트의 위험성을 입증할 수 없어서 몬산토로부터 피해배상을 받을 수 없었다. 이런 가운데 세계보건기구가 글리포세이트는 발암물질이라고 발표하자 몬산토를 상대로 하는 소송이 줄을 이었다.

당시 바이엘은 몬산토를 인수하기 위해 사전조사를 하던 중이었다. 이때 라운드업을 꾸준히 사용한 사람들 중 많은 수가 암을 비롯한 각종 질병에 시달리는 중이고, 3,000명 이상이 몬산토를 상대로 피해배상 청구소송을 벌이고 있다는 사실을 알게 되었다. 그럼에도 불구하고 바이엘은 라운드업이 40년 이상 별 문제 없이 사용되었기 때문에 소송은 큰 문제가 되지 않을 것이라는 안이한 생각을 하고 있었다. 그 결과 2018년 이후로는 몬산토를 인수한 바이엘이 소송의 당사자가 되었다.

라운드업의 유해성에 대한 첫 번째 판결이 2018년 캘리포니아주 법원에서 내려졌는데 놀랍게도 재판에 참여한 배심원들은 피해자의 손을 들어주었다. 그들은 몬산토가 2억 8,900만 달러에 달하는 엄청난 배상금을 피해자에게 지급해야 한다고 평결을 내렸는데, 이를 지나치게 많다고 생각한 판사가 7,800만 달러로 배상금을 줄여 주었다.

몬산토가 소송에서 패했다는 소식이 언론을 통해 전 세계에 알려지자 몬산토를 상대로 한 소송이 줄을 이었다. 이듬해인 2019년, 캘리포니아주에서 두 번째 소송이 진행되었다.

피해자 측 변호사는 그동안 몬산토가 라운드업의 위험성을 소비자에게 제대로 알려주지 않았다는 이유를 들어 파렴치한 기업으로 몰아갔다. 실제로 라운드업 제품 어디에도 글리포세이트에 오랜 기간 노출될 경우 암이나 각종 질환에 걸릴 수 있다는 경고 문구가 없었다. 이에 몬산토 측 변호인들은 각종 질병의 발생과 글리포세이트 사이에 명확한 인과 관계가 입증되지 않는다며 피해 자체를 인정하지 않았다.

이날 재판에 참여한 배심원들은 5,500만 달러의 피해배상금과 20억 달러의 징벌적 손해배상금을 피해자에게 주라는 평결을 내려 미국 사회를 깜짝 놀라게 했다. 몬산토가 재판에서 패한 뒤 몬산토를 대상으로 한 소송은 폭발적으로 증가해서 1만 3,000건 이상이 제기되었다. 그러자 몬산토를 인수한 바이엘에도 불똥이 옮겨붙었다.

만약 몬산토가 모든 소송에서 패할 경우 가늠할 수 없을 정도로 많은 돈을 피해자들에게 물어 주어야 하는데 이 경우 회사는 파산을 면치 못하게 된다. 몬산토의 소유자인 바이엘 역시 책임에서 벗어날 수 없으므로 엄청난 타격을 받을 수밖에 없다. 실제로 몬산토가 재판에서 지자 바이엘의 주가는 폭락을 거듭해 주주들이 큰 손해를 입었다. 독일을 넘어 유럽 최고의 우량 기업 중 하나였던 바이엘은 계속되는 주가폭락으로 인해서 회사의 시가총액이 몬산토 인수 당시 지불한 630억 달러보다도 적어지는 수모를 당했다. 몬산토를 인수하기 위해 수백억 달러의 빚을 낸 바이엘은 급증한 부채로 인해 이전에는 경험하지 못한 심각한 재정난에 시달리게 되었다.

03

글로벌 자본투자가

조지 소로스

20세기 최고의 펀드 매니저 (1930~)

소로스 펀드 매니지먼트의 회장으로 세계 금융계의 큰손이다. 그는 극소수 억만장자를 상대로 돈을 모아 투자하는 헤지펀드를 운영해 수입을 극대화했다. 또한 열린사회재단을 설립해 개인의 이익보다는 공공의 이익을 위해 투자를 아끼지 않았다. 뛰어난 미래예측능력을 갖춘 투자가이자 환투기꾼, 철학있는 금융인 등 그를 수식하는 표현은 다양하며 그에 대한 평가도 엇갈린다.

전쟁의 공포

1930년 8월 헝가리 부다페스트의 유대인 가정에서 태어난 조지 소로스George Soros의 원래 이름은 기외르지 슈바르츠Gyoergy Schwartz입니다. 슈바르츠는 유대인 세계에서 흔한 성姓이고 기외르지는 이름인데, 영어식으로 표현하면 조지에 해당합니다. 변호사인 아버지 티바다Tivadar는 제1차 세계대전 당시 오스트리아-헝가리제국 군대에 징집되어 용감히 싸웠지만, 적군인 러시아군에 포로로 잡혀서 모진 고생을 했습니다.

당시 러시아는 황제인 차르tsar가 다스리던 전근대적인 국가로서 유럽식 민주주의와는 거리가 먼 후진국이었습니다. 1917년 혁명가 레닌Lenin이 주도한 사회주의 혁명이 일어나자 러시아는 대혼란 속으로 빠

러시아 차르 동상

차르가 살던 제정 러시아의 궁전

져들었습니다. 그 틈을 이용해 티바다는 포로수용소를 탈출했습니다. 그는 헝가리로 돌아와 법률 공부를 마치고 변호사가 된 후 사업가의 딸과 결혼해 1930년 아들 기외르지를 얻었습니다.

그런데 이웃 나라 독일에서 나치*가 득세하면서 티바다의 행복한 결혼생활은 종말을 맞게 되었습니다. 1933년 독일의 새로운 권력자로 등장한 아돌프 히틀러가 노골적인 반反유대주의 정책을 펼치기 시작해, 시간이 흐를수록 탄압의 강도를 높였습니다. 티바다는 강대국 나치 독일에서 시작된 반유대주의 물결이 언젠가 약소국 헝가리에

* 아돌프 히틀러를 당수로 한 국가사회주의 독일 노동자당. 독일 민족 지상주의와 인종론을 바탕으로 1933년부터 1945년까지 정권을 잡았다.

밀어닥칠 것을 예상하고 미래의 위험에 대비해 나갔습니다.

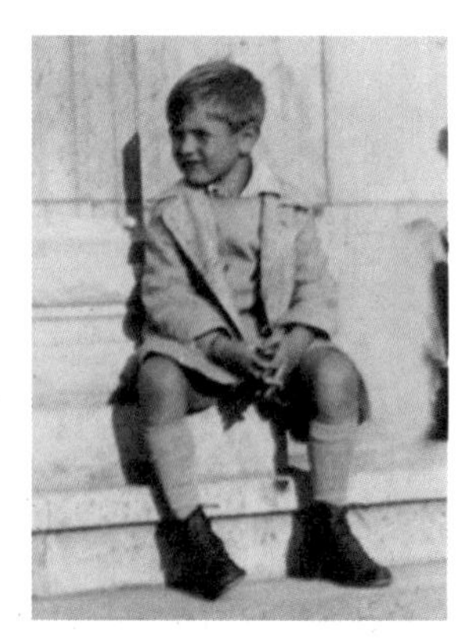
어린 시절의 조지 소로스

1936년 티바다는 슈바르츠Schwartz라는 유대인 성姓을 쓰는 것이 위험하다고 생각해 소로스Soros로 성을 바꾸었습니다. Soros는 앞으로 읽으나 뒤로 읽으나 발음이 같고 '크게 번성하리라'는 좋은 뜻이 있었기 때문입니다. 그는 성을 바꾼 것만으로는 안심이 되지 않아 아예 호적까지 바꾸려고 했습니다.

원래의 성이 여전히 행정관청 서류에 남아 있기 때문에 출생증명서부터 모두 바꿔야 안전하다고 생각했습니다. 호적을 송두리째 바꾸기 위해 담당 공무원에게 막대한 뇌물을 주어야 했지만, 그것만이 가족의 생명을 지키는 일이라 생각한 티바다는 기꺼이 돈을 썼습니다.

1939년, 히틀러는 폴란드 침공을 시작으로 제2차 세계대전을 일으키며 유럽 전역을 짓밟았습니다. 헝가리로 몰려든 독일군은 유대인들에게 좋은 곳으로 보내 주겠다는 감언이설을 늘어놓으며 본인이 유대인임을 자발적으로 신고하도록 했습니다. 러시아에서 사회주의자들의 간교한 거짓말과 숙청을 몸소 체험한 티바다는 독일군의 말을 믿지 않고 자신이 유대인임을 숨겼습니다. 얼마 후 독일군은 본색을 드러내 결국 43만 명의 헝가리 유대인이 나치에 의해 목숨을 잃고 말았습니다.

제2차 세계대전 당시 폴란드를 침공한 독일군

독일군이 단 한 명의 유대인도 놓치지 않고 전부 학살하기 위해 철저한 색출 작업에 나서자, 생명의 위협을 느낀 티바다는 먼 곳으로 잠적하기로 마음먹었습니다. 당시 헝가리의 수도 부다페스트에는 유능한 변호사 티바다가 유대인이라는 사실을 아는 사람이 너무 많았기 때문에 계속 머물 수 없었습니다. 그는 온 가족을 데리고 시골의 친척 집으로 피난을 떠나 그곳 암시장에서 담배 장사를 했습니다. 변호사에서 불법 장사꾼으로 전락했지만, 그는 가족을 먹여 살리기 위해 최선을 다했습니다. 어린 조지 소로스는 아버지 곁에서 장사를 배워 나갔습니다.

헝가리 전역을 장악한 독일군은 수시로 유대인 색출 작전에 나섰는데, 그럴 때마다 티바다 가족은 삶과 죽음의 경계선 위를 걸어야 했습니다. 1945년 나치 독일의 패전으로 제2차 세계대전은 끝을 맺었지만, 헝가리에는 평화가 찾아오지 않았습니다. 히틀러를 격파한 소련은 헝가리를 포함한 동유럽을 차지하기 위해 무력을 사용했습니다. 나치 독일의 지배에서 벗어난 헝가리에 사회주의라는 먹구름이 몰려왔습니다. 1947년 17살의 조지 소로스는 소련의 위협에서 벗어나기 위해 아무도 기다려 주는 이 없는 영국으로 홀연히 떠났습니다.

고단한 유학 생활

런던에 정착한 소로스는 부모 슬하에 있던 제2차 세계대전 때보다 더 많은 고생을 했습니다. 학비와 생활비를 마련하기 위해 식당 웨이터, 철도역 짐꾼, 공장 노동자, 청소부 등 영국인들이 꺼리는 온갖 궂은 일을 해야 했습니다. 햇빛도 제대로 들지 않고 벌레가 우글거리는 사글셋방에서 주린 배를 잡고 잠을 청하기 일쑤였습니다. 훗날 소로스가 당시를 회상하며 '내 생에 통틀어 가장 어려웠던 시절'이라고 말했을 정도로 런던 생활은 고난의 연속이었습니다.

소로스는 열악한 환경에서도 손에서 책을 놓지 않았습니다. 특히 철학에 관심이 많았는데 소크라테스, 플라톤, 아리스토텔레스, 홉스 등 유명한 철학자의 저서를 독파하며 철학 공부에 심취했습니다. 그는 영국에 정착한 지 2년 만인 1949년, 영국의 대표적인 명문대학인 런던정치경제대학교에 합격하면서 본격적으로 철학을 공부했습니다.

소로스는 동유럽 출신의 가난한 유대인 청년으로서 영국의 대표적

영국 런던 중심부에 위치한 런던정치경제대학교

인 명문대학에 합격한 것을 자랑스러워했지만 그 무렵 조국 헝가리의 운명은 기구하기 짝이 없었습니다. 그가 고국을 떠난 지 얼마 안 된 1947년 여름, 소련군이 헝가리를 무력으로 점령해 대규모 군대를 주둔시키며 본격적인 내정간섭에 나섰습니다.

헝가리를 점령한 소련은 곧바로 선거를 기반으로 한 민주정치 제도의 폐지, 언론의 자유 말살, 사상의 자유 불인정 등 온갖 비민주적인 제도를 통해 헝가리 국민을 억압했습니다. 또 소련의 지시를 받는 괴뢰정권을 세워 국민들의 일거수일투족을 감시하도록 했습니다. 사회주의 소련에 의해 민주주의가 파괴되고 인권이 말살되자, 참다못한 헝가리 국민들은 1956년 10월 소련의 꼭두각시인 괴뢰정권을 무

무력으로 헝가리를 점령한 소련군

너뜨리기 위해 민주화 운동에 나섰습니다.

시민들은 수도 부다페스트에 자리 잡고 있던 소련 공산당 서기장인 스탈린 동상을 끌어내렸습니다. 성난 시민들이 정부청사와 공산당 본부로 달려가자, 겁에 질린 친소주의자 출신의 헝가리 공산당 지도자들은 목숨을 건지기 위해 앞다투어 도망쳤습니다. 꼭두각시들이 사라지자 헝가리 국민들의 존경을 한몸에 받던 정치인 임레 너지Imre Nagy를 중심으로 한 새로운 민주정권이 들어서면서 헝가리에는 민주화의 바람이 불기 시작했습니다.

임레 너지 정권은 국민의 요구를 전폭적으로 수용해 헝가리를 서유럽에 버금가는 민주주의 국가로 만들고자 했습니다. 언론의 자유를 시작으로 선거에 의한 민주정부 수립, 복수정당제, 사상과 표현의

두 번에 걸쳐 헝가리의 수상을 역임한 혁명가 임레 너지

자유 보장, 소련군의 철수 요구, 헝가리의 중립국화 등 이전에는 상상도 할 수 없는 급진개혁을 추진하기 시작했습니다.

하지만 사회주의 종주국 소련은 헝가리에 민주정권이 들어서는 것을 결코 용납할 수 없었습니다. 당시 소련은 동유럽뿐 아니라 전 세계를 공산화하려는 야욕을 가지고 있었기 때문에, 만약 헝가리에 민주 정부가 들어서는 것을 묵인한다면 폴란드, 루마니아 등 인근 사회주의 국가들 역시 줄줄이 민주화를 요구할지 모른다는 불안감에 사로잡혀 있었습니다.

헝가리의 민주화 운동이 시작된 지 한 달 만에 소련은 20만 명에 이르는 소련군과 수천 대의 탱크를 헝가리로 보내 2,500명이 넘는 무고한 헝가리 시민을 학살했습니다. 소련군의 무단 개입으로 사태가 급박하게 돌아가자 임레 너지는 유고슬라비아 대사관으로 몸을 피해 미국과 서유럽의 도움을 요청했습니다. 그러나 어떤 나라도 헝가리를 도우려고 하지 않았습니다. 결국 그는 소련의 비밀경찰인 KGB에 체포되어 형장의 이슬로 사라지고 말았습니다. 이후 헝가리에는 다시 소련을 추종하는 괴뢰정권이 들어섰습니다. 이로 인해 소로스는 돌아갈 곳을 잃고 말았습니다.

1954년 런던정치경제대학에서 철학 박사학위를 받은 소로스는 철학 교수가 되고 싶었지만, 동유럽 출신 이방인에게는 교수직이 주어지지 않았습니다. 교수는 고사하고 일자리조차 얻을 수 없었기 때문에 해변에서 기념품을 파는 것으로 생계를 이어 나갔습니다. 평생을 잡상인으로 살 수는 없다고 생각한 소로스는 여러 은행의 인사담당자에게 이력서를 제출했습니다. 하지만 철학을 전공한 그를 원하는 은행은 거의 없었고 한두 곳에서만 관심을 보였습니다.

소로스는 런던의 조그만 은행에 입사해 금융인으로서 첫발을 내디뎠습니다. 돈의 흐름에 밝았던 그는 은행원으로서 두각을 나타내기 시작했습니다. 이를 눈여겨본 동료 로버트 메이어Robert Mayer가 뉴욕에서 금융업에 종사하는 자신의 아버지에게 편지를 보내 소로스의 채용을 부탁했습니다. 이를 계기로 26세의 소로스는 세계 금융 산업의 심장이나 다름없는 뉴욕 땅을 밟게 되었습니다.

뉴욕의 월스트리트에 진출한 소로스는 금융인이 되겠다는 생각이 아니라, 5년 안에 50만 달러를 벌어들인 후 영국으로 돌아가 공부를 계속해 철학 교수가 되고자 했습니다. 월스트리트의 작은 증권회사에서 유럽 증권시장 담당자가 된 소로스는 주식매매를 위해 새벽 3시에 일어나 런던 증시에 상장된 회사의 주식을 뉴욕에서 사고팔았습니다. 밤잠을 설치며 부지런히 일한 덕분에 그는 주식매매로 큰 수익을 올리며 회사 내에서 없으면 안 될 중요한 인물이 되어 갔습니다.

퀀텀펀드

소로스는 주식, 채권, 외환 등 돈이 될 만한 모든 것을 거래하며 회사에 엄청난 수익을 안겨 주었습니다. 당시 월스트리트에서 일하던 금융전문가는 주로 경영대학원MBA 출신이었고, 대부분의 금융 상품이 고난도 수학을 총동원한 복잡한 수식으로 이루어져 있기에 금융업계 종사자는 대체로 수학적 능력이 출중했습니다.

소로스는 여느 금융전문가와 달리 수학에 매우 취약했습니다. 금융업에 종사하려는 사람이면 누구나 증권분석사 자격증을 취득해야 했는데, 자격시험에 수학과 관련된 문제가 많아서 소로스는 수차례 낙방을 거듭했고, 결국엔 포기하고 말았습니다. 하지만 그에게는 뛰어난 직관력과 담대한 배포가 있었습니다.

젊은 시절의 조지 소로스

어린 시절 나치의 끊임없는 위협으로 여러 차례 죽을 고비를 넘긴 소로스는 여느 펀드매니저*와 달리 어떤 선택을 하든지 간에 두려움 없는 평온한 상태에서 결정을 내렸습니다. 감정에 휘둘리지 않고

* 투자회사, 신탁은행 등에서 전문적으로 자산 운영을 하는 사람.

도 중요한 결정을 할 수 있었던 그는 다른 사람에 비해 시행착오를 줄일 수 있었습니다. 투자대상을 결정할 때 과학적 분석보다는 그만이 가지고 있는 특유의 감을 동원했는데, 이는 결코 다른 사람이 따라 할 수 없는 일이었습니다. 펀드매니저의 능력은 해마다 얼마나 많은 투자 수익을 올리는지에 따라 결정되기 때문에 유능한 소로스에게 투자자금이 몰렸습니다.

소로스의 투자회사 퀀텀펀드의 로고

1970년이 되자 소로스는 세계 금융 산업의 흐름을 완전히 꿰뚫었다고 판단해, 남의 밑에서 일하는 대신 독립하기로 마음먹고 '소로스 펀드 매니지먼트'를 창업했습니다. 이후 1973년, 카리브해의 작은 섬나라 케이맨제도에 퀀텀펀드Quantum Fund라는 헤지펀드Hedge Fund* 회사를 만들고 본격적으로 공격적인 투자에 나섰습니다. 케이맨제도는 회사가 거둔 수익에 대해 조세를 부과하지 않는 대표적 조세 도피처였습니다.

대개 펀드**는 돈만 있으면 누구나 참여할 수 있고 뮤추얼펀드Mutual Fund*** 형태로 운영되지만, 소로스는 불특정 다수로부터 투자금을 받

* 소수의 투자자로부터 자금을 모아서 절대수익을 노리는 펀드. 투기적 성격이 강하다.
** 투자기관이 투자자에게서 모은 투자 자금. 투자 결과로 발생한 수익을 투자자에게 나눠 주는 구조이다.
*** 주식회사 방식으로 운영되는 펀드. 자금을 주식, 채권 등에 투자한 후 투자수익을 투자자에게 배당금 형태로 나눠 주는 것.

지 않고 극소수 억만장자를 상대로 돈을 모아 투자하는 헤지펀드 형태로 회사를 운영했습니다. 그는 과거 뮤추얼펀드를 운영하면서 수없이 많은 투자자의 입맛을 맞추기보다는 뜻이 맞는 극소수 부유층의 돈으로 공격적인 투자를 하는 것이 효율적이라는 생각을 가졌기에 헤지펀드 매니저의 길로 들어섰습니다.

소로스는 헤지펀드를 운영하면서 주식이나 채권 같은 유가증권은 물론 황금, 외국환, 원자재 등 돈이 될 수 있는 모든 상품에 돈을 굴리며 천부적인 돈벌이 능력을 입증했습니다. 퀀텀펀드를 만든 후 20년 이상 해마다 30%가 넘는 고수익을 올리며 투자자들을 만족시켰고, 본인 역시 수수료 수입만으로도 억만장자의 반열에 올랐습니다. 당시 대부분의 펀드매니저는 코카콜라나 월트디즈니사 같은 안전한 우량주에 투자했지만, 소로스는 위험요소가 큰 주식이나 채권에 투자해 투자수익률을 극대화했습니다.

열린사회를 꿈꾸는 투기꾼

소로스가 런던정치경제대학에서 공부할 때 그의 지도교수는 오스트리아 출신의 세계적인 철학자 칼 포퍼Karl R. Popper였습니다. 칼 포퍼는 소로스와 같은 유대인으로서 그의 조국 오스트리아 역시 제2차 세계대전 기간 나치 독일에 의해 합병당해 전체주의 지배하에 놓였습니다.

칼 포퍼는 아돌프 히틀러를 마치 절대자인 신처럼 숭배하는 독일인의 모습에 크게 실망하고 전체주의에 물들어가는 세상을 비판하기 위해 1945년 일생의 역작인 《열린사회와 그 적들》이라는 책을 세상에 내놓았습니다. 그는 저서에서 '이 세상에 오류가 전혀 없는 완벽한 사람은 있을 수 없기 때문에 그 어떤 사상이나 가치에 대해서도 비판할 수 있어야 한다.'라고 주장했습니다.

오스트리아 출신의 세계적인 철학자 칼 포퍼

히틀러 집권 시절 독일 내에 적지 않은 수의 양심적인 지식인이 있었지만, 이들은 다수의 횡포에 주눅이 들어 자기 생각을 마음 놓고 표현할 수조차 없었습니다. 무엇이 정의로운 사회인지에 대해 정확히 알고 있는 소수의 사람이 제 목소리를 내지 못 하게 되자, 독일은 급격히 우경화되면서 히틀러를 정점으로 하는 전체주의* 사회로 변해 갔습니다. 이로 인해 결국 제2차 세계대전이라는 사상 초유의 전쟁이 일어나게 되었습니다.

칼 포퍼는 소련의 사회주의, 독일 나치즘, 이탈리아 파시즘, 일본 군국주의 등 개인의 자유를 억압하는 모든 전체주의적 체제를 비판

* 개인은 국가를 위해 존재한다는 사상. 개인의 자유를 통제하는 중앙집권적 통치 사상에 해당한다.

하며 의사 표현의 자유가 완벽히 보장되는 민주사회를 바람직한 열린사회로 제시했습니다.

칼 포퍼의 영향을 크게 받은 소로스는 스승의 뜻을 받들어 전 세계를 이상적인 열린사회로 만들기 위해 1979년부터 적극적인 행동에 나섰습니다. 그가 열린사회를 만들기 위해 제일 먼저 한 일은 남아프리카공화국의 흑인을 돕는 일이었습니다.

당시만 하더라도 남아프리카공화국(이하 남아공)에는 아파르트헤이트Apartheid로 불리는 지독한 인종차별정책이 시행되고 있었습니다. 아파르트헤이트는 '분리 혹은 격리'를 뜻하는 말로서 남아공 인구의 15% 정도에 지나지 않는 소수 백인이 다수의 흑인을 차별하기 위해 만든 정책입니다. 남아공의 흑인들은 17세기 중엽 백인이 이곳에 발을 들여놓기 전까지만 하더라도 땅의 주인으로서 당당하게 살았습니다. 하지만 백인에 의해 정복당한 이후에는 노예나 다름없는 비참한

백인 전용 시설물임을 알리는 게시판

남아공의 흑인들이 강제로 머물러야 했던 집단거주 지역, 소웨토

삶을 살아야 했습니다.

아파르트헤이트 정책에 의해 흑인은 소웨토Soweto라고 불리는 흑인 집단거주 지역을 벗어날 수 없었습니다. 만약 법을 어기면 혹독한 처벌이 뒤따랐습니다. 백인에 비해 제대로 교육받지 못한 흑인은 입에 풀칠하기도 힘든 저임금을 받으면서 목숨을 부지하기 위해 백인이 기피하는 더럽고 힘들고 위험한 일을 도맡아 했습니다. 또 백인과 흑인 사이의 결혼을 엄격히 금지해 백인과 흑인의 피가 섞이는 것을 막았습니다.

소로스는 남아공에서 자행되는 혹독한 인종차별을 없애는 데 일조하기 위해 남아공 흑인 학생들에게 장학금을 지급하며 학업을 마칠 수 있도록 도왔습니다. 그가 가난한 학생들에게 장학금을 주는 것을 시작으로 자선사업을 시작한 데에는 나름대로 이유가 있었습니

열린사회재단 로고

다. 1947년 소로스가 영국에서 유학 생활을 시작할 때 유대인들이 만든 구호단체에 학자금 지원을 요청한 적이 있었습니다. 그런데 유대인 구호단체가 직업교육이 아닌 대학교육을 받는 엘리트들에게는 학자금을 지원해 줄 수 없다며 거절했습니다. 소로스는 "사회의 각 분야에서 성공을 거두는 유대인 엘리트가 늘어나야 유대인의 사회적 지위가 향상될 수 있다."라고 말하며 설득했지만 끝내 학자금 지원을 받을 수는 없었습니다. 크게 실망한 소로스는 훗날 돈을 많이 벌면 가난하지만 똑똑한 학생들에게 장학금을 주어야겠다고 생각했습니다. 그는 실제로 억만장자가 되어 청년 시절 품었던 생각을 실천에 옮겼습니다.

이후 소로스의 관심은 동유럽으로 옮겨졌습니다. 1979년 그는 동유럽의 민주화 운동을 지원하기 위해 사비를 털어 '열린사회재단'이라는 비영리기구를 만들고 본격적인 활동에 나섰습니다. 그는 재단을 설립하면서 열린사회에 대해 '법치가 이뤄지며 민주적으로 선출되는 정부가 존재하고, 다양하고 활기찬 시민사회가 있어야 하고, 소수자와 그들의 견해가 존중받아야 하며, 자유시장경제가 존재하는 곳'이라고 규정했습니다.

재단을 통해 소로스는 동유럽에서 민주화 운동을 벌이는 단체에 막대한 현금을 지원하고, 미국으로 망명해 온 동유럽 출신 민주화 인사들을 세심하게 돌봐주었습니다. 하지만 혼자서 모든 것을 할 수는 없었습니다. 활동에 한계를 느낀 소로스는 미국, 영국 등 각국 지도자들에게 편지를 보내 동유럽의 민주화 운동에 적극적으로 지원해 줄 것을 요청했습니다. 그러나 동유럽 출신의 일개 헤지펀드 매니저에 불과한 그의 주장에 귀를 기울이는 국가 지도자는 없었습니다. 실망한 소로스는 자신의 존재감을 전 세계에 알리기로 작정하고 누구도 생각하지 못한 일에 도전하기로 했습니다.

영국 초토화 작전

전 세계 대부분의 나라는 각국 고유의 화폐가 있으며, 고유의 화폐는 저마다 다른 가치를 지닙니다. 제2차 세계대전 이후 미국 달러화가 국가 간의 교역에서 중심 화폐로 통용되면서 각국은 자국의 화폐를 달러화로 바꾸어야 무역 활동에 참여할 수 있었습니다.

자국 화폐와 달러화의 교환 비율을 환율이라고 하는데, 환율은 크게 고정환율제와 변동환율제로 나눌 수 있습니다. 우선 변동환율제는 국가의 경제 상태에 따라 외환시장에서 환율이 수시로 변하는 제도를 말합니다. 한 나라의 경제 상황이 좋으면 화폐 역시 그 나라의 경제력을 반영해 달러화 대비 강세를 보입니다. 반면에 한 나라의 경제 상황이 나빠지면 화폐는 힘을 잃고 달러화 대비 약세로 돌아섭니다. 변동환율제 하에서 환율은 각국의 경제 사정에 맞게 자동으로 조정되어 경제안정에 이바지합니다.

이를테면 1달러당 원화의 환율이 1,000원 정도 하다가 한국의 경제 사정이 악화될 경우 원화는 약세로 돌아서 1달러당 2,000원으로 바뀝니다. 이는 1달러를 손에 쥐기 위해 이전보다 더 많은 원화를 주어야 하는 것으로서 원화 가치가 하락했음을 보여 줍니다. 이때 수출기업은 더 많은 수익을 올리게 됩니다. 환율이 1,000원에서 2,000원으로 상승할 경우, 연필 한 자루를 1달러에 수출하고 1,000원을 받던 회사는 예전보다 두 배나 많은 2,000원의 원화를 손에 쥐게 됩니다. 이러한 변동환율제에서는 환율이 실시간으로 변하기 때문에 기업은 이익과 위험에 모두 노출됩니다.

이에 반해 고정환율제는 환율을 외환시장에 맡기지 않고 정부가 직접 나서서 개입하는 제도를 말합니다. 정부의 뜻에 따라 환율이 정해지기 때문에 쉽게 변하지 않는 장점이 있지만 정부가 원하는 환율을 유지하기 쉽지 않습니다. 끊임없이 달러화를 사거나 파는 방법을 동원해 원하는 환율로 조정해야 하기 때문에 이를 위해서는 항상 충분한 달러가 비축되어 있어야 합니다.

1992년, 소로스는 고정환율제를 취하고 있던 영국을 주의 깊게 살폈습니다. 당시 영국 경제는 오래전부터 침체 상태에 있어서 거리마다 실업자로 넘쳐나고 문을 닫는 기업이 속출했지만, 정부는 달러화

영국의 파운드화

대비 파운드화*의 가치를 지나치게 높게 평가하고 있었습니다. 정부가 보유하고 있던 달러화는 400억 달러밖에 되지 않아 외환위기에 능동적으로 대처하기에 턱없이 부족한 상태였습니다.

소로스는 파운드화에 문제가 있음을 깨닫고 영국 정부의 돈을 빼내기 위한 작업에 들어갔습니다. 이때 소로스가 동원한 수법이 파운드화의 공매도입니다. 공매도는 팔 물건이 없는데도 물건을 팔겠다고 시장에 내놓는 경우를 말합니다.

가령 어떤 사람이 주식시장에서 한 주에 시가 1만 원짜리 A회사 주식 100만 주, 총액 100억 원어치를 공매도하려는 경우에 대해 살펴보겠습니다. 우선 공매도를 하려는 사람은 주식을 가지고 있는 사람에게 접근해 약속된 날짜에 주식을 돌려주기로 하고 해당 주식을 빌려옵니다. 빌려온 주식을 시가대로 한 주당 만원씩 100만 주를 100

* 영국의 화폐 단위.

억 원에 팔아치운 사람은 약속한 날짜에 해당 주식을 구입해 돌려주어야 합니다. 만약 그 주식가격이 주당 8,000원으로 떨어졌다면 100만 주를 구입하는 데 80억 원만 필요해, 앉은 자리에서 20억 원의 시세차익을 남길 수 있습니다.

그러나 주가가 한 주당 1만 2,000원으로 오른다면 100만 주를 구입하는 데 120억 원이 들어 공매도자는 20억 원의 손해를 보게 되고, 반대로 주식을 빌려준 사람은 20억 원의 이득을 보게 됩니다. 이처럼 공매도는 한 사람이 이득을 보면 상대방은 손해를 보게 되는 제로섬게임zero-sum game*으로 웬만한 뱃심이 없으면 감행할 수 없는 위험한 거래입니다.

1992년 9월 16일 조지 소로스가 막대한 양의 파운드화를 시장에 내놓자 파운드화가 폭락하기 시작했습니다. 영국은 파운드화의 가치 하락을 막기 위해 정부가 보유하고 있던 달러화를 시장에 내놓았지만 소용이 없었습니다. 소로스가 공매도로 영국 정부를 공격하자, 이를 지켜보던 수많은 헤지펀드가 이익을 보기 위해 파운드화 공매도에 동참했습니다. 영국 정부는 하루 만에 항복하고 말았습니다.

이날 소로스는 파운드화 공매도를 통해 무려 10억 달러의 돈을 벌어들였습니다. 이 일을 계기로 소로스는 바람대로 단번에 전 세계에 이름을 알릴 수 있었지만, 영국인들은 그를 증오했습니다. 소로스가

---

* 게임이론에서, 참가자가 어떤 행동을 하든 참가자 전체의 이득과 손실의 합은 제로(0)가 되는 게임.

17살 때부터 26살까지 9년이라는 적지 않은 세월을 영국에서 보냈기 때문에 영국인들의 그에 대한 배신감은 대단했습니다. 1947년 거의 빈털터리 상태로 영국 땅에 발을 내디딘 가난한 청년 소로스는 45년 뒤 100억 달러를 굴리는 헤지펀드 매니저가 되어 나타나 영국 정부를 초토화시켰습니다.

악마처럼 벌지만 천사처럼 쓰는 사람

영국 정부를 상대로 한 환투기* 사건으로 한순간에 세계적인 헤지펀드 매니저가 된 소로스는 금융시장에서 엄청난 힘을 행사할 수 있게 되었습니다. 그는 평소 자신의 저택으로 정치인, 기업인, 외교관, 언론인 등 각 분야의 요직에 있는 사람들을 초대해 식사하면서 인맥을 넓혀 나갔습니다. 고위층 인사와의 만남을 통해 각 분야의 고급 정보를 획득할 수 있었고, 이는 투자 활동에 큰 도움이 되었습니다.

1997년 5월, 소로스는 태국의 화폐단위인 바트BAHT화를 공매도하며 또다시 세계 금융계를 발칵 뒤집어 놓았습니다. 태국도 영국처럼 고정환율제를 채택하고 있으며 환율을 방어할 수 있을 만큼의 충분한 달러화를 보유하고 있지 못했습니다. 게다가 경제력에 비해 바트화는 지나치게 고평가되어 있었기 때문에 소로스의 표적이 되었습

* 환율 시세 변동에 따른 차익을 얻기 위해 외국환을 사고파는 투기 행위.

소로스의 공격을 받은 태국 바트화

니다.

소로스가 바트화 공매도에 나서자 과거 영국 파운드화를 공격할 때보다 더 많은 헤지펀드가 달라붙어 바트화 공매도에 힘을 보탰습니다. 태국 정부는 이리떼처럼 달려드는 헤지펀드의 공격을 막아내기 위해 싱가포르, 홍콩, 말레이시아 등 인근 국가의 도움까지 받았지만 두 달 만에 항복을 선언해야 했습니다. 소로스 주도의 헤지펀드 군단은 태국의 국부를 빼앗는 정도로는 만족하지 못하고 말레이시아, 필리핀, 인도네시아 등 인근 동남아 국가의 금융 시장까지 초토화시키면서 막대한 돈을 긁어모았습니다.

태국에서 시작된 동남아시아의 금융 위기는 동북아시아까지 영향을 미쳐 1997년 11월에는 한국 경제에도 엄청난 충격을 주었습니다. 소로스가 기회만 생기면 경제적으로 취약한 국가들을 공격해 천문학적인 부를 축적하자, 피해국 국민은 그를 '자본주의의 악마'라고 부르며 분노를 표출했습니다.

그런데 소로스는 환투기로 모은 돈이 늘어날수록 더욱 열정적으로 열린사회를 만드는 일에 앞장서며 사람들을 어리둥절하게 만들었습니다. 1991년 소련 붕괴 이후 민주국가로 변신하고 있는 동유럽 국가들에 매년 수억 달러에서 수십억 달러에 이르는 돈을 쏟아부었습니다. 소로스의 모국 헝가리에 대한 사랑은 유별나 끝도 없이 돈을 쏟아부었습니다.

소로스는 열린 세상을 만들기 위해서는 의식 있는 지식인을 양성하는 일이 무엇보다 중요하다고 생각해, 1991년 헝가리의 수도 부다페스트에 수억 달러의 돈을 투자해 중부유럽대학을 설립했습니다.

모든 과목을 영어로 강의하는 국제대학인 중부유럽대학은 소로스의 과감한 투자 덕분에 순식간에 유럽의 명문대학으로 성장했습니다. 세계 100여 개국에서 몰려온 유학생이 열린사회의 근간인 민주주의와 자유시장경제에 대해 배우고 본국으로 돌아가 각 분야에서

소로스가 설립한 중부유럽대학

활동하고 있습니다.

이외에도 소로스는 아프리카의 빈민구제를 위해 학교를 세우고 병원을 설립하는 데에도 막대한 금액의 돈을 내놓았습니다. 그는 주변 사람들에게 "돈을 버는 일보다 원칙을 정해 좋은 일에 쓰는 것이 훨씬 어렵다."라고 말하면서 피도 눈물도 없이 번 돈을 열린사회를 만드는 일에만 사용하고 있습니다. 이를 두고 사람들은 '소로스는 악마처럼 돈을 벌지만 천사처럼 돈을 쓰는 사람'이라고 상반된 평가를 하고 있습니다. 소로스는 평범한 자선가가 아니라 자신의 신념을 실천하기 위해 모든 것을 바치는 실천가입니다.

닫혀가는 미국 사회

소로스는 미국 국적을 취득해 미국 시민이 되었지만, 그동안 미국 정부와 적지 않은 마찰을 빚어 왔습니다. 특히 테러와의 전쟁을 일으킨 조시 W. 부시 대통령을 혐오했습니다. 2001년 1월 미국의 43대 대통령에 취임한 조시 W. 부시 대통령은 취임 8개월 만에 '9·11테러'라는 미국 역사상 한 번도 경험해 보지 못한 거대한 테러 사건의 소용돌이에 휘말리게 되었습니다.

사상 최초로 미국 본토가 공격당하는 일이 발생하자, 미국인 대다수는 테러범과 테러 지원 국가에 대한 강력한 응징을 요구하면서 부시 대통령을 부추겼습니다. 그러나 소로스를 비롯한 소수의 사람들은 테러와의 전쟁은 사태를 악화시킬 뿐, 결코 근본적인 해결책이 될 수 없다고 주장하며 테러와의 전쟁을 반대했습니다.

테러와의 전쟁을 선포한 미국 대통령 조지 W. 부시

소로스는 9·11테러 사건 이후 미국 사람들이 추가 테러로 인한 공포심 때문에 이성을 잃어가고 있는 모습에 큰 우려를 표했습니다. 이는 테러를 기획한 이슬람 원리주의자*들이 노리는 것이었기 때문입니다. 이슬람 원리주의자들은 무차별적인 테러를 통해 서구 사회를 극도의 공포 속으로 몰아넣어 민주주의와 기독교를 근간으로 하는 서구세계를 괴롭히려고 했습니다.

소로스는 테러리스트의 계략에 휘말리지 않는 유일한 방법은 그들을 두려워한 나머지 폭격기를 동원해 폭탄을 쏟아붓는 것이 아니라, 마치 아무 일도 없었던 것처럼 평상심을 유지하고 살아가는 것이라고 판단했습니다. 그는 폭력은 또 다른 폭력을 낳을 뿐이며 전쟁을 일으키면 천문학적인 전쟁비용과 인명손실이 발생해 결과적으로 미국을 퇴보시킬 것이라고 주장했습니다. 하지만 복수심에 불탄 부시 대통령과 국민들은 소로스 같은 반전 평화주의자를 매국노로 몰아세우며 그들의 말에 전혀 귀를 기울이지 않았습니다.

* 이슬람의 순수성을 위해서 코란의 가르침을 따르는 원래의 이슬람으로 돌아가자는 운동을 신봉하는 사람.

아프가니스탄(왼쪽)과 이라크(오른쪽)를 침공한 미군

2001년 10월, 부시 대통령은 아프가니스탄을 상대로 미사일을 발사하면서 전쟁의 서막을 올렸습니다. 이후 2003년 3월에는 이라크를 침공했습니다. 소로스는 지도자로서 현명하지 못한 부시 대통령이야말로 열린사회의 적이라고 생각했습니다.

2004년 11월에 치러진 대통령 선거에서 소로스는 부시의 재선을 막기 위해 미국 전역을 돌아다니면서 반反부시 캠페인을 벌였습니다. 하지만 부시 대통령은 압도적인 표 차이로 재선에 성공했습니다.

소로스의 우려대로, 테러와의 전쟁으로 미국 사회는 더욱 우경화되면서 열린사회가 아닌 닫힌사회로 변했습니다. 미국 정부가 테러범을 색출한다는 명목 아래 국민의 일상생활에 대해 광범위한 사찰을 일삼자, 국민의 권리는 오히려 예전보다 못하게 되었습니다. 게다가 전쟁으로 인해 미군 1만 명 이상이 전사했고, 10년 가까운 전쟁 기간에 3조 달러 이상의 전비를 지출하면서 미국의 국가부채는 눈덩

이처럼 불어났습니다. 테러와의 전쟁으로 미국의 힘이 약해지자 프랑스, 독일 등 지구촌 곳곳에서 테러가 빈발해져 소로스의 주장대로 9·11사태 이전보다 더욱 위험한 세상이 되고 말았습니다.

중국을 공격한 헤지펀드

2016년이 시작되자마자 소로스는 세계 제2의 경제 대국인 중국을 공격하기 시작했습니다. 중국은 1970년 말 본격적인 경제개발을 시작한 이후 해마다 8%가량의 높은 성장을 거듭하며 미국에 도전할 만한 경제 대국으로 부상했습니다. 중국은 오랜 기간 고도성장을 한 나라이지만 소로스는 중국 경제를 부정적인 시각에서 바라보았습니다. 어떤 나라도 영원히 고도성장을 지속할 수 없으며 중국 역시 예외일 수 없다고 생각했습니다.

2016년 1월, 소로스는 다보스포럼Davos Forum에서 중국 경제의 침체

소로스의 공격을 받은 중국 위안화

위험성을 경고하며 세상을 깜짝 놀라게 했습니다. 다보스포럼은 세계적으로 명망 있는 기업인, 경제학자, 정치인, 언론인 등이 해마다 스위스 휴양지 다보스에서 세계 경제의 현안에 대해 논의하는 자리입니다. 회의에서 일어나는 일은 각국의 언론을 통해 전 세계에 알려집니다.

소로스는 다보스포럼에서 의도적으로 중국 경제의 붕괴 위험성을 경고한 후 위안화 공매도에 나섰습니다. 중국 역시 정부가 환율에 적극적으로 개입하는, 고정환율제나 다름없는 환율 시스템을 가진 나라였습니다. 소로스가 위안화 공매도에 나서자 이번에도 수많은 헤지펀드가 동참하며 중국을 공격했습니다. 소로스의 공격으로 외환시장에서 위안화가 약세를 면치 못하자, 바짝 약이 오른 중국 정부는 관영 언론을 동원해 "소로스는 식탁 위를 날아다니는 파리 한 마리에 불과하다."라는 비난을 쏟아 냈습니다.

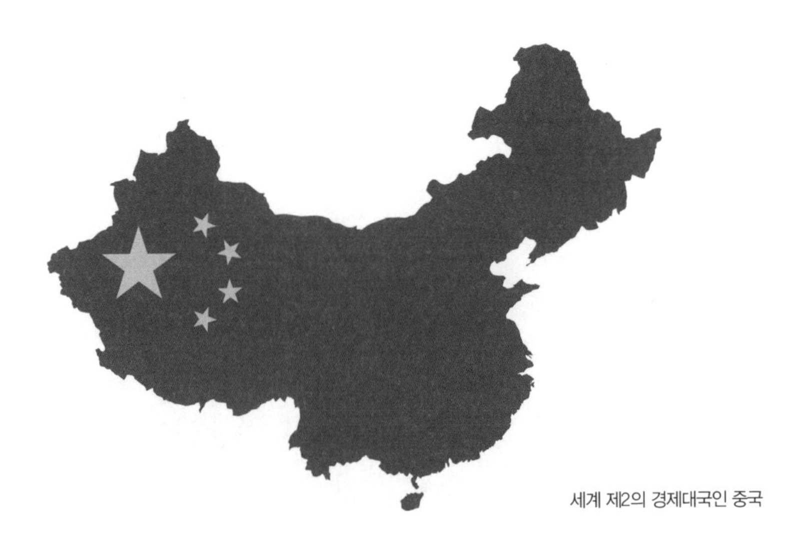

세계 제2의 경제대국인 중국

소로스를 필두로 전 세계 헤지펀드가 중국을 공격하자, 중국 정부는 위안화를 방어하기 위해 보유하고 있던 외환보유액 4조 달러 중 8,000억 달러 이상을 외환시장에 쏟아부어야 했습니다. 외환시장에 위기가 닥치자 중국의 주식시장에도 큰 혼란이 닥쳐 주가가 연일 폭락해 투자자들을 애타게 만들었습니다. 게다가 세계에서 가장 권위 있는 미국의 신용평가사인 무디스Moody's가 "앞으로 중국의 국가신용등급을 내릴 수 있다."라고 말하며 소로스를 슬쩍 거들자 사태는 좀처럼 나아지지 않았습니다.

소로스와 그를 따르는 헤지펀드는 힘을 합쳐 계속해서 중국을 공격했지만 끝내 뜻을 이룰 수는 없었습니다. 중국의 경제규모가 너무 컸기 때문입니다. 중국 정부는 간신히 소로스의 공격을 막아냈지만 그렇다고 경제 전쟁의 승자가 된 것도 아니었습니다. 중국 경제는 소로스의 주장대로 해결하기 힘든 수많은 문제점을 지니고 있었기 때문입니다.

2010년 이후 중국 경제가 예전만큼 성장하지 못하면서 중국의 고도성장은 종말을 향해 다가가고 있었습니다. 그동안 중국의 경제성장을 이끈 힘은 저임금을 바탕으로 한 제조업 경쟁력이었지만, 해마다 노동자의 임금이 큰 폭으로 오르면서 외국기업의 철수가 줄을 이었습니다. 외국기업이 중국보다 인건비가 저렴한 베트남, 방글라데시 등지로 공장을 이전하면서 중국의 실업 문제는 악화일로를 걷게 되었습니다.

또 중국은 인민들의 평등한 삶을 목표로 하는 사회주의 국가이지만 실제로는 세계에서 손꼽히는 빈부 차이가 심한 국가로서, 극소수의 부유층이 국부의 대부분을 차지하기에 절대다수를 이루는 서민들의 불만이 하늘을 찌르는 나라입니다. 미국이나 유럽에 비해 빈약한 중산층은 중국 경제가 지속적인 성장을 하는 데 커다란 장애요소로 작용하고 있지만 이를 해결할 뾰족한 대책이 없는 상태입니다. 소로스는 "중국이 이번에는 간신히 경제 위기에서 벗어났지만 가까운 미래에 반드시 통제 불가능한 경제 위기가 찾아올 것이다."라고 경고해 중국 정부를 불편하게 만들었습니다.

철학이 있는 금융인

소로스는 자신을 두고 '철학자의 소양을 갖춘 투기꾼'이라는 표현을 즐겨 사용합니다. 본인의 주장대로 그는 세상에서 찾아보기 힘든 탁월한 능력이 있는 투기꾼입니다. 2016년 6월 21일, 소로스는 영국의 한 일간지에 기고한 글에서 3일 후인 6월 24일 영국인들이 EU유럽연합 존속 여부를 묻는 국민투표에서 'EU 탈퇴'를 선택할 것이라고 예측했습니다.

당시 대부분의 여론조사에서 EU에 존속하기를 원하는 영국 사람이 더 많다는 결과를 내놓았기 때문에 소로스의 예측은 틀렸다고 생각하는 이가 많았습니다. 하지만 6월 24일 국민투표 결과, 예상을 깨고 영국의 탈퇴를 요구하는 사람 수가 더 많아 영국은 결국 EU를 떠

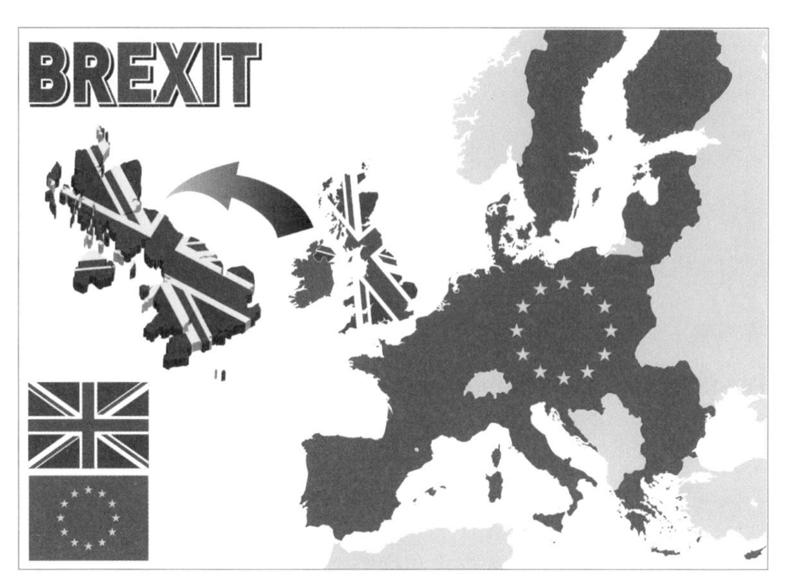

영국(Britain)의 EU 탈퇴(exit)를 뜻하는 신조어 브랙시트(Brexit)

나게 되었습니다.

영국이 EU라는 거대한 울타리를 벗어나 홀로서기를 시작하자 세계 금융시장이 요동치기 시작했습니다. 전통적으로 영국은 유럽의 금융 중심지로서 미국과 함께 세계 금융시장을 주도한 나라입니다. 그런데 유럽과 멀어지면서 예전의 영향력을 상실할 것으로 예상되었기 때문에 EU 탈퇴는 영국 경제에 큰 악재였습니다.

세상의 흐름을 분석하는 데 탁월한 소로스는 사건이 터지기 전에 미리 금괴와 금광회사의 주식을 사 두어 이번에도 큰돈을 벌었습니다. 소로스가 황금에 막대한 돈을 투자한 것은 황금이 세상에서 가장 안전한 자산이기 때문입니다.

약 5,000년 전 고대 이집트인들이 교환의 수단으로 활용하기 시작한 이래 지금까지 황금은 최고의 안전자산으로 군림하고 있습니다. 가장 큰 이유는 희소성 때문입니다. 지구에 있는 황금의 매장량은 한정되어 있고 아무리 과학기술이 발전해도 물질의 특성상 인공적인 방식으로는 절대로 만들 수 없는 까닭에 황금의 희소성은 계속해서 유지될 수 있습니다. 더구나 황금은 내구성도 뛰어나 5,000년 전 고대 이집트인들이 사용하던 황금이 지금도 변치 않고 남아 있습니다.

반면 각국 정부가 발행하는 화폐는 그 가치를 계속해서 유지할 수 없습니다. 해마다 각국 정부가 막대한 양의 새로운 화폐를 찍어내기 때문에 화폐가치는 날로 하락할 수밖에 없습니다. 전 세계 무역 거래의 기준이 되는 미국 달러화 역시 마찬가지입니다. 지난 100여 년 동안 달러화의 가치는 계속 하락해 왔고, 달러화의 구매력은 95% 이상 줄어들었습니다. 예를 들어 100년 전에 10달러로 사과를 100개 살 수 있었다면, 요즘은 10달러로 사과 5개만을 살 수 있습니다.

화폐는 정부가 계속해서 발행하기 때문에 시간이 지날수록 가치를 잃어버리지만, 황금은 정부가 마음대로 만들 수 없으므로 그 가치를 유지할 수 있습니다. 이에 소로스는 안전자산인 황금에 대거 투자했습니다. 영국의 금융 위기가 시작되자 예상대로 황금 가격이 폭등하며 소로스에게 큰 수익을 안겨 주었습니다.

이처럼 소로스는 뛰어난 미래 예측 능력을 바탕으로 경제 위기가 닥칠 때마다 큰돈을 벌어들였습니다. 소로스는 기회가 왔다는 확신이 서면 다른 펀드매니저들은 상상할 수 없을 정도로 많은 돈을 은행에서 빌려서 과감하게 투자할 수 있는 강심장을 가진 사람입니다. 그도 사람인지라 여러 차례 투자에 실패하며 큰 손실을 입기도 했지만 그럴 때마다 괴로워하는 대신 손실을 만회할 기회를 잡기 위해 더 많은 노력을 기울였습니다.

또 그는 "고삐 풀린 자유시장경제는 소득의 불평등을 심화시키고 극심한 빈부 차이는 약자들의 경제적 자유를 제한하기 때문에 정부는 금융 산업에 적극적으로 개입해야 한다."라고 말하며 헤지펀드를 적정선에서 규제해야 한다고 주장했습니다. 각국 정부가 헤지펀드를 규제하는 법률을 만들면 소로스 본인도 활동하는 데 커다란 제약을 받게 되지만 개인의 이익보다는 공공의 이익을 위해 헤지펀드에 대한 적절한 규제를 요구했습니다.

열린사회를 꿈꾸는 조지 소로스

이처럼 소로스는 돈을 벌 수 있는 곳이라면 어디라도 찾아가 수단과 방법을 가리지 않고 돈을 긁어모으는 사람이지만 개인적으로는 사치를 멀리하고 그가 꿈꾸는 열린사회를 만들기 위해 노력하는 철학이 있는 금융인이기도 합니다.

들여다보기

★

멀어지는 조지 소로스의 꿈

1990년대 초반, 소로스는 억압적이고 전체주의적인 사회주의가 붕괴된 자리에 민주주의와 자본주의가 들어설 것이라고 전망했다. 그의 희망대로 반세기 동안이나 지구의 절반을 뒤덮었던 사회주의 체제는 역사의 뒤안길로 사라졌지만, 그 빈자리에는 자유민주주주의 대신 권위주의가 스며들었다. 예전에 사회주의 국가였던 러시아와 동유럽 국가도 선거를 통해 지도자를 선출하지만, 이들 국가의 지도자들은 국민에게 황제나 다름없는 권력을 휘두른다. 헝가리의 상황도 이와 다르지 않다.

1990년대 헝가리에서 사회주의 체제가 몰락하고 민주적인 선거에 의해 새로운 정권이 탄생할 때까지만 하더라도 소로스는 기대감에 한껏 부풀어 올랐다. 1998년 헝가리 총리로 선출된 35살의 빅토르 오르반Viktor Orban은 청년 시절 민주화 운동에 앞장선 인물이었다. 오르반의 활동을 눈여겨 본 소로스는 영국 유학길에 오른 그에게 장학금을 주기도 했다. 그를 헝가리 민주화의 선봉장으로 만들기 위해서였다.

오르반은 민주주의의 요람인 영국에서 유학까지 했지만, 막상 권력을 잡은 후에는 독재자로 돌변했다. 권위주의적 통치를 앞세운 오르반에게 있어 미국식 자유민주주의를 외치는 소로스는 점차 부담스러운 존재로 여겨졌다. 특히 소로스가 헝가리와 동유럽의 민주화를 위해 만든 '열린사회재단'은 오르반의 장기 집권에 걸림돌 같은 존재였다.

오르반이 이끄는 헝가리 정부와 소로스는 시리아 난민 문제가 불거지면서 결정적으로 대립하기 시작했다. 2015년, 시리아의 독재자 바샤르 알 아사드Bashar al-Assad가 폭격기와 화학무기까지 동원해 자국민을 상대로 대량학살을 일삼자 수많은 시리아 사람들이 헝가리로 유입되었다. 이때 오르반은 헝가리의 이슬람화를 두려워해 시리아 난민의 유입을 막는 강경책을 펼쳤다.

젊은 시절 난민 생활을 경험해 본 소로스는 시리아 난민을 적극적으로 포용해야 한다고 주장했다. 그는 난민을 돕기 위해 헝가리 부다페스트에 본부를 둔 열린사회재단을 적극적으로 활용했는데 이 점이 오르반의 심기를 크게 건드렸다. 소로스를 눈엣가시로 여긴 오르반은 열린사회재단에 대한 탄압에 나서는 동시에 소로스에 대한 비난에도 앞장섰다.

2018년, 소로스는 오르반의 탄압을 견디다 못해 평생 동안 공들여 만든 열린사회재단과 중앙유럽대학을 헝가리에서 철수시켰다. 오랜 기간 헝가리의 자유민주주의를 위해 헌신해 왔던 소로스가 기반을 잃자 수만 명의 헝가리 사람들이 거리로 쏟아져 나와 오르반의 전횡에 반대하는 시위를 벌였지만 별 소용이 없었다.

시리아 무슬림 난민 문제가 헝가리를 비롯한 유럽 전체를 폐쇄적이고 배타적으로 만들자 열린 세상을 꿈꾸던 소로스의 고민이 깊어졌다. 시리아뿐만 아니라 대부분의 이슬람 국가는 민주주의와는 거리가 먼 독재 체제로, 국민들은 탄압의 대상으로 전락한 지 오래이다.

수많은 무슬림이 더 나은 삶을 위해 몰려들자, 자유와 인권을 중시하던 유럽 국가들은 마지못해 난민들을 포용했다. 그러나 유럽에 정착한 무슬림은 기독교가 근간을 이루고 있는 유럽 문화에 동화되지 못하고 이슬람교를 고집하며 현지인들과 마찰을 빚었다. 게다가 무슬림이 유럽 곳곳에서 대형 테러 사건을 일으키자 유럽인들은 그들을 두려워하기 시작했다.

인권을 최우선 가치로 여기던 기존 유럽 정치인들은 무슬림의 유입을 막는 강력한 정책을 쉽사리 추진하지 못해 국민들의 원성을 샀다. 유럽인들의 불만이 하늘을 찌르자 극우 정당들은 이를 이용해 국민의 지지를 얻고 세력을 키워 나갔다. 모든 이에게 활짝 열려 있던 유럽 대륙이 문을 닫기 시작하자 소로스는 인권과 자유를 소중히 여기던 예전의 유럽으로 돌아가야 한다고 주장했다. 그러나 현실은 그의 바람과는 달리 움직이고 있다.

04

Harley(왼쪽)와 Davidson(오른쪽)

레저 문화를 선도한

윌리엄 할리와 아서 데이비슨

바이크의 대명사가 된 윌리엄 할리(1880~1943)**와 아서 데이비슨**(1881~1950)

세계 최대의 모터사이클 업체를 만든 두 명의 설립자이다. 초창기에 자동차와 자전거의 단점을 보완한 모터사이클을 제작, 여러 차례 닥친 위기를 돌파해 회사를 성장시켰고 이미지 변신에도 성공했다. 1941년 일본의 진주만 공격으로 미국이 제2차 세계대전에 참전하자 탁월한 성능으로 전투력 향상에 크게 기여, '전쟁에서도 살아남은 모터사이클'이라는 명성을 얻었다. 1903년에 창업한 할리데이비슨은 중긴에 주인이 바뀌는 우여곡절이 있었지만 4대째 가속경영을 이어가고 있다.

할리와 데이비슨

20세기는 인류 역사상 가장 빠른 속도로 발전한 시기입니다. 그 이전까지 인류가 이룩한 발전을 다 합쳐도 20세기에 이루어 낸 발전을 따라가지 못한다는 말이 있을 만큼 20세기의 인류는 여러 가지로 눈부신 발전을 이룩했습니다.

1903년을 기점으로 교통수단에도 혁신적인 변화가 일어났습니다. 우선 미국의 라이트 형제가 비행기를 개발하면서 하늘을 나는 시대를 열었습니다. 육상교통에서도 많은 변화가 일어났는데, 1903년은 미국 모터사이클의 상징인 할리데이비슨과 포드자동차가 탄생한 해입니다. 이들에 의해 모터사이클과 자동차가 널리 보급되면서 오랜 세월 동안 인류의 발 노릇을 해 온 마차는 점점 자취를 감추었습니다.

'할리데이비슨'은 윌리엄 할리William Harley와 아서 데이비슨Arthur Davidson이 의기투합해 만든 모터사이클 회사입니다. 1880년 위스콘신주 밀워키Milwaukee에서 태어난 할리는 15세 때부터 자전거 공장에서 일하며 기술을 배웠습니다. 한편 데이비슨은 1881년 밀워키에서 스코틀랜드 이민자의 후손으로 태어났습니다. 철도회사에 다니던 데이비슨은 회

윌리엄 할리(왼쪽)와
아서 데이비슨(오른쪽)

사 생활을 할 때만 하더라도 그저 평범한 노동자였습니다.

할리와 데이비슨은 어릴 적부터 한동네에서 살던 죽마고우로 눈빛만 봐도 뜻이 통하는 사이였습니다. 두 사람은 만날 때마다 철도, 자동차, 자전거 등 새로운 교통수단에 대한 이야기를 나누었습니다.

자동차는 자전거보다 빠르고 편리하지만, 당시까지만 하더라도 가격이 매우 비싸 부유층의 전유물이나 다름없었습니다. 자전거는 자동차에 비해 저렴하지만 직접 바퀴를 굴려 움직여야 하기 때문에 이동할 때 힘이 들었습니다. 게다가 속도조차 빠르지 않아 먼 거리를 움직이기 위한 이동수단으로는 적합하지 않았습니다. 이에 할리와 데이비슨은 자전거에 엔진을 달면 어떨까 생각했습니다. 휘발유를 연료로 하는 엔진을 달면 자동차보다 저렴하면서도 자전거보다 빠른 속도로 멀리까지 움직일 수 있는 좋은 이동수단이 탄생할 것이라고 생각해 도전에 나섰습니다.

헛간에서 시작한
할리데이비슨

1903년, 할리와 데이비슨은 다니던 회사를 그만두었습니다. 그리고 조그만 헛간을 개조해 모터사이클 회사를 만들었습니다. 헛간 출입문 위에다가 멋지게 '할리데이비슨'이라는 회사 상호를 써넣었습니다.

모터사이클을 만들기 위한 장비조차 제대로 갖추지 못한 두 사람은 망치로 쇳조각을 두드려 어렵사리 모터사이클을 완성해 나갔습니다. 시간이 흐르자 2마력의 휘발유 엔진을 단 할리데이비슨 최초의 모터사이클이 탄생했습니다. 두 사람이 만든 모터사이클은 자전거보다 빠른 시속 40km의 속도로 달릴 수 있었고 휘발유만 있으면 얼마든지 멀리 갈 수 있었습니다.

할리데이비슨 로고

창업 첫 해, 두 사람은 있는 힘을 다해 제품을 만들었지만

할리데이비슨 초기 모델

전부 수작업으로 만들다 보니 고작 3대밖에 제작하지 못했습니다. 모터사이클을 팔아서는 생활비조차 벌 수 없었지만 할리와 데이비슨은 최고의 모터사이클을 만들겠다는 꿈을 포기하지 않았습니다.

첫 번째 위기

할리데이비슨은 창업 첫 해에 고전을 면치 못했지만, 모터사이클 사업이 활기를 띠면서 해가 갈수록 주문량이 늘어났습니다. 1910년에는 한 해의 주문량이 1,000대를 돌파할 정도였습니다. 모터사이클이 미국인들 사이에 편리한 이동수단으로 뿌리내리려고 할 즈음 예상치 못한 도전자가 등장했습니다. 그는 바로 할리데이비슨과 같은 해에 자동차 회사를 설립한 헨리 포드Henry Ford였습니다.

뛰어난 자동차 기술자였던 헨리 포드는 당시로서는 혁신적이었던 컨베이어벨트 방식을 도입해 자동차를 대량으로 생산하는 데 성공했습니다. 이전까지 자동차 생산은 많은 시간이 필요한 공정이었습니다. 예술작품을 만들듯 숙련된 장인들이 대부분의 작업을 혼자서 했기 때문입니다.

하지만 헨리 포드가 도입한 새로운 방식은 철저한 분업을 통한 생산이었기 때문에 이전보다 훨씬 빠른 속도로 만들 수 있었습니다. 생산성 향상으로 인해 자동차 생산비용이 낮아지자 헨리 포드는 이를 신차 판매가격에 반영했습니다. '포드T' 모델의 경우 1908년 850달러에 달하던 가격이 1914년에는 400달러까지 떨어졌습니다. 자동차 가격이 크게 떨어지자 소비자들이 모터사이클 대신 자동차를 구입하면서 할리데이비슨에 위기가 찾아왔습니다.

그동안 별다른 대중교통수단이 없었던 미국인들은 모터사이클을 이동수단으로 활용했습니다. 하지만 모터사이클은 기껏해야 두 명밖에 타지 못 했고 비나 눈이 내리면 꼼짝없이 맞아야 했습니다. 이에 반해 자동차는 악천후는 물론 추위나 더위에도 문제없이 탈 수 있었습니다.

자동차가 모터사이클의 수요를 흡수하자 창업주인 할리와 데이비슨은 모터사이클의 이미지를 교통수단이 아닌 레저용으로 바꾸기로 했습니다. 이후 할리데이비슨 모터사이클은 경제적인 여유가 있는 사람들이 휴일에 바람을 가르며 신나게 달릴 수 있는 도구로 인식되기 시작했습니다. 당시 모터사이클의 가격은 자동차만큼 비쌌지만, 부유층의 레저용품으로 인기를 얻었습니다.

두 번째 위기

운송용에서 레저용으로 모터사이클의 이미지를 바꾼 후 할리데이비슨은 성장세를 유지했습니다. 하지만 1929년 미국에 찾아온 경제 대공황을 비껴갈 수는 없었습니다. 1914년 유럽에서 제1차 세계대전이 일어났을 때, 미국은 전쟁에 발을 들여놓는 대신 군수품을 파는데 집중했습니다. 전쟁으로 인해 갑자기 미국 제품에 대한 엄청난 수요가 일어나자 미국 경제는 이전까지 경험하지 못한 엄청난 호황을 맞이했습니다.

미국 기업들은 유럽으로부터 밀려드는 군수품 주문을 소화하기 위해 대대적으로 공장을 확충하며 생산력 증대에 나섰습니다. 이로 인해 미국은 단숨에 유럽을 능가하는 산업국가로 탈바꿈하면서 전성기를 맞게 되었습니다. 하지만 1918년 제1차 세계대전이 끝나면서 상황이 한순간에 바뀌었습니다. 전쟁이 끝나자 유럽 각국은 필사적으로 재건에 나서 하루가 다르게 생산능력을 회복해 나갔습니다. 유럽의 생산시설이 복구되자 더는 미국으로부터 수입할 필요가 없게 되었습니다. 이로 인해 미국 경제는 극심한 침체기를 맞게 되었습니다.

1929년 미국 역사상 최악의 불황이 찾아오자 대기업이나 중소기업 가릴 것 없이 문을 닫았습니다. 이는 실업률의 증가로 이어져 미국 경제를 더욱 수렁으로 몰아넣었습니다. 미국 경제가 붕괴 위기에 처하다 보니 레저활동을 위해 모터사이클을 구입하는 사람들도 크게 줄어 할리데이비슨에 또다시 위기가 찾아왔습니다.

경제 대공황 이전까지만 해도 한 해 3만 대에 육박하던 미국 모터사이클 판매량은 경제 대공황이 한창이던 1933년에는 6,000대 규모로 급감했습니다. 이로 인해 모터사이클 업체 대부분이 문을 닫아야 했습니다. 할리데이비슨 역시 해마다 막대한 적자를 면치 못했지만, 가까스로 파산은 면하면서 좋은 날이 오기만을 손꼽아 기다렸습니다.

전쟁이 가져다 준 행운

1929년 미국에서 시작된 경제 대공황은 얼마 지나지 않아 대서양 건너 유럽에 상륙해 유럽 역시 극심한 경제침체 현상을 겪어야 했습니다. 일자리가 사라지고 먹고살기 힘들어지자 유럽 각국은 경제 불황을 벗어날 수 있는 돌파구를 찾기 위해 발버둥쳤습니다.

1939년, 나치 독일의 아돌프 히틀러가 경제 문제를 해결하기 위해 전쟁을 일으키면서 역사적인 제2차 세계대전이 일어났습니다. 독일은 전쟁에서 승리하기 위해 모든 수단을 총동원했는데 이때 모터사이클이 전쟁용으로 적극 활용되었습니다. 당시 독일의 과학 기술력이 세계 최고 수준이었던 만큼 독일이 만든 모터사이클은 뛰어난 성능을 자랑했습니다. 독일군은 모터사이클을 타고 빠른 속도로 진군해 연합군에 큰 피해를 입혔습니다.

제2차 세계대전이 일어나자 미국은 지난 제1차 세계대전과 마찬가지로 처음에는 전쟁에 개입하기를 주저했습니다. 하지만 1941년 12월 일본군이 하와이 진주만을 기습하면서 미국도 참전할 수밖에

군수용품으로 보급된 모터사이클

없게 되었습니다. 미국은 유럽 전선에서는 독일군에, 태평양 전선에서는 일본군에 맞서야 했습니다. 이때 모터사이클 강국 독일에 맞설 수 있는 뛰어난 성능의 모터사이클이 대량으로 필요했는데 이를 할리데이비슨이 생산하게 되었습니다.

미국이 참전하게 되자 애국심에 불타오르던 할리와 데이비슨은 독일군이 보유한 모터사이클보다 우수한 성능의 제품을 만들기 위해 밤낮으로 일했습니다. 할리데이비슨이 만든 모터사이클의 성능이 독일군보다 못하면 이역만리 전쟁터에서 싸워야 하는 미군은 패배할 것이 뻔했기 때문입니다.

군수용 모터사이클을 만들기 위해 아예 민간용 생산라인을 폐쇄한 할리데이비슨은 마침내 세계 최고 수준의 군용 모터사이클을 개발하는 데 성공했습니다. 제2차 세계대전 기간에 8만 8,000대에 이르는 군용 모터사이클을 생산해 미군에 납품하게 된 것입니다. 이로 인해

할리데이비슨 공장

할리데이비슨은 경제 대공황 이후 계속되던 경영난에서 완전히 벗어나게 되었습니다.

군용 할리데이비슨은 미군의 필수품이 되어 전 세계를 무대로 큰 활약을 했습니다. 평지는 물론 진흙이나 사막에서도 탁월한 성능을 발휘하여 미군의 전투력 향상에 큰 도움을 주었습니다. 이에 할리데이비슨은 제2차 세계대전을 통해 '전쟁에서도 살아남은 모터사이클'이라는 명성을 얻었습니다.

하지만 제2차 세계대전 기간인 1943년에 할리가 급작스레 심장병으로 세상을 떠나면서 데이비슨만 남게 되었습니다. 할리의 죽음은 회사에 적지 않은 타격을 주었습니다. 그동안 할리가 회사 내에서 수석 엔지니어를 역임하면서 모터사이클 제작에 천재적인 재능을 보여주었기 때문입니다.

영화와 할리데이비슨

1945년, 제2차 세계대전이 끝나자 전쟁에 참전했던 수많은 군인들이 고향으로 돌아왔습니다. 이들은 대부분 20~30대로서 스피드와 박진감을 추구하는 젊은이들이었습니다. 제대 군인들은 전쟁터에서 타고 다녔던 할리데이비슨을 잊지 못해 회사의 고객이 되었습니다. 그런데 그들 중 일부가 사고를 치면서 문제가 발생했습니다.

전쟁에 참전한 모든 군인은 항상 언제 죽을지 모르는 공포 속에서 살게 됩니다. 운 좋게 살아서 돌아온 군인도 동료들의 죽음을 목격하면서 마음속에 커다란 상처를 입습니다. 치유할 수 없을 정도로 심각한 마음의 상처를 입은 몇몇 참전 군인들은 고향으로 돌아와서 폭주족이 되어 사람들을 괴롭혔는데 이는 할리데이비슨의 이미지에 나쁜 영향을 주었습니다.

할리우드 영화 역시 할리데이비슨의 이미지 악화에 큰 영향을 주었습니다. 1953년 큰 인기를 모은 '위험한 질주'는 정상급 영화배우 말론 브란도Marlon Brando가 주연한 영화였습니다. 폭주족 두목으로 등장한 말론 브란도와 그를 따르던 패거리들이 할리데이비슨을 타고 온갖 사고를 치면서, 할리데이비슨은 문제 있는 참전 군인에 이어 악당들이 타는 모터사이클이라는 부정적인 이미지마저 생겼습니다.

1960년대 미국 사회는 혼란의 시대였습니다. 미국은 제2차 세계대전 이후 기세가 높아지던 사회주의의 확산을 막기 위해 전쟁도 불사했고, 그 과정에서 베트남전쟁에 개입했습니다.

'위험한 질주(The Wild One)'에 등장한 모터사이클

이전까지 베트남은 미국인들의 관심 밖에 있었습니다. 대부분의 미국인은 베트남이 어디에 있는 나라인지도 몰랐습니다. 하지만 1960년대 들어서 미국 정부가 사회주의의 확산을 막는다는 대의명분을 내세우며 베트남전쟁을 일으키자 수많은 젊은이가 강제 징집되어 베트남으로 가야 했습니다. 이에 분노한 젊은이들은 반전운동에 나섰고 한 걸음 더 나아가 기성세대들이 지금까지 이룩한 사회구조를 부정하기에 이르렀습니다.

이들 중 일부는 히피족*이 되었는데 이들은 도시를 떠나 자연에 모여 살면서 마음껏 자유를 누렸습니다. '전쟁 없는 나라', '탐욕적이지

* 1960년대 미국을 중심으로 반체제 탈사회적인 생활방식을 추구한 젊은이들의 무리.

할리데이비슨 모터사이클에 열광하는 히피족

않은 삶', '평등한 세상'을 내세우며 공동체 생활을 시작한 히피족은 오래지 않아 술이나 마약에 빠져들면서 초심을 잃어갔습니다.

시간이 흐르자 히피족은 미국인들에게 '자유와 평화를 추구하는 젊은이들'이라는 좋은 이미지에서 퇴폐적이고 나쁜 이미지로 인식되어 갔습니다. 1969년 개봉한 영화 '이지라이더'는 방탕한 히피족을 다룬 영화로 주인공들이 할리데이비슨을 타고 다니면서 온갖 악행을 저지르는 내용을 담고 있습니다. '이지라이더'는 일반인들이 보기에는 불쾌한 부분이 있지만, 히피족에게 많은 인기를 얻어 히피족이라면 한 번쯤은 봐야 하는 영화가 되었습니다. 점점 나빠지던 할리데이비슨의 이미지를 최악으로 만든 것이 '이지라이더'였습니다.

헝클어진 머리에 옷도 제대로 입지 않은 채 할리데이비슨을 타고 온 히피족이 영화 상영관마다 가득했습니다. 히피족은 영화관 화장실에서도 대마초나 마리화나 같은 마약을 거리낌 없이 해 일반인들의 얼굴을 찌푸리게 했습니다. 결국 영화관들은 화장실 문을 떼어내 그들이 화장실 안에서 마약을 할 수 없도록 했습니다. 이처럼 할리데이비슨을 소유한 사람들이 물의를 일으키면서 모터사이클의 이미지에 먹칠을 했지만, 자유주의 국가 미국에서 회사가 영화에 사용되는 소품에 관여하는 일은 있을 수 없었습니다.

일본산 모터사이클의 도전

1950년, 창업주인 데이비슨마저 교통사고로 갑자기 세상을 떠나면서 할리데이비슨은 후손들이 경영하는 회사가 되었습니다. 마음씨가 따뜻했던 데이비슨은 생전에 회사 차원의 불우이웃 돕기에 적극적으로 나서는 등 미국인들에게 존경받는 경영자였습니다.

최고의 모터사이클을 만들겠다는 투철한 의지로 창업한 할리와 데이비슨과는 달리 2세 경영인들은 현실에 안주하는 데 머물렀습니다. 그도 그럴 것이 경제 대공황을 거치면서 할리데이비슨의 라이벌 기업들이 대부분 망했기 때문에 미국 내에서는 경쟁자가 없었기 때문입니다.

1953년, 그나마 유일한 라이벌이었던 인디언 모터사이클이 몰락하면서 할리데이비슨은 사실상 독점업체가 되어 거칠 것이 없었습니다. 치열하게 경쟁할 필요가 없었기 때문에 최고의 상품을 만들지 않

스즈키
소형 모터사이클

가와사키
중형 모터사이클

혼다
중형 모터사이클

아도 어느 정도는 판매량을 유지할 수 있었습니다. 하지만 1960년이 되어 혼다를 필두로 일본제 모터사이클이 미국으로 몰려오자 상황이 크게 변해갔습니다.

당시 할리데이비슨이 만든 모터사이클은 배기량 800cc 이상의 대형제품이었는데 일본산 모터사이클은 배기량이 100cc에 지나지 않는 소형제품이 주를 이루었습니다. 할리데이비슨 경영자들은 일본제품이 모터사이클의 모습을 한 장난감에 불과하다고 생각해 신경을 쓰지 않았습니다. 창업주 아서 데이비슨의 아들인 윌리엄 H. 데이비슨William H. davidson 은 "미국에는 소형 모터사이클 시장이 절대로 열리지 않을 것이다."라고 단언하며 일본 제품을 무시했습니다.

대형 모터사이클에 익숙한 미국 소비자들이 장난감처럼 보이는 일본 제품을 사지 않을 것이라고 믿었던 생각은 오산이었습니다. 일본은 만만치 않은 기술력을 가진 나라였습니다. 일례로 미국의 라이트 형제가 세계 최초의 비행기를 발명한 1903년으로부터 불과 8년 만인 1911년, 일본에서도 자체 비행기를 만들어 냈을 정도였습니다. 제2차 세계대전 기간에는 각종 첨단무기를 쏟아내며 미국을 괴롭히던 나라이기도 했습니다. 게다가 일본은 오래전부터 모터사이클을 생산했기 때문에 관련 제조기술이 축적되어 있었습니다.

미국 시장에서 할리데이비슨이 독점업체로서 경쟁 없이 지내는 동안 일본 시장에서는 혼다, 야마하, 스즈키, 가와사키 등 여러 업체가 치열한 생존경쟁을 벌이면서 경쟁력을 키웠습니다. 일본산 소형 모터사이클은 할리데이비슨 경영자들의 예상과는 달리 미국 시장에 상륙하자마자 소비자들의 호평을 받으면서 입지를 넓혀갔습니다.

일본산 모터사이클은 할리데이비슨 제품보다 기름이 적게 들었고 잔고장이 없어 오랫동안 사용할 수 있었습니다. 디자인도 사무라이 칼이 연상될 정도로 날렵하고 세련되었으며 가격도 저렴해 소비자들이 큰 부담 없이 살 수 있었습니다. 일본 업체들에 의해 소형 모터사이클의 시장점유율이 해마다 늘어났지만 할리데이비슨의 경영진은 여전히 위기감을 갖지 않았습니다.

소형 모터사이클 시장을 점유하게 된 일본 업체들은 중형 모터사이클 시장을 개척하며 할리데이비슨을 궁지로 몰아갔습니다. 이들 기업 중 선두 업체였던 혼다는 대대적인 광고를 통해 미국 소비자들의 마음을 사로잡았습니다. 혼다는 할리데이비슨의 주요 구매자가 거친 남성이라는 점에 착안해 광고를 만들었습니다. 즉 자사의 모터사이클을 타는 사람들이 교사, 회사원, 성직자와 같은 평범한 시민들이라는 광고를 내세우며 자사 제품에 대해 좋은 이미지를 만들고자 했습니다. 또 제품의 크기가 아담하고 타기 편해 여성이나 노인 등 누구나 이용할 수 있다는 광고를 내보내며 새로운 수요층을 만들어 냈습니다.

혼다의 광고는 의외로 효과적이었습니다. 그동안 할리데이비슨을 타고 다니던 사람들이 수많은 문제를 일으키면서 평범한 미국인들은 모터사이클에 대해 나쁜 인상을 가졌기 때문입니다. 일본산 모터사이클의 무차별 폭격으로 인해 할리데이비슨의 시장점유율은 하락을 거듭해 1960년대 후반에 이르자 회사의 존립을 걱정해야 하는 처지로 전락하고 말았습니다.

주인이 바뀐 할리데이비슨

1969년, 빚더미에 빠져 허덕이던 할리데이비슨은 결국 시장에 매물로 나와 새로운 주인을 찾아야 하는 처지로 전락하고 말았습니다. 할리데이비슨을 인수한 기업은 레저용품 업체인 AMF American Machine and Foundry라는 회사였습니다.

새로이 회사를 이끌게 된 AMF 출신 경영진은 창업주 2세보다도 회사 경영을 더욱 악화시키며 할리데이비슨을 파산 위기로 몰았습니다. 신임 경영진은 사업다각화를 선언하면서 일본 업체가 장악하고 있던 소형모터사이클 시장에 진출하고자 했습니다. 이에 더해 골프장에서 사용하는 소형 차량을 만드는 등 돈이 되는 일이라면 물불을 가리지 않았습니다.

신임 경영진이 사업다각화를 밀어붙이자 연구 개발부서를 중심으로 강한 저항이 일어났습니다. 그동안 할리데이비슨은 대형 모터사이클의 대명사로서 명성을 얻어 왔는데 갑자기 신임 경영진이 일본 제품을 모방한 소형 모터사이클을 만들라고 요구하자 연구원들이 거부한 것입니다. 그러나 신임 경영진의 유일한 목표는 회사의 이익을 늘리는 것이었습니다. 결국 회사의 방침을 순순히 따르지 않는 직원들은 예외 없이 회사를 떠나야 했습니다.

그동안 창업주와 후손들은 직원을 회사의 소중한 자산이라 생각해서 함부로 해고하지 않았습니다. 그런데 신임 경영진은 구조조정이라는 명분 아래 말을 듣지 않는 직원을 내쫓았습니다. 수작업이 많은 할리데이비슨 모터사이클을 생산하기 위해서는 숙련된 노동자가 필수적이었고 숙련공의 임금은 그만큼 비쌀 수밖에 없었습니다. 이런 사정에 둔감했던 회사 측은 비용 절감을 통해 단기이익을 늘리기 위해서 숙련공을 내보내고 그 빈자리는 상대적으로 인건비가 저렴한 비정규직으로 채웠습니다.

인원 감축과 비정규직 노동자 대거 고용 사태는 필연적으로 품질 저하라는 문제를 일으켰고, 이에 회사가 송두리째 흔들리기 시작했습니다. 언제 해고될지 모른다는 불안감 때문에 직원은 회사를 사랑하는 마음을 가질 수 없었고, 이러한 직원이 최고의 제품을 만들어 내기란 불가능했습니다.

생산직 노동자들은 근무시간 동안 할당된 생산만 하면 그만이었고 제품의 품질에는 관심이 없었습니다. 생산현장에서조차 품질관리가 되지 않다 보니 할리데이비슨의 불량률은 절반을 넘어서게 되었고 결국 소비자의 신뢰를 잃게 되었습니다. 소비자들 사이에서는 '할리데이비슨을 사려거든 반드시 두 대를 사야 한다.'라는 소문이 돌았는데 이는 두 대 중 한 대만 정상제품이었기 때문입니다. 반면에 일본 업체들은 철저한 품질관리로 완벽한 제품을 시장에 내놓으며 소비자의 호감을 샀습니다.

당시 할리데이비슨 제품의 품질이 얼마나 엉망이었는지는 매장에 가 보면 바로 알 수 있었습니다. 소비자에게 판매하기 위해 매장에 진열된 신제품 모터사이클에서는 기름이 줄줄 새어 나와 바닥을 흥건히 적시기 일쑤였습니다. 이 때문에 할리데이비슨 매장에서는 바닥에 휴지나 종이를 깔아야 했습니다.

또 도로를 달리던 할리데이비슨 모터사이클에서 부품이 떨어져 나가는 일이 비일비재하게 발생해 크고 작은 사고로 연결되었습니다. 할리데이비슨 모터사이클은 하루 타면 일주일 동안 정비해야 한다는 말이 유행했을 정도로 엉터리 제품이었습니다. 고장이 나서 정비소에 맡기면 5개월 이상을 기다려야 했습니다. 일본산 모터사이클이 잠식하기 이전까지 시장을 독식했던 할리데이비슨은 1980년대에 이르자 시장점유율이 5% 이하로 떨어지며 존재감마저 사라져갔습니다.

할리데이비슨을 살려낸 사람들

매년 시장점유율이 떨어지고 적자가 쌓이자 AMF는 할리데이비슨을 매물로 내놓았습니다. 그렇지만 망가질 대로 망가진 할리데이비슨을 인수하겠다는 업체가 나타나지 않아 회사는 문을 닫을 판이었습니다.

그때 창업주 아서 데이비슨의 손자인 윌리 G. 데이비슨, 그리고 AMF가 할리데이비슨을 인수하기 전부터 오랜 기간 회사에 몸담고 있던 13명의 임원진이 회사 인수에 나섰습니다. 모터사이클에 대한 제대로 된 지식도 없이 눈앞의 이익만 추구해 온 할리데이비슨의 경영진과 수시로 충돌해 왔던 그들은 AMF측에서 회사를 버리려고 하자 행동에 나선 것입니다.

하지만 인수자금 부족 문제가 이들의 발목을 잡았습니다. 13명의 임원진이 집을 팔고 친척들에게 돈을 빌리기도 했지만 8,000만 달러가 넘는 인수자금을 마련하기란 쉬운 일이 아니었습니다. 그럼에도 끝까지 희망의 끈을 놓지 않고 은행을 찾아다닌 덕분에 마침내 그들은 인수자금을 마련할 수 있었습니다.

1981년, 할리데이비슨은 창업주의 손자인 윌리 G. 데이비슨을 비롯해 회사를 사랑하던 13명의 임원진 품으로 돌아왔지만 눈앞에 펼쳐진 현실은 막막했습니다. 2년 후인 1983년은 할리데이비슨 창립 80주년이 되는 뜻깊은 해였지만 그때까지 회사가 생존해 있을지조차 불분명했습니다.

할리데이비슨이 다시 살아나려면 소비자들의 마음을 사로잡을 수 있는 신제품이 필요했습니다. 창업주 3세인 윌리 G. 데이비슨을 중심으로 한 경영진은 신제품이 개발될 때까지 일본산 모터사이클의 위세를 억누르고자 미국 정부에 도움을 청했습니다. 당시 요청을 받은 로널드 레이건 미국 대통령은 일본산 모터사이클에 대해 높은 세율의 관세를 부과하기로 했습니다. 일본 업체들은 로비스트를 고용해 관세부과를 저지하려고 했지만, 레이건 대통령은 꿈쩍도 하지 않았습니다.

일본산 모터사이클에 대해 45%의 높은 관세가 부과되자 일본산 모터사이클의 판매가격이 크게 상승하면서 위세가 주춤하게 되었습니다. 일본 업체들은 레이건의 관세 폭탄으로 발생한 위기를 돌파하기 위해 안간힘을 썼지만 실패해서 결국 생산 라인을 미국으로 옮기는 방법밖에 없었습니다.

일본 기업이 미국에 생산 공장을 지으면 관세 폭탄은 피할 수 있지만, 일본 안의 생산 라인 폐쇄로 인해 본국의 실업자가 대량 발생한다는 것이 문제였습니다. 그렇지만 일본 업체들은 세계 최대의 시장 중 하나인 미국 시장을 놓치지 않기 위해 미국에 현지 공장을 짓기로 결정했습니다. 그들이 미국에 공장을 짓고 모터사이클을 생산하기 전까지 할리데이비슨은 혁신적인 신제품을 만들어 내야 하는 상황에 몰리게 되었습니다.

심장 소리를 닮은 엔진 개발

1984년, 할리데이비슨의 연구개발진은 혼신의 노력 끝에 모터사이클 역사에 길이 남을 에볼루션Evolution 엔진을 세상에 내놓았습니다. 신형 엔진은 이전의 할리데이비슨에서 개발한 엔진과는 비교가 되지 않을 정도로 완성도가 높았습니다.

할리데이비슨은 대형 모터사이클인 만큼 강력한 엔진이 필요했는데 신형 엔진은 육중한 몸체를 움직이고도 남을 만큼 강력한 힘을 지녔습니다. 또 시동을 거는 순간부터 '둥둥둥둥'하는 특유의 기계음을 냈는데 이는 사람의 심장 소리와 비슷했습니다.

모터사이클을 싫어하는 사람들은 에볼루션 엔진에서 나는 소리를 단순히 시끄러운 소음으로 여기겠지만 할리데이비슨 모터사이클을 좋아하는 사람들에게 에볼루션 엔진 특유의 소리는 매력적으로 와닿습니다. 실제로 할리데이비슨을 선택한 사람들 대부분은 엔진 특유의 소리와 진동에 매료되어 구입했다고 말합니다.

디자인에 뛰어난 재능이 있었던 창업주 3세 윌리 G. 데이비슨은 할리데이비슨 특유의 모양을 유지하면서 현대적인 감각을 더한 멋진 모터사이클을 만들어 냈습니다. 일부 경영진은 미국에서 선풍적인 인기를 끌고 있던 일본산 모터사이클처럼 날렵한 모양으로 만들어야 한다고 주장했지만, 윌리 G. 데이비슨의 생각은 달랐습니다. 그는 미

에볼루션 엔진

국인들이 할리데이비슨을 사랑하는 이유가 미국적인 모습, 즉 웅장하고 튼튼한 디자인이라는 점을 강조하며 할리데이비슨만의 고유한 색깔을 버리지 않았습니다.

일본 혼다에서 배우다

모터사이클의 심장이나 다름없는 엔진 개발에 성공하자 할리데이비슨의 경영진은 불량품을 줄이기 위해 경쟁업체인 혼다 공장에 찾아가 좋은 제품을 만드는 비법을 배우고자 했습니다. 그동안 미국 최고의 모터사이클 기업이라고 자부해 온 할리데이비슨 임직원들이 일본 기업에 가서 배운다는 것은 매우 자존심 상하는 일이지만 회사를 살려야 한다는 일념으로 혼다의 생산 공장을 찾았습니다. 혼다 입장에서 할리데이비슨은 경쟁업체였지만 흔쾌히 자사의 생산 노하우를 전수해 주었습니다.

혼다 공장을 방문한 할리데이비슨 임직원들은 경영자 노동자 할 것 없이 큰 충격을 받았습니다. 우선 공장 내부는 먼지 하나 보이지 않을 정도로 깨끗하고 모든 것이 깔끔히 정돈되어 있었습니다. 반면 할리데이비슨의 공장은 지저분한 기름때로 범벅이 되어 있고 정돈도 제대로 되지 않아 산만하기 이를 데 없었습니다.

혼다의 생산직 근로자들은 관리자가 지시하지 않더라도 자신이 맡은 일에 최선을 다했습니다. 모터사이클에 관한 해박한 지식을 갖춘 중간 관리자들은 생산직 직원과 끝임없이 소통하며 좀 더 나은 제품을 만들기 위해 노력했습니다. 즉 혼다의 모든 직원은 투철한 주인의식을 갖고 누가 지켜보지 않더라도 알아서 일하며 최선을 다했습니다.

이에 반해 할리데이비슨에서는 중간 관리직이 생산 직원을 무시하기 일쑤였고 전문적인 지식을 갖추지도 못했습니다. 생산직 근로자들 또한 회사에 대한 열정이 없어 근무 시간만 때우면 그만이라는 식이었습니다. 결국 할리데이비슨에는 중간 관리직이든 생산직이든 주인의식을 가진 사람이 거의 없다는 것이 가장 큰 문제였습니다.

혼다 경영진은 모든 직원이 불편함 없이 일할 수 있도록 공장 환경을 재구성했습니다. 심지어 점심 메뉴도 꼼꼼히 챙겼습니다. 특히 혼다 경영진이 도요타자동차로부터 배워서 활용하고 있던 적시생산방식Just In Time은 할리데이비슨 경영자에게 큰 교훈이 되었습니다. 적시생산방식이란 완제품을 만드는 과정에서 부품 재고가 쌓이지 않도록 필요할 때마다 납품업체로부터 부품을 조달하는 방식을 의미합니다. 이 방식을 채택하면 회사 내에 재고를 쌓아 둘 필요가 없어서 시간과 공간을 크게 절약할 수 있는 장점이 있지만, 부품이 한 개라도 제 때에 공급되지 않으면 생산 라인 전체가 멈추어 버리는 커다란 문제가 발생합니다.

혼다를 비롯한 일본 제조업체들은 납품 업체와의 긴밀한 협력을 통해 적시생산방식을 성공적으로 운영하면서 생산성의 극대화를 이루고 있었습니다. 반면에 할리데이비슨은 거액을 들여 온갖 종류의

효율성이 높아진
할리데이비슨의
모터사이클 엔진 공장

부품을 창고에 잔뜩 쌓아 놓고 제품을 생산해서 이로 인한 비용과 시간 낭비가 심각한 상태였습니다.

혼다 공장을 방문한 경영진과 노동자들은 모두 자신들의 문제점을 깨닫게 되었고 이는 할리데이비슨이 환골탈태하는 계기가 되었습니다.

할리데이비슨 임직원들은 우선 공장부터 청결하게 만들었고, 중간 관리직과 생산직 간에 서로 소통하는 문화를 만들어 갔습니다. 누구든지 좋은 아이디어가 있으면 회사 측에 제안할 수 있고 경영진은 이를 신중히 검토해 필요할 경우 즉각 채택했습니다.

또 일본 업체의 최대 강점인 적시생산방식을 도입해 생산성을 높이면서 철저한 품질관리를 통해 불량률을 대폭 낮추었습니다. 마침내 혼다와 비슷한 수준의 모터사이클을 만들어 내는 데 성공하자 경영진은 '더는 할리데이비슨 모터사이클에서 기름이 새는 일은 없습니다.'라는 대대적인 광고를 냈습니다.

할리데이비슨의 전략

모터사이클의 품질이 크게 향상된 후 할리데이비슨의 경영진은 더 큰 고민을 해야 했습니다. 할리데이비슨은 소형 모터사이클을 주력으로 하는 일본 기업과 달리 대형 모터사이클을 주력으로 하기 때문에 일본 업체와 같은 길을 걸을 수는 없었습니다. 경영진은 할리데이비슨만의 독자적인 생존전략을 모색한 끝에 해결책을 내놓았습니다.

첫째, 소수 마니아를 위한 기업으로 남기로 결정하고 모터사이클의 생산량을 조절하기로 했습니다. 품질이 크게 향상되면서 주문이 밀려들었지만, 공장에서는 생산량을 무리하게 늘리지 않았습니다. 이로 인해 품귀현상이 발생하자 소비자는 할리데이비슨을 사지 못해 안달이었습니다. 심지어 웃돈을 얹거나 중고 모터사이클 가격이 새것보다 비싼 경우도 생겨났습니다.

둘째, 할리데이비슨의 가격을 의도적으로 높게 유지하면서 브랜드 가치를 높이고자 했습니다. 가격이 저렴하고 판매량이 많으면 누구나 살 수 있기에 브랜드의 가치가 높지 않지만, 가격이 비싸고 소수만 살 수 있으면 브랜드가치가 높아지면서 명품으로서 자리매김할 수 있습니다.

셋째, 경영진은 미국인의 애국심에 호소하기 위해 Made In USA를 고집했습니다. 저렴한 인건비를 좇아 중국이나 멕시코 같은 나라로 생산 공장을 옮기면 회사의 수익을 늘릴 수 있지만 할리데이비슨을 미국 대표 기업으로 만들기 위해 자국 내 생산을 유지했습니다. 생산

고가 정책을 유지해 명품이 된 할리데이비슨

량 조절, 고가정책, 그리고 미국 안에서 제조하기 등 세 가지 전략을 이용해 경영진은 할리데이비슨을 명품으로 만들고자 했습니다.

경영진의 전략은 생각만큼 쉬운 일이 아니었습니다. 이전까지 할리데이비슨을 구매한 사람들 가운데 상당수가 폭력배나 마약중독자 같은 거친 사람들이어서 그로 인해 회사의 이미지가 크게 실추되었기 때문입니다. 고민하던 경영진은 기존 구매자들이 할리데이비슨에 가진 애정이 남다르다는 점에 주목했습니다. 골수팬들은 할리데이비슨 동호회를 조직해 정기적으로 모여 모터사이클을 타고 이곳저곳을 돌아다녔으며 밤에는 술이나 마약을 함께하기도 했습니다.

AMF가 할리데이비슨을 인수한 이후 불량품이 쏟아지면서 회사의 이미지가 추락해 바닥을 면치 못했을 때도 수많은 골수팬이 할리데이비슨에 무한한 사랑과 지지를 보냈습니다. 이러한 현상은 다른 회사에서는 찾아보기 힘든 일이었습니다. 경영진은 골수팬을 할리데이비슨의 큰 자산이라 여겨 이들을 통한 성장 전략을 추진하기로 했습니다.

마음을 움직이는 마케팅

할리데이비슨의 경영진은 소비자에게 특별한 만족감을 주는 것이 성공의 열쇠라고 판단해 사업전략에 인간의 심리를 적용하기로 했고 이를 위해 인간의 욕구를 분석했습니다.

미국의 심리학자 에이브러햄 매슬로우Abraham H. Maslow에 의하면 인간의 욕구는 크게 5단계로 구성됩니다. 1단계는 배고플 때 음식을 먹고 싶은 식욕, 피곤할 때 잠자고 싶은 수면욕 등 가장 기본적이면서 생존에 필수적인 욕구입니다. 인간은 1단계가 충족되면 2단계인 안전의 욕구를 추구하기 시작합니다. 사람들이 경제적인 여유가 생기면 건강을 생각해 농약을 적게 사용하거나 유기농으로 재배한 농산물을 찾는 것이 안전의 욕구를 알 수 있는 대표적인 사례입니다.

3단계는 소속감과 애정의 욕구입니다. 사람들은 어느 정도 먹고살 만해지면 다른 사람과 공감하고 소속감을 느끼기 위해 동호회 같은 곳에 가입하기도 합니다. 4단계는 존경의 욕구입니다. 부자가 되려는

공감과 소통으로 하나가 된 할리데이비슨 동호회 회원들

욕구, 권력을 차지하려는 욕구 등 다른 사람으로부터 주목과 인정을 받으려는 욕구입니다. 5단계는 자아실현의 욕구입니다. 자아실현이란 본인의 잠재력을 최대한으로 발휘하는 것으로 이를 통해 자신이 원하는 삶을 살 수 있으며 궁극적으로 행복에 이를 수 있습니다.

기업들은 대부분 안전의 욕구를 추구하는 소비자의 심리를 만족시켜 주기 위해 노력합니다. 이에 반해 할리데이비슨 경영진은 안전의 욕구 이상의 욕구를 충족시킬 수 있는 전략을 마련했습니다. 그것은 바로 동호회의 활성화였습니다. 오래전부터 할리데이비슨 구매자들은 '호그HOG'라는 순수 동호회를 만들어 활동해 왔는데 경영진은 이를 더욱 활성화해 나갔습니다.

경영진뿐만 아니라 직원도 호그에 가입해 회원들과 함께 모터사이클을 타면서 그들의 목소리에 귀를 기울였습니다. 할리데이비슨의 매장도 호그 회원들이 모여서 소통할 수 있는 공간으로 바꾸었습니다. 특히 창업주 아서 데이비슨의 증손자이자 부사장인 빌 데이비슨Bill Davidson의 역할이 컸습니다.

고향인 위스콘신 대학에서 마케팅을 전공한 빌 데이비슨은 1984년 대학을 졸업하자마자 할리데이비슨에 입사했습니다. 그는 얄팍한 상술보다 진심을 갖고 고객들과 소통하는 것이 중요하다고 생각했습니다. 2008년, 그는 거액을 들여 할리데이비슨 박물관을 세웠습니다.

박물관은 1903년 할리데이비슨 설립 이후 회사가 걸어온 모든 발자취를 방문객에게 보여주는 동시에 경영진과 고객들 사이의 소통

약 450대의 모터사이클을
전시하고 있는
할리데이비슨 박물관

공간이 되었습니다. 빌 데이비슨은 수시로 박물관을 방문해 고객들과 진심 어린 이야기를 나누면서 공감대를 형성하고자 노력했습니다. 박물관은 해마다 20만 명 이상의 사람들이 방문하는 할리데이비슨 마니아들의 중심지가 되었습니다.

시간이 지날수록 호그에 가입하는 할리데이비슨 소유자가 늘어났습니다. 할리데이비슨이 판매되는 130개 이상의 나라에서 호그가 조직되었고 동호회 회원은 100만 명을 넘었습니다. 호그 회원들은 할리데이비슨 마니아라는 동질감과 함께 소속감을 느끼고 있습니다. 그들은 시간을 내어 모터사이클도 타고 각종 자선사업도 함께하며 만족감을 느낍니다.

예전에 나빴던 회사의 이미지도 크게 개선되었습니다. 회사 측에서 모터사이클의 가격을 비싸게 유지하다 보니 의사, 변호사 같은 전문직 또는 경제적으로 여유가 있는 사람들이 주로 할리데이비슨을 구입하게 되었기 때문입니다.

어느새 할리데이비슨은 거친 남자들이 타는 모터사이클이 아니라 주중에 열심히 일한 엘리트가 주말에 자유를 만끽하는 수단으로 탈바꿈했습니다. 고가의 할리데이비슨 모터사이클을 타고 자연으로 여행을 떠나는 것 자체가 부러움의 대상이 되었습니다. 할리데이비슨 소유자들은 동호회 활동을 통해 소속감을 얻는 동시에 성공한 사람들이라는 좋은 이미지를 얻었는데 이러한 욕구 충족은 일본 업체가 줄 수 없는 것들이었습니다.

개성 마케팅

할리데이비슨에서 만든 모터사이클은 워낙 튼튼하다 보니 30년 이상 사용해도 문제가 없습니다. 게다가 제품의 디자인을 담당한 윌리 G. 데이비슨은 전통을 중시해 웬만하면 디자인을 바꾸지 않았습니다. 이로 인해 한번 모터사이클을 구매한 사람은 좀처럼 신제품을 사지 않게 되는데, 모터사이클을 계속 팔아야 하는 회사 입장에서는 재

할리데이비슨 악세서리

구매가 일어나지 않는다는 것은 바람직하지 않았습니다.

할리데이비슨의 경영진은 수익증대를 위해 모터사이클 구매자들이 마음대로 부품을 바꿀 수 있도록 다양한 모양과 기능을 가진 부품을 별도로 발매했습니다. 이로 인해 구매자들은 자신의 취향에 맞게 모터사이클을 변형시킬 수 있었습니다. 또 회사는 가죽점퍼, 장갑, 부츠, 바지, 셔츠, 열쇠고리 등 할리데이비슨 로고가 들어간 수많은 액세서리를 판매했는데 개성을 추구하는 사람들이 비싼 값에도 기꺼이 구입하면서 회사의 매출액이 크게 늘었습니다.

게다가 할리데이비슨을 몰고 다니는 사람들은 움직이는 광고판이나 다름없었습니다. 호그 회원들이 함께 모여 모터사이클을 타고 다니면 각각의 개성 넘치는 모습에 반해 할리데이비슨을 구입하는 사람들이 생겨날 정도로 광고효과가 뛰어났습니다.

1991년 '터미네이터2'라는 영화에 할리데이비슨이 소품으로 등장했습니다. 그동안 영화 속에서 할리데이비슨을 타고 다녔던 주인공은 범죄자나 히피족처럼 나쁜 이미지를 가진 사람들이었습니다. 하지만 세계적인 영화감독인 제임스 카메론James Cameron이 제작한 '터미네이터2'는 멋진 주인공이 할리데이비슨을 타고 다니면서 종횡무진 활약을 펼친 끝에 인류를 구하는 내용을 담고 있습니다. '터미네이터2'가 세계적으로 큰 인기를 얻으면서, 영화를 본 사람들은 주인공이 타는 할리데이비슨에 큰 호감을 갖게 되었습니다. 자연히 할리데이비슨의 판매량도 늘었습니다.

1981년 창업주의 손자와 13명의 임직원이 할리데이비슨을 인수한 이래, 1986년부터 20년 넘게 회사의 매출은 꾸준히 늘어났습니다. 일본 업체를 누르고 세계 최대의 모터사이클 업체라는 명성도 되찾았습니다. 특히 2005년에는 뉴욕증시에서 미국 최대의 자동차 업체인 GM제너럴모터스을 시가총액에서 앞서며 초우량 기업으로 자리매김했습니다. 로널드 레이건 · 빌 클린턴 · 조지 W.부시 대통령 등 여러 명이 할리데이비슨 공장을 방문해 "할리데이비슨은 미국을 대표하는 기업이다."라고 말하며 칭찬을 아끼지 않았습니다.

4대째 내려온 가족경영

할리데이비슨의 경영진은 수차례 위기를 이겨내고 탄탄대로를 달리게 되었지만, 결코 방심하지 않았습니다. 하지만 1990년대 이후 외부환경은 할리데이비슨에 유리하지 않은 방향으로 돌아가기 시작했습니다. 각국이 배기가스에 대한 규제를 강화하면서 할리데이비슨 역시 모터사이클에서 배출되는 매연을 줄여야 했습니다.

배기가스가 적은 엔진을 만들 경우 할리데이비슨의 매력 포인트인 '둥둥둥둥'하는 소리가 줄어들어 모터사이클 타는 즐거움이 줄어듭니다. 이에 1997년, 회사는 업계 최초로 '배기음 연구소'를 만들어 배기가스 발생은 줄이면서 특유의 '둥둥둥둥'하는 배기음을 유지할 방법을 찾았습니다. 또한 이렇게 개발한 배기음에 대해 특허를 신청하기도 했는데 결과적으로 특허출원에는 실패했지만, 사람들의 관심을 끄는 긍정적인 효과를 보았습니다.

그러나 2000년 이후 태어난 젊은 세대들이 게임이나 인터넷에 빠져 모터사이클에는 관심을 보이지 않으면서 또다시 위기가 찾아왔습니다. 호그 활동을 하는 사람들도 대부분 30대 이상의 중년들이어서, 예전에 비해 모터사이클을 즐기는 젊은이들이 줄어들었습니다. 게다가 미국을 비롯한 전 세계에 젊은 층을 중심으로 고용불안이 심해지면서 젊은 사람이 값비싼 할리데이비슨을 살 수 있는 구매력을 갖기 어려워졌습니다.

2008년 미국의 금융위기를 기점으로 할리데이비슨의 매출은 정체 상태를 면치 못하고 있습니다. 수많은 역경을 이겨 낸 할리데이비슨은 젊은이들의 '취향 변화'라는 새로운 위기에 맞닥뜨려야 했습니다.

장인 정신이 살아 있는 독일이나 일본에서는 대를 이어 가족경영을 하는 경우가 많습니다. 특히 좋은 제품 만드는 것을 최고의 가치로 여기는 제조업 분야에서 가족경영이 많은데, 이는 일본과 독일이 가진 경쟁력의 원천이기도 합니다. 하지만 미국에서는 창업주가 세

디자인 감각이 탁월했던 창업주 3세 윌리 G. 데이비슨

상을 떠나면 전문경영인을 들이거나 후손들이 회사를 파는 경우가 흔합니다. 더구나 서비스업이 발달한 미국에서는 대를 이어 제조업에 뛰어드는 경우가 많지 않습니다.

1903년에 창업한 할리데이비슨은 중간에 주인이 바뀌는 우여곡절이 있었지만 4대째 가족경영을 이어가고 있습니다. 윌리엄 할리의 후손은 대를 이어 경영에 참여하기를 꺼렸던 반면, 아서 데이비슨 후손은 경영에 적극적으로 참여해 할리데이비슨의 성장을 이끌었습니다.

2012년, 50여 년간 할리데이비슨의 수석 디자이너이자 경영자로서 회사에 열정과 사랑을 바쳤던 창업주의 손자 윌리 G.데이비슨이 정년퇴임하면서 주위 사람들에게 아쉬움을 남겼습니다. 오랜 세월 할리데이비슨을 위해 아끼지 않았던 그의 열정과 사랑은 많은 사람들에게 귀감이 되었습니다. 지금은 증손자인 빌 데이비슨이 회사의 경영진으로 남아 계속 회사를 이끌고 있습니다. 이처럼 창업주에서 증손자에 이르기까지 이들은 할리데이비슨만의 전통을 유지하면서 생존을 위해 끊임없이 변화를 추구하고 있습니다.

들여다보기

★

여성과 할리데이비슨

할리데이비슨은 그동안 남성을 위한 브랜드였다. 40대 백인 남성이 주요 고객이라는 점을 보면 알 수 있다. 그러나 미국 사회가 고령화되면서 할리데이비슨을 찾는 중년 남성 고객도 점차 줄어드는 추세이다. 이를 고민해 오던 할리데이비슨이 찾은 해법은 여성을 새로운 고객으로 맞는 것이었다.

2000년대 이전까지만 하더라도 모터사이클은 강하고 거친 남성을 상징하는 제품으로서 여성과는 거리가 멀었다. 그런데 21세기 이후 미국 여성의 사회적 지위가 크게 높아지면서 여가생활에서도 많은 변화가 일어났다. 사회 각 분야에서 남성과의 치열한 경쟁에서 승리를 거둔 여성들은 주변의 시선을 의식하지 않고 자신만의 스타일을 추구했다. 이를 간파한 할리데이비슨은 성공한 여성들을 고객으로 끌어안기 위해 치밀한 준비를 해나갔다.

우선 여성의 신체적 특성을 반영한 여성 전용 모터사이클을 만들었다. 일반적으로 여성은 남성보다 몸집이 작기 때문에 남성용 모터사이클을 타기가 매우 불편했다. 이에 차체를 낮추고 무게를 크게 줄인 작은 제품을 개발했다. 남성용 모터사이클은 뒷좌석에 여성을 태운다는 가정 아래 2인용으로 제작했지만, 여성용은 1인용으로 작게 만들었다. 또한 사전에 조사해 본 결과 여성 고객들은 시끄럽고 진동이 심한 전통적인 할리데이비슨의 엔진을 좋아하지 않는다는 사실도 알게 되었다. 이에 엔진의 크기를 줄이고 정숙성을 높인 새로운 엔진을 개발해 냈다.

할리데이비슨의 주요 수입원인 옷과 액세서리도 여성의 취향에 맞추어 크게 바꾸었다. 그동안에는 강인함을 추구하는 남성 고객의 취향에 맞춰 검은색 위주의 옷을 선보였지만, 이후로는 여성 고객의 취향을 반영해 산뜻하고도 밝은 색깔의 의류들을 선보였다. 해골이나 주먹 등 난폭해 보이는 디자인 대신 꽃이나 깃털 등 부드러운 디자인을 액세서리에 넣었다. 또한 회사 홈페이지에 여성 전용 사이트를 만들고 모터사이클을 살 만한 여성들을 회사에 초대했다.

할리데이비슨의 치밀한 마케팅 전략은 나름대로 성공을 거두어 2000년대 이후 판매량의 10% 이상을 여성용이 차지하고 있다. 또한 경쟁업체들의 출시에도 불구하고 여성용 모터사이클 시장의 3분의 2 이상을 할리데이비슨이 차지하고 있다.

할리데이비슨은 기존에 없던 여성용 모터사이클 시장을 열었지만 새로운 고민이 생겼다. 할리데이비슨이 여성용 제품이라는 인식이 퍼지면 여전히 고객의 절대다수를 이루고 있는 남성들은 떠날 수 있기 때문이다.

05

석유왕

존 록펠러

미국 역사상 최고의 부자이자 자선사업가 (1839 ~ 1937)

세계 각처에 유전과 정유소를 소유한 거대한 회사, 스탠더드오일을 설립했다. 33세에 백만장자, 43세에 미국 최고 부자, 53세에 세계 최고의 부자가 된 그는 미국 석유사업의 90% 이상을 장악했고 광산, 산림, 철도, 은행 등 분야를 가리지 않고 문어발식으로 사업을 확장해 나갔다. 시한부 선고를 받고 첫 선행을 베푼 후 말년에는 자선사업에 헌신했다.

미래의 에너지 사업에 뛰어든 록펠러

1839년 7월, 존 록펠러John Davison Rockefeller는 뉴욕에서 약장수의 아들로 태어났습니다. 그의 아버지는 미국 전역을 떠돌아다니며 만병통치약을 팔았으나 소득이 일정치 않아 가족들이 생활고를 겪었습니다. 1855년 고등학교 졸업과 동시에 록펠러는 작은 곡물 중개회사의 경리직원으로 사회생활을 시작했습니다. 회계장부 작성 업무를 맡은 그는 주급으로 4달러를 받았지만 악착같이 돈을 모으며 사업자금을 마련해 나갔습니다.

록펠러는 곡물 중개회사에 다니면서 어깨너머로 배운 지식을 바탕으로 수년 만에 자신만의 소규모 곡물거래 회사를 열었습니다. 돈에 대한 감각이 남달랐던 그는 하루가 다르게 사업을 확장해 나가며 성공가도를 달리기 시작했습니다. 제법 큰돈을 벌어들이게 되자 새로운 사업에 도전하기로 결심

젊은 시절의 록펠러

한 록펠러는, 머지 않아 사람들이 널리 사용하는 에너지원이 석탄에서 석유로 넘어갈 것이라고 확신했습니다.

석탄은 가격이 저렴하지만 무게가 많이 나가고 사용 후 재가 남는 등 불편한 점이 한두 가지가 아니었습니다. 반면에 석유는 적은 부피에 많은 에너지를 담고 있어 석탄보다 훨씬 효율적이었습니다. 사실 인류의 에너지원이 목재에서 석탄으로 넘어가게 된 주된 원인도 효율성 때문입니다. 목재는 석탄보다 손쉽게 구할 수 있지만 석탄이 훨씬 많은 에너지를 가지고 있었기 때문에 석탄의 시대로 넘어간 것입니다.

석유 가격이 너무 비싸 널리 상용화되지 못하던 시대에 록펠러는 남들이 별 관심을 두지 않던 석유정제 사업에 남은 인생을 걸기로 했습니다.

1870년, 그는 스탠더드오일Standard Oil Co.이라는 회사를 창립해 본격적으로 석유사업에 뛰어들었습니다. 당시 오하이오주의 클리블랜드Cleveland는 미국의 대표적인 유전지대로 많은 양의 석유가 쏟아져 나와 정유산업이 번성하는 곳이었습니다. 록펠러는 클리블랜드에 자리를 잡았습니다.

당시 석유사업에 진출한 사람들은 대부분 석유채굴에 나섰지만 록펠러는 석유정제 사업, 즉 정유업에 뛰어들었습니다. 석유 채굴업은 운 좋게 유전을 발견하면 큰돈을 벌 수 있으나 그렇지 못할 경우에는 망할 수밖에 없는 고수익 · 고위험 사업이었습니다. 이와 달리 정유

석유 왕 록펠러가 세운
스탠더드오일

업은 이미 발견한 석유를 정제하는 것이기 때문에 별다른 위험이 따르지 않았습니다. 록펠러는 당시 가정용 조명등에 사용하던 고래기름 대신 자신이 생산한 등유가 세상을 환하게 밝힐 수 있으리라는 기대를 품었습니다.

사람들이 기름을 얻기 위해 무분별하게 사냥에 나서자 고래의 개체수가 급격히 줄어드는 상황이었기에 등유가 고래기름을 대체하는 것은 시간문제였습니다. 록펠러의 예상은 적중했습니다. 구하기 힘들어진 고래기름 가격이 폭등하면서 등유를 찾는 소비자가 늘어났습니다. 그러나 이러한 시대적 분위기에 편승해 정유업에 진출한 록펠러는 각 회사들과의 경쟁이 치열해지자 파산을 걱정해야 하는 처지에 몰리고 말았습니다.

밴더빌트와의 만남

1870년 록펠러가 파산의 위기에 몰려 하루하루를 바늘방석에 앉은 것 같이 불편하게 지내고 있을 때, 당시 미국 최고의 갑부였던 코넬리어스 밴더빌트Cornelius Vanderbilt가 뜻밖의 초청을 했습니다. 밴더빌트는 '철도왕'으로 불릴 정도로 미국 철도 산업의 거물이었습니다.

당시 미국에는 수많은 철도 업체가 난립해 있어서 해가 갈수록 밴더빌트의 수익은 줄어들고 있었습니다. 그는 새로운 산업으로 떠오르고 있는 석유산업이야말로 성장의 한계에 부딪힌 철도산업의 돌파구가 될 수 있다고 판단했습니다. 석유제품은 무거워서 마차로 옮길 수 없었고 반드시 철도를 이용해야 했습니다. 그는 한창 생산량이 늘어나고 있는 석유제품 운송을 독점할 경우 경쟁업체를 압도할 수 있다는 계산 아래 신진 정유업자인 록펠러를 뉴욕에 있는 자신의 사무실로 초대했습니다. 당시 밴더빌트는 미국 최고의 기업가였고 록펠러는 이름 없는 정유업자였기 때문에 록펠러에게 있어 밴더빌트와의 만남은 기적이나 다름없었습니다.

미국 철도 산업의 거물 코넬리어스 밴더빌트

밴더빌트는 매일 석유 수송용 기차 60량을 등유로 채우면 다른 업체에게 받는 운임에서 30%를 깎아주겠다고 제안했습니다. 정유사업은 전체 원가에서 운임이 차지하는 비중이 매우 컸기 때문에 록펠러는 밴더빌트의 제안에 구미가 당겼습니다. 하지만 그가 운영하는 정유회사는 규모가 워낙 작아 하루 60량의 화물열차를 도저히 채울 수 없었습니다. 그런데도 밴더빌트의 매력적인 제안을 거절할 수 없어 일단은 받아들였으나 클리블랜드로 돌아오는 길이 편하지 않았습니다.

고심 끝에 록펠러는 밴더빌트의 제안을 투자자를 끌어모으는 수단으로 활용했습니다. 우선 투자받은 돈으로 세계 최고 품질의 등유를 만들어 냈습니다. 당시만 하더라도 석유 정제기술이 발달하지 않아 정유회사마다 품질의 차이가 컸습니다. 기술 수준이 떨어지는 정유회사의 등유는 매연이 지나치게 많이 발생하거나 빨리 연소되어 소비자들의 불만을 샀습니다. 그렇지만 록펠러가 만든 등유는 품질이 뛰어났을 뿐만 아니라 가격도 최저 수준이라 큰 인기를 끌었습니다. 처음에는 밴더빌트와의 약속을 지키지 못했지만, 탁월한 제품 경쟁력을 앞세워 등유 시장을 석권해 가면서 록펠러는 밴더빌트의 최대 고객이 되었습니다.

탐욕스러워지는 록펠러

록펠러가 등유업계의 최강자로 등극하며 엄청난 양의 화물을 실어 나르자, 밴더빌트와 경쟁 관계에 있던 철도회사도 록펠러와 운송계약을 맺기 위해 발 벗고 나섰습니다. 록펠러는 철도회사 간 가격경쟁을 부추겨 동종업계 최저가로 등유제품을 운송했고, 그만큼 그가 얻는 수익은 늘어났습니다.

밴더빌트는 록펠러가 예상을 뛰어넘는 큰 성공을 거두고 자신의 손아귀에서 벗어나려고 하자 가만히 두어서는 안 되겠다는 생각에 음모를 꾸미기 시작했습니다. 그동안 서로 잡아먹지 못해 안달이었던 철도업체를 일일이 설득해 록펠러를 망하게 하기로 뜻을 모았습니다. 밴더빌트를 필두로 한 철도업체들은 록펠러의 등유제품에 대한 운송료를 대폭 인상하기로 결정했습니다. 만약 록펠러가 자신들의 요구를 순순히 따르지 않으면 그와 절대로 거래하지 않기로 말을 맞추었습니다.

밴더빌트의 모략으로 록펠러는 위기를 맞게 되었습니다. 하지만 강인한 성격을 가진 그는 굴복하지 않았습니다. 대신 철도업자가 생각지 못한 초대형 송유관 건설에 나섰습니다. 당대 최고 엔지니어를 총동원하여 매일 2.4km씩 송유관을 부설해 최종적으로 6,400km 넘는 송유관을 건설했습니다. 미국 전역에 초대형 송유관을 부설함에 따라 록펠러는 더 이상 화물열차가 필요 없게 되었습니다.

록펠러가 철도를 이용하지 않게 되자 가장 큰 고객을 잃어버린 철도업계에 금융위기가 찾아왔습니다. 1873년, 철도회사를 중심으로 주식이 대폭락해 뉴욕 증권거래소는 열흘 동안이나 문을 닫아야 했습니다. 이때 미국 전역에 있었던 360여 개 철도회사 중 무려 3분의 1이상이 문을 닫아 철도산업의 좋은 시절이 지나갔음을 여실히 보여주었습

석유제품 운송시 드는 비용과 위험을 대폭 낮추도록 고안된 송유관

니다.

송유관을 통해 경쟁업체보다 뛰어난 가격경쟁력을 확보한 록펠러는 끊임없는 인수합병을 통해 미국 정유산업의 90% 이상을 지배했습니다. 석유 황제로 군림한 그는 미국에서 소비되는 모든 석유제품의 가격을 원하는 대로 정하며 폭리를 취했습니다.

많은 돈을 벌어들인 록펠러는 점점 탐욕스러운 사람으로 변해 갔습니다. 그는 기업가로서 할 수 있는 모든 악행을 저지르며 재산을 늘려나갔습니다. 경쟁기업을 파산시키기 위해 등유를 원가 이하로 시장에 내놓고 상대 업체가 망하기를 기다렸습니다. 또 정유된 기름을 실어 나르는 철도회사를 아예 사들여 다른 정유회사가 철도를 이용하지 못하도록 막기도 했습니다.

한 번은 대리인을 앞세워 석유 유령회사를 설립한 후 다른 회사를 흡수하기도 했습니다. 록펠러가 세운 유령회사의 대리인은 경쟁업체를 돌아다니며 "록펠러에게 대항하기 위해서는 힘을 합쳐야 한다."라고 설득해 여러 회사와 합병한 후 신설된 회사를 록펠러에게 헐값에 팔아넘겼습니다. 그뿐만 아니라 록펠러는 막대한 뇌물로 정치인과 공무원을 매수해 자신에게 우호적인 환경을 만들었습니다.

록펠러는 매수한 공무원을 동원해 갖가지 꼬투리를 잡으며 경쟁사를 무너뜨리려고 했습니다. 이마저도 여의치 않으면 경쟁사에 조직폭력배를 보내 겁을 주기도 했습니다. 그는 자신의 권위에 도전하는 자가 나타나면 수단과 방법을 가리지 않고 제거해야만 마음이 놓이는 냉혹한 사람이었습니다.

록펠러가 생산한 등유는 주로 가정용 조명에 사용되었습니다. 그런데 1879년 토머스 에디슨이 전구를 발명하자 순식간에 시장에서 밀려나게 되었습니다. 전구는 등유처럼 연소하면서 냄새를 풍기지도 않고, 주기적으로 연료를 보충할 필요도 없었기 때문입니다. 이에 록펠러는 경유와 휘발유 등 새로운 제품을 시장에 내놓으며 현명하게 경영위기를 헤쳐나갔습니다. 20세기 들어 자동차의 보급이 늘어나자 휘발유 소비량도 덩달아 늘어났습니다. 록펠러는 휘발유 판매를 통해 가정용 등유의 판매 부진을 만회하면서 더 큰 돈을 벌었습니다.

노동자와 법 위에 군림하는 독점재벌들

1896년은 미국의 제25대 대통령 선거가 있던 해였습니다. 그 시기 미국의 경제 상황은 록펠러나 철강왕 카네기 같은 극소수 독점 자본가가 미국 국부의 대부분을 차지해서 빈부 차이로 인한 양극화 현상이 최악으로 치닫고 있었습니다. 당시 노동자의 하루 수입은 1달러도 되지 않았는데, 이는 기본적인 의식주도 해결할 수 없는 매우 적은 금액이었습니다. 복지제도가 거의 없는 미국에서 늙거나 병들면 끔찍하게 생을 마무리하는 것이 그 시기 미국인의 모습이었습니다.

이에 반해 상위 10대 부자들은 엄청난 부를 축적했습니다. 이처럼 사회적 모순이 심화되자 평범한 미국인들 사이에서는 세상을 바꾸어야 한다는 공감대가 생겨났습니다. 이때 등장한 사람이 바로 민주당 하원의원 출신 윌리엄 제닝스 브라이언William Jennings Bryan이었습니다.

1896년 대통령 선거에 민주당 후보로 출마한 브라이언은 "미국에 정직하게 백만장자가 된 사람은 없다. 돼지보다 더 탐욕스러운 록펠러나 카네기의 코에 코뚜레를 걸어야 한다."라고 주장하면서 공개적으로 독점 자본가를 신랄하게 비판했습니다. 자신이 대통령에 당선될 경우 불법을 저지른 독점 자본

독점자본가를 비판하며 대통령 후보로 나선 윌리엄 제닝스 브라이언

가를 모두 재판정에 세워 그들이 저지른 죗값을 치르게 하겠다고 공약했습니다. 여태껏 치러진 대통령 선거에서 누구도 독점재벌에게 벌을 주겠다든지 힘없는 서민 편에 서겠다는 약속을 한 후보가 없었기 때문에 그의 공약은 국민들에게 신선하게 다가왔습니다.

브라이언이 서민을 중심으로 큰 인기를 끌자 록펠러를 비롯한 독점 재벌들은 바늘방석에 앉은 것처럼 불안해졌습니다. 이들은 브라이언 후보를 떨어뜨리기 위해 록펠러를 중심으로 음모를 꾸미기 시작했습니다. 우선 부자들의 말을 잘 따르고 이익 보호에 앞장설 공화당의 대통령 후보를 찾는 일이 급선무였는데, 이들의 눈에 들어온 사람이 바로 윌리엄 매킨리William McKinley 오하이오주 주지사였습니다.

브라이언을 제치고 미국 제 25대 대통령에 당선된 윌리엄 매킨리

록펠러가 대중적 지명도가 낮은 매킨리를 대통령에 당선시키기 위해 가장 먼저 한 일은 언론을 매수하는 작업이었습니다. 록펠러의 뒷돈을 받은 언론들은 좀 더 평등한 세상을 꿈꾸는 브라이언 후보를 맹비난했습니다. 브라이언 후보가 집권해 대기업을 규제할 경우 기업인들의 투자 의욕이 꺾여 미국 경제가 무너질 것이라는 악담을 퍼붓기

도 했습니다. 또 사장이 구속되어 대기업이 문을 닫으면 결국에는 일자리를 잃게 되는 근로자들이 최대 희생자가 될 것이라고 주장했습니다.

대부분의 유력 언론사가 브라이언 후보를 비난하자 경제 지식이 별로 없는 국민들은 불안해지기 시작했습니다. 언론에 의해 의도적으로 만들어진 공포심과 불안감이 평범한 사람들에게 먹히자, 친기업 정책을 내세우는 매킨리 후보에게 유리한 환경이 조성되었습니다.

상황이 불리해진 브라이언 후보는 미국 대선 사상 처음으로 '전국 유세'를 돌며 유권자를 직접 만나 호소했습니다. 그는 기차로 미국 전역을 다니면서 무려 500회 이상의 대국민 연설을 통해 자신의 공약을 유권자들에게 널리 알렸습니다.

그해 겨울 실시된 대통령 선거에서 브라이언 후보는 남부와 서부에서는 압도적인 지지를 얻었지만, 인구와 공장이 밀집한 북부와 동부에서 지는 바람에 간발의 차이로 매킨리 후보에게 패배하고 말았습니다. 당시만 하더라도 미국은 비밀선거가 아니라 공개선거였기 때문에 노동자들은 직장 인근에 마련된 투표장에 나가 경영자가 보는 앞에서 투표해야 했습니다.

투표장에는 민주당 후보용 투표함과 공화당 후보용 투표함이 따로 마련되어 누구에게 표를 던지는지 한눈에 알 수 있었습니다. 더구나 당시에는 노동자를 보호하는 법규범이 제대로 갖추어져 있지 않았기 때문에 민주당 브라이언 후보를 찍어서 해고당하더라도 억울함을 호소할 곳도 없었습니다.

브라이언 후보는 극소수 억만장자가 가지고 있는 국부를 세금을 통해 국민에게 공평히 나눠 주려고 했지만, 대선에서 패하면서 끝내 그 뜻을 이루지 못하고 말았습니다. 록펠러를 비롯한 미국의 재벌들은 여전히 노동자와 법 위에 군림했습니다.

러드로 대학살 사건

록펠러가 운영하는 회사의 임금 방침은 단 하나, 법정 최저임금을 주는 것이었습니다. 노동자의 임금을 착취하면 할수록 록펠러 자신의 재산이 늘어나기 때문이었습니다. 하지만 당시의 법정 최저임금으로는 끼니도 제대로 해결할 수 없었기 때문에 노동자들은 노동조합을 조직해 생존권 확보에 나섰습니다. 권위주의에 사로잡힌 록펠러는 노동자와 상대조차 하지 않았습니다. 그는 폭력배를 대거 고용해 임금을 올려 달라는 노동자들에게 폭력을 행사했습니다. 폭행당한 노동자가 경찰에 신고해도 경찰이 출동하는 일은 없었습니다. 이미 록펠러가 경찰과 담당 공무원을 뇌물로 매수했기 때문입니다.

록펠러가 저지른 악행의 절정은 1914년 4월 20일의 러드로Ludlow에서 일어난 대학살입니다. 1913년 겨울, 콜로라도주 록펠러 소유의 석탄광산 노동자들이 비인간적인 대우와 살인적인 저임금에 항의하는

저임금에 항의하는
록펠러 광산의 노동자들

시위를 벌였습니다. 그들이 요구한 것은 1달러 69센트*밖에 되지 않는 일당을 조금이라도 올려 달라는 것이었습니다. 록펠러는 시위에 참가한 전체 직원의 70%가 넘는 노동자를 모두 해고했습니다. 해고 노동자들은 회사 소유의 오두막집에서 쫓겨났습니다.

한겨울에 길거리로 쫓겨난 노동자들은 러드로에 모여 천막을 치고 복직을 요구하는 시위를 이어 갔습니다. 무려 1,200명이 넘는 광부 가족들이 추운 겨울에 천막생활을 하자, 언론은 록펠러를 비난하

* 이 돈은 당시 최저생계비에도 미치지 못했다.

노동자 시위대를 공격하는 조직 폭력배

는 기사를 싣기 시작했습니다 그러나 록펠러는 기자회견에서 "사업주가 노동자에게 무슨 짓을 하든지 정당하다."라는 말을 하며 노동자들과 타협할 의사가 없음을 밝혔습니다. 그는 러드로에 모여 있는 노동자들이 시간이 지나면 제풀에 지쳐 흐지부지 사라질 줄 알았지만, 그의 생각과 다르게 노동자들은 굳건히 단결해 계속 투쟁을 벌였습니다.

노동쟁의*가 시작된 지 6개월이 지나도 해결의 실마리를 찾지 못하자, 록펠러는 조직폭력배를 고용해 노동자들을 살해하라고 명령했습니다. 살인의 대가로 돈을 두둑이 받은 잔인무도한 조직폭력배들은 주 방위군 복장으로 위장하고 러드로 천막촌을 향했습니다. 그들

* 노동자와 자본가 사이의 분쟁.

초토화된 러드로

은 천막촌 앞에 기관총을 설치한 후 아무런 경고도 없이 총기를 난사했고, 동시에 천막에 불을 질러 60여 명의 사람을 산 채로 태워 죽였습니다. 겁에 질린 어린이와 여성들이 천막에서 뛰쳐나와 살려달라고 소리쳤지만 살인자들의 기관총은 멈출 줄 몰랐습니다. 대학살 사태의 해결을 위해 연방군이 대거 동원되었을 정도로 러드로 사건은 미국 역사상 최악의 노동자 탄압이었습니다.

지나치게 탐욕스러웠던 록펠러는 당시 미국 사람들에게 가장 많이 손가락질 받은 사람이었습니다. 개신교도였던 그는 평소 존경하는 목사가 설교하던 교회에 당시로서 거금이었던 10만 달러를 헌금으로 냈습니다. 그러나 목사는 감사하다고 말하기는커녕 "당신의 돈은 너무 더러워서 받을 수 없습니다. 당장 가지고 가세요."라고 핀잔

록펠러의 문어발식 사업 확장을
풍자한 그림

세계 최고 부자가 된 록펠러를
풍자한 그림

을 줬습니다. 그만큼 록펠러는 많은 사람의 미움을 샀습니다.

록펠러는 수단과 방법을 가리지 않고 돈 버는 일에 몰두해 33세에 백만장자, 43세에 미국 최고 부자, 53세에 세계 최고의 부자가 되었습니다. 그는 미국 석유사업의 90% 이상을 장악했고 광산, 산림, 철도, 은행 등 분야를 가리지 않고 문어발식으로 사업을 확장해 미국의 부를 빨아들였습니다. 1937년 록펠러가 사망할 당시 그가 모은 재산은 현재 가치로 3,400억 달러에 달하는 엄청난 금액으로, 이후 그 누구도 그만한 부를 축적하지 못했습니다.

쪼개지는 회사

1901년 9월 14일, 제25대 대통령 윌리엄 매킨리가 암살당하는 바람에 부통령이었던 시어도어 루스벨트가 대통령직을 승계했습니다. 매킨리 대통령은 죽기 직전까지 정치자금을 받고 재벌의 편의를 최대한 봐준 친기업적 성향으로 임기 내내 대기업에 유리한 정책을 실행했습니다. 그러나 시어도어 루스벨트는 몇 안 되는 개혁적인 정치인으로, 기존 대통령과는 정반대의 정책을 취했습니다.

시어도어 루스벨트는 정부보다 막강한 재벌들의 치부를 드러내고 널리 알림으로써 국민 여론을 움직이려고 했습니다. 그동안 모은 자료를 언론에 뿌려 재벌이 어떻게 부를 일구었는지, 그 이면에는 얼마나 많은 지저분함과 잔인함이 있었는지를 낱낱이 공개했습니다.

개혁적 성향의 미국 제 26대 대통령 시어도어 루스벨트

이때 제일 먼저 공격받은 사람이 록펠러였습니다. 당시 언론 중에는

흥미 위주의 기사를 실어 판매 부수를 늘리려는 신문사가 많았는데, 이들은 앞다투어 록펠러의 악행을 고발했습니다. 록펠러를 시작으로 재벌들의 어두운 면이 세상에 공개되면서 미국 사회에는 반재벌 여론이 급속히 퍼져 나갔습니다.

1903년에는 악덕 기업의 활동을 감시하는 특별기구가 설립되어 적극적인 활동에 나섰습니다. 아메리칸 토바코American Tobacco*, 듀폰Du Pont** 등 수많은 독점기업이 부당행위에 대한 제재를 받기 시작했습니다. 이 과정에서 정부의 개혁정책에 정면으로 도전하는 회사는 아예 문을 닫게 했습니다.

1907년, 정부는 세계 최대 기업이자 미국 사회 전반에 가장 큰 영향력을 행사하고 있던 록펠러의 '스탠더드오일'을 상대로 반독점 소송에 들어갔습니다. 그리고 록펠러를 법정에 세우고자 소환장을 보냈지만, 그는 미국 전역에 있는 자신의 저택으로 도망 다니며 재판을 피했습니다. 도피 생활이 길어지면서 몸과 마음이 급속도로 약해진 록펠러는 결국 재판정에 섰지만, 그동안의 불법행위를 추궁하는 재판부를 향해 "기억이 나지 않는다."라는 말만 되풀이하며 시종일관 불성실하게 재판에 임했습니다.

정부는 법원에 "공정한 경쟁 자체를 불가능하게 만드는 독점기업 '스탠더드오일'을 해체해야 한다."라고 주장했습니다. 이에 록펠러는

---

* 세계 제 2위의 담배회사. 런던에 본사를 두고 있다.
** 미국의 화학회사.

독점 기업을 규제하는
시어도어 루스벨트 대통령을
나타낸 그림

미국 최고의 변호사를 대거 고용해 "미국은 개인의 이익 추구 권리가 보장된 자본주의 국가이기 때문에 정부가 앞장서서 기업을 해체시키는 것은 위법이다."라며 맞섰습니다.

정부가 록펠러를 상대로 한 소송은 4년 동안이나 계속되었습니다. 치열한 법정싸움 끝에 1911년 5월, 법원은 '스탠더드오일'의 해체를 명령했습니다. 법원의 명령에 따라 스탠더드오일은 34개의 회사로 쪼개져 서로 경쟁하게 되었습니다.

수전노에서 기부천사로

부자들은 대체로 남에게 인색하지만, 본인과 가족은 사치스러운 생활을 누리는 경우가 많습니다. 하지만 록펠러는 여느 재벌과 다르게 사치를 멀리했습니다. 그는 평소 술과 담배를 입에 대지도 않았고 운동이나 취미 활동 등 돈벌이와 관련 없는 일은 전혀 하지 않았습니다. 종일 집무실에 앉아 회계장부를 들여다보며 돈이 들어오고 나가는 일에만 열중했습니다.

록펠러는 검소함을 뛰어넘어 수전노의 삶을 살았습니다. 낡아서 해진 양복을 기워 입었고, 심지어 주방 행주도 꿰매어 쓸 정도로 돈에 집착했습니다. 사업상 단골식당에 가면 웨이터에게 당시 최소 금액인 15센트를 팁으로 주었는데, 어느 날은 주머니에 5센트밖에 없어 그 돈을 팁으로 건넸습니다. 평소에도 적은 팁에 불만이 많았던 종업원은 "록펠러 씨, 내가 당신 같은 부자라면 얼마 안 되는 팁 때문에 인심을 잃지 않을 것입니다."라며 망신을 주기도 했습니다.

록펠러는 돈에 대한 집착 때문에 앓아 눕기도 했습니다. 한번은 4만 달러가 넘는 곡물을 오대호를 경유해서 실어 나르게 되었습니다. 오대호는 미국과 캐나다의 동부 국경에 잇닿아 있는 거대한 호수입니다. 그는 곡물에 대한 화물보험에도 가입하지 않고 운반하게 했습니다. 보험에 가입하면 불상사가 생기더라도 피해 금액 전액을 보상받을 수 있었지만, 보험료 150달러가 아까웠던 것입니다.

그날 밤 오대호에 폭풍우가 닥쳤다는 소식을 들은 록펠러는 곡물을 잃어버릴지도 모른다는 걱정에 잠을 이룰 수 없었습니다. 다음 날 아침 날이 밝자 그는 보험회사에 급히 달려가 150달러를 내고 화물보험에 가입했습니다. 얼마 후 화물이 아무런 피해 없이 목적지에 도착했다는 전보가 도착했습니다. 그는 150달러를 낭비한 것이 아까워 한동안 몸져눕고 말았습니다.

록펠러의 유일한 관심사는 돈벌이였습니다. 돈을 많이 번 날은 뛸 듯이 기뻐하고, 조금이라도 손해를 본 날은 몹시 고통스러워했습니다. 돈은 록펠러에게 행복과 고통의 원인이 되었습니다.

그의 나이 55세 때 몸에 이상한 변화가 찾아왔습니다. 몸에서 털이 점점 빠지기 시작하더니 오래지 않아 거의 사라지게 되었습니다. 의사는 악성 림프암이라는 진단을 내리며, 기껏해야 1년 정도 살 수 있으니 남은 시간 동안 인생을 잘 정리하라는 조언을 해주었습니다.

록펠러는 1년짜리 시한부 선고를 받고 하늘이 무너지는 듯한 느낌을 받았습니다. 큰 충격을 받고 병원을 나오다가 우연히 딸아이의 병원비가 없어 쩔쩔매는 한 어머니를 보게 되었습니다. 병원에서 치료를 받지 못하면 소녀의 생명이 위독해질 수 있는 상태였지만, 인정이라고는 찾아볼 수 없는 병원 관계자는 돈이 없으면 나가라고 윽박지르고 있었습니다. 록펠러는 환자를 내쫓는 냉혹한 병원 관계자의 모습에서 이제까지 자신이 살아온 모습을 발견하고 그 소녀의 병원비를 대신 내주는 선행을 베풀었습니다.

얼마 후 록펠러 덕택에 생명을 건진 소녀와 어머니가 감사를 표하기 위해 찾아왔습니다. 소녀에게 생명의 은인이라는 소리를 들은 록펠러는 인생 최대의 행복감을 맛보았습니다. 이 일을 통해 록펠러는 남을 돕는 일이 오히려 자신에게 더 큰 행복을 가져다준다는 사실을 깨닫고 돈 버는 일과 함께 선행을 실천하기로 했습니다. 이후 록펠러는 악마처럼 돈을 벌어 천사처럼 돈을 쓰는 특이한 인생을 살다가 독점금지법 위반으로 기업분할명령제가 시행되자 자선 활동가로 살기로 마음먹었습니다.

자선가 록펠러

1911년 일생을 바쳐 일군 스탠더드오일 회사가 산산이 쪼개지자, 록펠러는 경영에 뜻을 잃고 말았습니다. 돈 때문에 생긴 스트레스로 인해 암까지 얻은 그는 남을 돕는 자선가로 여생을 마치기로 하고, 1913년 자신의 이름을 딴 자선재단을 설립해 본격적인 선행에 나섰습니다.

록펠러는 당시 5억 5천만 달러를 자선사업에 내놓으며 미국 전역에 교회, 병원, 학교를 세웠습니다. 특히 시카고대학을 설립하는 데 무려 6천만 달러의 거액을 선뜻 기부했습니다. 현재가치로 60억 달러에 달하는 막대한 금액이지만 그는 인재를 양성하라면서 흔쾌히 기부했습니다. 이 시카고대학은 오늘날 미국의 대표적인 명문대학으로 성장했습니다.

록펠러 자선재단 로고

록펠러가 98세의 나이로 세상을 떠난 1937년까지, 그는 최선을 다해 선행을 베풀었습니다. 자신에게 늘 엄격했던 그는 분 단위까지 관리하는 규칙적인 생활을 했습니다. 오래전에 주치의가 1년밖에 더 살지 못할 것이라 말했지만 그는 시한부 선고를 받고 아름다운 선행을 하면서 40년 이상 더 살다 자연사했습니다.

노년의 록펠러

록펠러는 죽기 얼마 전 자식들에게 "내가 죽은 이후에도 계속해서 자선활동이 이어지게 해달라."라고 유언했을 정도로 기부천사로 변했습니다. 또 가난한 뉴욕 시민을 위해 향후 100년간 수도요금을 대신 내주라는 유언도 잊지 않았습니다.

록펠러는 자식에게 회사의 경영권을 물려주는 대신 자선재단 관리에만 전념하도록 했습니다. 그의 자식들은 아버지의 뜻을 받들어 지금까지도 자선활동을 하고 있습니다. 록펠러 가문의 수장이 된 아들 데이비드 록펠러David Rockefeller는 아버지 존 록펠러 탄생 100주년을 맞아 메인주 아카디아Acadia 국립공원에 인접한 거대한 사유지를 주민들에게 환원했습니다. 그가 내놓은 사유지는 아름다운 연못과 오솔길이 있어 산책과 하이킹을 즐기는 사람에게 좋은 휴식처가 되고 있습니다.

록펠러는 살아있을 때나 죽은 후에나 논란이 되는 인물입니다. 시어도어 루스벨트가 록펠러를 향해 “아무리 큰 선행을 해도 그가 이전에 저지른 악행이 사라지지 않을 것이다.”라고 말했을 정도로 잘못이 큰 사람입니다. 하지만 록펠러가 과거의 악행을 참회하고 통 큰 기부를 한 일은 하나의 좋은 본보기가 되었습니다.

록펠러 이후 미국의 대부호들은 하나같이 기부에 앞장섰습니다. 이로 인해 미국은 훈훈한 인정이 있는 나라가 되었습니다. 현재 세계에서 가장 많은 재원을 보유한 자선재단 30곳 중 20여 개가 미국에 있습니다. 록펠러는 인류 역사상 최고의 부자로 기억되는 동시에 악덕 기업주, 혁신적인 경영자, 최대의 자선가 등 여러 가지로 평가를 받는 인물이 되었습니다.

들여다보기

★

셰일혁명이 몰고 온 변화

록펠러가 살아있을 때만 하더라도 최대 원유 생산국이던 미국이 세계 원유 시장에 행사한 영향력은 절대적이었다. 그러나 1970년대 들어서자 폭발적으로 늘어나는 수요를 자체 생산만으로는 감당하지 못해 원유를 수입해야 하는 처지로 전락하고 말았다. 미국의 부족한 원유 생산을 메워주는 나라는 사우디아라비아를 비롯한 중동의 산유국들로, 미국은 이 국가들과 좋은 관계를 유지해야만 했다.

원유가 발견되기 이전까지만 하더라도 중동국가들은 미국의 관심 밖에 있었다. 그런데 원유의 공급이 부족해지는 상황이 되자, 국제유가를 무기 삼아 전 세계 수입 국가들과 미국을 대상으로 온갖 횡포를 일삼게 되었다. 그럼에도 세계 최대 원유 수입국으로 전락한 미국은 뾰족한 대책을 세울 수 없었다. 달러화를 앞세운 경제력과 최강의 군사력으로 세계를 움직이는 미국이지만 에너지를 자급하지 못하는 치명적인 약점을 안고 있었기 때문이다.

그런데 2000년대 들어 미국에서 천연가스와 원유를 추출해 내는 새로운 기술이 개발되었다. 땅속 깊이 묻혀 있는 암석인 셰일에서도 에너지를 얻을 수 있게 된 것이다. 그러자 세계 원유산업에 혁명적인 변화가 찾아왔다. 셰일오일이 쏟아져 나오자 미국은 반세기 만에 에너지 자급자족 시대를 맞게 되었다.

미국의 에너지 독립은 중동 산유국의 영향력 약화와 직결되는 문제이기도 하다. 이에 OPEC(석유수출국기구)의 맹주이자 중동 최대의 산유국인 사우디아라비아가 총대를 메고 미국에 도전장을 내밀었다.

2014년, 사우디아라비아는 미국 셰일오일의 약점인 높은 생산비용에 주목했다. 중동 산유국들이 채굴하는 원유는 땅속 얕은 곳에 액체 상태로 매장되어 있어 채굴이 쉬울뿐더러 채굴 비용도 사우디아라비아의 경우 1배럴당 10달러 안팎에 불과할 정도로 저렴하다. 반면 땅속 깊은 곳의 단단한 돌덩이에 갇혀 있는 셰일오일을 채굴하려면 배럴당 30~40달러 정도의 비용이 들어서 전통 원유에 비해 채산성이 크게 떨어진다.

그럼에도 불구하고 미국 기업들이 셰일오일 채굴에 나설 수 있었던 것은 그동안 OPEC 회원국들이 자신의 잇속을 채우기 위해 1배럴당 100달러 안팎으로 국제유가를 높게 유지했기 때문이다. 즉, 국제유가가 비정상적으로 높았기 때문에 미국의 셰일 채굴 기업들은 높은 채굴 비용에도 불구하고 이윤을 남길 수 있었다.

2014년부터 사우디아라비아를 중심으로 한 중동의 산유국들은 셰일업계의 높은 채굴 비용을 염두에 두고 의도적으로 원유 생산량을 크게 늘리며 국제유가를 폭락시켰다. 배럴당 100달러를 넘나들던 국제유가가

30달러 밑으로 내려오자 미국의 수많은 셰일오일 업체들은 문을 닫아야 했다. 중동 산유국들은 저유가가 지속될 경우 미국 셰일오일 업체가 모두 망할 것이라고 판단했다. 하지만 다수의 미국 업체는 채굴기술의 혁신을 통해 생산비용을 크게 낮추면서 살아남았다.

생존에 성공한 셰일업체들은 파산한 업체를 헐값에 사들이면서 몸집을 더욱 키웠다. 미국 셰일업체를 망하게 하려던 중동 산유국의 정책이 실패로 돌아가자 큰 타격을 받은 것은 다름 아닌 OPEC 회원국들이었다.

2017년, 중동 산유국은 자신들이 만든 저유가를 도저히 감당할 수 없어서 대규모 감산을 통해 국제유가를 예전과 같이 100달러 이상으로 끌어올리고자 했다. 그러나 OPEC 회원국의 희망과 달리 국제유가는 100달러는커녕 겨우 60달러대에 머무르게 되었다. 중동 산유국들이 감산한 것 이상으로 미국 셰일업체들이 생산량을 늘렸기 때문이다. 게다가 미국 셰일업체들은 끊임없이 기술혁신에 나서 배럴당 생산비용을 20달러대로 낮추면서 경쟁력을 더욱 강화시켰다.

과거 중동 산유국들은 자신의 입맛대로 국제유가를 마음껏 조절할 수 있었지만 미국의 셰일오일이 등장한 이후에는 불가능해졌다. 미국은 셰일오일을 통해 에너지 종속국이라는 유일한 약점을 극복했다. 2018년에는 사우디아라비아를 제치고 세계 최대 산유국의 지위를 차지하면서 세계에너지 산업을 다시 지배하게 되었다.

06

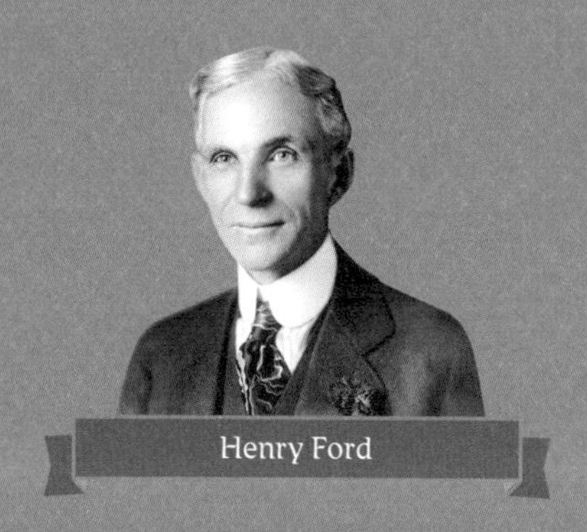

자동차왕

헨리 포드

포드시스템으로 자동차의 대중화를 이룩한 사업가 (1863 ~ 1947)

세계적인 자동차 기업 포드를 설립, 근대적 대량생산방식을 통해 세계 최초의 대중차 '포드모델 T'를 제작, 판매했다. 생산성 향상에 전력을 기울이고 생산라인 수를 늘려서 1923년에는 16초마다 한 대꼴로 제품을 생산하기도 했다. 노동자의 권익 향상에도 앞장서 이익공유제를 실시했다. 특히 최저임금 일급(日給) 5달러, 1일 8시간 노동을 이뤄내 당시로서는 획기적인 노동정책을 펼쳤다.

어린 포드의 꿈

1863년 7월, 헨리 포드Henry Ford는 미시건주 디트로이트 인근의 디어본Dearborn에서 태어났습니다. 그의 아버지 윌리엄William ford은 아일랜드에서 건너온 이민자였습니다. 아일랜드는 영국의 식민지였기 때문에 농지의 대부분을 영국인들이 차지해서, 정작 아일랜드 농민들은 손바닥만 한 땅조차 소유하기가 쉽지 않았습니다. 아무리 부지런히 일해도 가난을 면할 수 없었던 윌리엄은 자영농의 꿈을 품고 낯선 미국 땅으로 건너왔고, 마침내 꿈을 이뤘습니다. 그는 장남인 포드도 가업을 이어 농부가 되기를 바랐습니다. 하지만 포드는 농사 일에 전혀 흥미를 붙이지 못하고 기계에만 관심이 있었습니다. 어릴 적부터 집안의 모든 제품을 분해하면서 놀았던 그는 커서까지 닥치는 대로 물건을 분해해 집안에 남아나는 것이 없었습니다.

젊은 시절의 헨리 포드

농업에는 전혀 뜻이 없었던 포드는

토머스 에디슨 같은 발명가가 되고자 했습니다. 그는 완고한 성격을 지닌 아버지를 무서워했지만 자상한 어머니와는 사이가 무척 좋았습니다. 어머니는 내성적인 아들이 위축되지 않도록 토닥여 주는 사람이었습니다.

1876년 13살이 되던 해, 포드의 어머니가 한밤중에 갑자기 배를 움켜잡고 고통스러워했습니다. 포드는 어머니에게 곧 의사를 데려올 테니 조금만 참으라고 말한 뒤 마차를 타고 시내로 나갔습니다. 의사와 함께 집으로 돌아왔을 때 어머니는 이미 세상을 떠나고 말았습니다. 그는 아직 온기가 남아 있는 시신 앞에서 눈물을 흘리며 흐느꼈습니다. 자신이 좀 더 빨리 의사를 데려오지 못했기 때문에 어머니가 돌아가셨다는 죄책감으로 오랫동안 고통스러워했습니다.

이후 포드는 말보다 빨리 달릴 수 있는 기계나 장치를 구상하면서 많은 시간을 보냈습니다. 그런 모습이 마음에 들지 않았던 아버지는 아들을 차갑게 몰아붙였습니다. 그럴수록 포드는 더욱 내성적인 성격으로 변해 갔습니다. 훗날 포드는 아버지의 농장에 대해서 "오로지 기억나는 것은 사랑하는 어머니뿐이었다."라고 말했습니다. 아버지의 잔소리를 견디기 힘들었던 그는 16세가 되던 해에 기계 일을 배우기 위해 집을 떠났습니다.

디트로이트의 작은 공장에서 일하게 된 포드는 누구보다도 열심히 일했습니다. 어느 날 공장의 기계가 갑자기 작동을 멈추는 일이 발생했습니다. 공장장 이하 회사 엔지니어가 총동원되어 기계를 고치려고 애썼지만, 고장의 원인조차 찾아내지 못했습니다. 그때 포드가 나서서 30분 만에 고장 난 기계를 고쳤습니다. 그러나 이 일 때문에, 회사의 엔지니어들은 나이 어린 포드가 자신들의 자리를 차지할까 걱정되어 그를 회사에서 쫓아냈습니다.

첫 직장에서 쫓겨난 포드는 여러 회사를 전전하다가 1891년 에디슨이 경영하는 회사에 기술자로 초빙되었습니다. 그는 기계 분야에서 탁월한 성과를 거두어 고속승진을 거듭했습니다. 에디슨은 포드의 능력에 매료되어 수석 기사로 승진시켜 주었고, 머지않아 회사의 기둥이 되리라고 기대했습니다.

에디슨의 회사에 다니던 중에도 포드는 자동차용 엔진을 개발하

포드가 일했던 토머스 에디슨 연구소

헨리 포드와 토머스 에디슨

기 위해 틈틈이 노력해서 1896년 6월 마침내 완성했습니다. 하지만 에디슨은 포드가 자동차 엔진 개발에 푹 빠져 회사 일을 소홀히 할까 우려한 나머지 자동차 연구를 그만 두라고 지시했습니다. 어릴 적부터 말보다 빨리 달릴 수 있는 물체를 만드는 것이 꿈이었던 포드는 에디슨의 명령에 불복해 회사를 그만두고 자신의 길을 걷기 시작했습니다.

횡포의 시대

19세기까지 자동차 산업을 지배한 것은 유럽이었습니다. 최초로 자동차가 탄생한 곳이 유럽이었기 때문입니다. 그런데 19세기가 끝나갈 무렵부터는 미국인들이 자동차에 대해 큰 관심을 두기 시작하면서 미국에도 자동차 시대가 열리기 시작했습니다. 사실 자동차는 좁은 땅덩이에서 오밀조밀 모여서 살아가는 유럽보다 광대한 영토로 인해 이동거리가 먼 미국에서 더 긴요한 이동 수단입니다.

1895년, 조지 셀던George Selden이라는 사람이 휘발유 엔진 자동차에 대한 특허를 취득하면서 미국 자동차 업계에 큰 충격을 주었습니다. 자동차는 유럽에서 수십 년 전에 개발되어 이미 실용화된 제품이고 미국 내에도 수많은 자동차 회사가 있었기 때문에 셀던이 특허를 받은 것은 극히 이례적인 일이었습니다. 그런데 미국 특허청은 고작 자동차 설계도면 한 장만 제출한 그에게 휘발유 자동차에 관한 독점적인 권리를 부여하는 실수를 범했습니다.

1899년, 미국의 EVC라는 회사가 셀던의 특허를 사들인 후 특허를 무기 삼아 자동차 회사에 대한 무차별적 공격에 나서면서 문제가 발생하기 시작했습니다. EVC는 ALAM(자동차 제조면허조합)이라는 단체를 설립하고 자신들의 허락 없이는 자동차를 만들 수 없도록 했습니다. 만약 ALAM의 허락 없이 자동차를 만들

조지 셀던

면 가차 없이 특허소송을 걸어 거액의 배상금을 받아 냈습니다. 미국의 자동차 회사들은 조합비 명목으로 해마다 ALAM에 막대한 돈을 갖다 바쳐야 했습니다. ALAM은 미국 자동차 산업의 발전에 큰 걸림돌이 되어 갔습니다.

ALAM의 횡포는 기존 자동차 회사에만 해당하는 것이 아니었습니다. 새로이 자동차 회사를 세우더라도 ALAM의 허락을 받아야 자동차를 생산할 수 있었습니다. 즉, ALAM이 자동차 생산을 허락하지 않는다면 미국 내에서는 누구도 자동차를 만들 수 없는 횡포의 시대였습니다.

포드의 도전

1899년 에디슨의 회사를 그만둔 포드는 여러 사람과 힘을 합쳐 1903년 '포드자동차'라는 회사를 설립하고 '포드모델 A'라고 불리는 상업용 자동차를 개발했습니다. '포드모델 A'는 기계 분야 최고 엔지니어인 포드의 작품답게 대단한 자동차였지만 판매를 하려면 ALAM의 허락이 필요했습니다.

포드는 ALAM에 자동차 판매 허락을 요청했지만 몇 달이나 기다린 끝에 판매를 불허하는 내용의 편지를 받았습니다. 당시 ALAM은 기존 업체들의 이익을 지키기 위해 기술력이 뛰어난 후발 주자들이 자동차 산업에 진출하는 것을 특허를 동원해 막고 있었습니다.

자동차 판매 승인을 요청한 포드의 기술이 너무 앞서자 기존 업체

보호를 위해 판매 불허 결정을 내린 것입니다. 이에 화가 난 포드는 ALAM을 상대로 특허무효 소송을 제기하며 정면 대응에 나섰습니다. 말을 대신해서 미국인의 발이 될 자동차에 관한 모든 권리를 특정 집단이 독차지하고 있다는 사실에 분개한 포드는 법원에 소송을 제기했고 소송 기간 중에도 자동차를 생산하며 본업에 충실했습니다.

포드는 자신에게 유리한 분위기를 만들기 위해 흥미로운 이벤트를 준비했습니다. 알렉산더 윈턴Alexander Winton에게 자동차 시합을 벌이자는 도전장을 내민 것입니다. 윈턴은 미국에서 가장 빠른 경주용 자동차를 소유한 자동차경주 선수이자 ALAM의 핵심 구성원이었습니다. 그가 소유하고 있던 차는 경주용으로 특별히 제작된 차로서 대중차로 제작된 '포드모델 A'보다 훨씬 고가의 차였습니다. 시골뜨기 출신 포드와 미국 최고의 카레이서 간의 자동차경주는 매우 큰 관심 속에 치러졌습니다.

그런데 모든 사람들의 예상을 깨고 포드가 승리했고, 그는 순식간에 전국적인 유명인사가 되었습니다. 미국 사람들은 세계 최고 수준의 자동차를 만들고도 ALAM의 횡포 때문에 자동차를 판매할 수 없는 포드의 딱한 사정에 동정심을 갖게 되었습니다. 이는 특허무효 재판에 적지 않은 영향을 미쳤습니다. 연방법원은 독점적 특허가 미국 자동차 산업 발전에 크게 방해된다고 판결하면서 ALAM이 갖고 있던 특허를 모두 무효화했습니다.

포드의 승리 덕분에 누구나 자동차를 만들 수 있게 되었습니다. 포드자동차의 뛰어난 기술력을 알아 본 투자자가 몰려들어 포드는 금전적인 문제에서도 어느 정도 자유로워졌습니다. 하지만 소송에서 이겼다고 해서 모든 문제가 해결된 것은 아니었습니다.

'포드모델 A'는 훌륭한 차였지만 당시 판매되고 있던 여느 자동차와 마찬가지로 가격이 비싸 서민들에게는 그림의 떡이나 다름없었습니다. 당시만 해도 자동차는 '갑부들의 장난감'이라 불렸을 정도로 최고의 사치품으로서 오늘날 자가용 비행기처럼 극소수 부자들의 전유물이었습니다. 포드는 사업적 성공을 위해 서민도 탈 수 있는 대중차를 만들기로 했습니다. 그는 저렴하면서 뛰어난 성능의 차를 만들어 집집마다 자동차를 한 대씩 보급하겠다는 거대한 꿈을 가졌습니다.

세상을 바꾼 포드시스템

포드는 자동차 가격을 낮추기 위해 생산의 효율성을 극대화할 필요가 있다고 생각했습니다. 즉, 같은 시간에 더 많은 자동차를 만들 수 있다면 생산비용이 낮아질 수 있다는 판단 아래 다른 공장들은 어떻게 제품을 생산하는지 돌아보게 되었습니다. 그는 우연히 방문한 돼지 도축장에서 생산성 효율화의 실마리를 찾았습니다. 돼지가 여러 단계를 거치면서 순차적으로 해체되는 과정을 유심히 관찰했습니다. 도축장 천장의 이동식 벨트에 매달린 돼지는 이동하면서 노동자의 손길이 닿을 때마다 점점 고깃덩어리로 변하고, 마지막에는 부위

컨베이어벨트 이전의 자동차 생산 방식

별로 포장되었습니다.

포드는 돼지 해체라인을 거꾸로 적용하면 자동차를 조립하는 라인이 된다는 것을 간파했습니다. 노동자는 각각 그 자리에 서 있고 컨베이어벨트*가 움직이면서 계속 조립해 나가면 최종적으로 완성된 자동차를 만들 수 있다는 것입니다. 당시 미국의 자동차 공장에서는 기술자 한 사람이 수많은 자동차 부품을 일일이 조립해서 만들었기 때문에 시간이 상당히 오래 걸렸습니다. 하지만 컨베이어벨트를 사용하면 작업을 최대한 세분화할 수 있어서 근로자는 자신이 맡은 일

* 벨트 위의 물품을 연속적으로 운반하는 장치.

분업을 기반으로 한 혁신적인 생산 방식, 포드시스템

만 하면 되기에 생산효율이 비약적으로 향상될 수 있었습니다.

포드는 분업을 기반으로 한 혁신적인 생산 방식을 자동차 제조에 도입하기로 하고 이를 신형 '포드모델 T'에 우선 적용하기로 했습니다. 그는 컨베이어벨트 방식으로 제품을 생산하기 위해 자동차에 사용되는 부품의 개수를 최소화하고 규격화해 자동차의 구조를 간단히 하려고 노력했습니다. 자동차는 부품이 적게 사용될수록 제조하기도 쉽고 정비하기도 쉬운 장점이 있습니다.

'포드모델 T'는 초저가 모델이었지만, 포드는 모든 부품을 오랫동

컨베이어벨트 시스템으로 대량 생산된 포드모델T

안 사용할 수 있도록 내구성이 뛰어난 소재로 만들었습니다. 1908년에 드디어 그의 철학을 담은 '포드모델 T'가 세상에 모습을 드러냈습니다. '포드모델 T'는 20마력의 강력한 엔진에 최고속도 시속 68km를 낼 수 있는, 당시로서는 무척 뛰어난 성능을 가진 최초의 대중차였습니다.

포드는 '포드모델 T'가 뛰어난 성능을 가졌음에도 850달러의 가격에 내놓았습니다. 당시 자동차의 평균가격이 2~3천 달러에 이르렀던 것에 비해 무척 저렴한 가격이었습니다. 가격과 품질에서 앞선 '포드모델 T'는 날개 돋친 듯 팔려 나갔습니다. 포드자동차의 박리다매 전략은 대성공을 거두었습니다.

새로운 생산방식이 정착되자 기존에는 자동차 1대를 생산하기 위해 12시간 30분이나 걸리던 제조 시간이 1시간 30분으로 단축되었습니다. 포드는 계속해서 생산성 향상에 전력을 기울이고 생산라인 수를 늘려 1923년에는 '포드모델 T'를 16초마다 한 대꼴로 생산했습니다. 이처럼 생산성 향상을 통한 원가절감을 위해 포드자동차가 자동차 업계에서는 최초로 채택한 컨베이어벨트 방식 생산시스템을 '포드시스템'이라고 합니다.

포드주의

포드는 신차 개발에 앞서 자신만의 경영철학을 세웠습니다. 이른바 '포드주의Fordism'라고 불리는 그의 경영철학은 좋은 품질의 자동차를 저렴한 가격으로 소비자에게 공급할 것, 그리고 기업의 이윤보다는 사회적 봉사를 우선시할 것 등 기업의 사회적 역할을 강조하는 철학입니다.

20세기 초반의 미국은 물질만능주의가 넘치던 곳이었습니다. 자본주의의 문제를 제기한 희극배우 찰리 채플린의 영화 '모던 타임스'* 의 장면처럼, 당시 기업가들은 노동자를 보잘것없는 부품으로 여겨 최소한의 임금만 주고 최대치의 노동력을 착취했습니다. 그때는 미국의 석유 사업가 존 록펠러 같은 독점 자본가가 문어발식으로 사업을 확장하며 막대한 부를 축적하고 있을 때였습니다. 포드가 한때 몸담았던 에디슨의 회사 역시 마찬가지였습니다. 발명왕 에디슨조차 특허와 자본력을 무기로 사회적 약자들을 괴롭히곤 했습니다.

반면 포드의 경영철학이 담긴 포드주의는 최고 품질의 자동차를

* 공장에서 나사 조이기를 반복하는 노동자를 주인공으로 산업화 시대의 인간소외를 익살스럽게 그려낸 찰리 채플린의 영화..

인간성을 무시하고 기계화시키는
자본주의의 문제점을 풍자한 영화,
'모던 타임스' 포스터

최저가에 만들어 가능한 한 많이 판매해서 노동자에게 임금을 최대한으로 돌려주자는 것이었습니다.

이익공유제 실시

1914년 1월, 회사의 재정상태가 안정되었다고 판단한 포드는 노동자의 일당을 2.3달러에서 5달러로 단번에 두 배나 인상했습니다. 이 소식은 곧바로 미국 전역으로 퍼져 나갔고 1만 명도 넘는 노동자가 일자리를 구하기 위해 포드자동차 공장 문 앞으로 몰려들었습니다.

포드자동차의 임금 인상 발표가 있던 날, 미국 경제계는 발칵 뒤집혔습니다. 그동안 미국 기업은 노동자가 굶어 죽지만 않을 만큼의 적

헨리 포드

은 임금을 주며 노동자를 고용해 왔습니다. 모든 기업이 최저 임금을 당연시할 때, 포드자동차가 노동자에게 동종업계 평균임금의 2배가 넘는 임금을 주겠다고 발표하자 기업인들의 비판이 쏟아졌습니다.

미국 최대 경제지 월스트리트저널은 포드가 바보 같은 실수를 저질렀다고 지적하며 강력히 비난했습니다. 또 많은 사람들은 노동자 편에 선 포드를 사회주의자로 몰아붙였습니다. 하지만 포드는 "노동자에게 충분한 임금을 제공하지 않으면 자녀들을 제대로 먹일 수 없고 교육할 수도 없다. 이 아이들은 허약한 어른으로 자랄 수밖에 없고 결국 산업현장의 생산성은 떨어지게 된다."라고 말하며 자신의 행동이 옳다는 것을 강조했습니다.

포드는 노동자의 임금을 인상했을 뿐 아니라 근무시간도 하루에 9시간에서 8시간으로 줄였습니다. 1926년부터는 주5일 근무제를 도입해 근로자가 충분히 쉴 수 있도록 했습니다. 그는 노동자를 착취의 대상이 아닌 잠재적 소비자로 우대해 주어야 한다고 생각했습니다.

기업이 노동자에게 적은 급여를 주면 단기적으로는 이윤이 증가하지만, 장기적으로는 구매력이 감소하는 부작용이 발생합니다. 모든 기업이 노동자에게 최저 임금을 지급하면 소비감소를 불러와 결국 모두에게 재앙이 된다는 사실을 포드는 누구보다 잘 알고 있었습니다. 그가 잠재적 소비자인 노동자의 구매력을 증가시키기 위해 솔선수범하자 다른 기업들도 동참하게 되었습니다.

이후 미국 노동자들의 임금은 가파르게 상승했습니다. 주5일제를 실시하는 기업이 늘어나면서 사람들은 주말마다 산이나 들을 찾아 여행을 떠났습니다. 포드의 예상대로 지갑이 두터워진 노동자들이 소비를 늘려 나가 미국 경제는 큰 폭으로 성장했습니다. 시간이 지날수록 '포드모델 T'는 점점 더 많이 팔려 나갔습니다. 포드는 계속해서 제품 가격을 내리고 임금을 올리면서 많은 사람에게 혜택이 돌아가도록 했습니다.

1908년에 850달러이던 '포드모델 T'의 가격은 1925년 들어 250달러까지 떨어지면서 누구나 자가용을 몰 수 있는 시대가 열렸습니다. 포드자동차 노동자들이 3개월만 저축하면 '포드모델 T'를 구입할 수 있을 정도로 차량 가격은 낮아졌고 노동자의 임금은 높아졌습니다.

포드는 "근로자가 자신이 만든 물건조차 살 수 없을 정도로 소득이 낮으면 그 사회는 실패한 사회이다. 소비 주체인 근로자가 부유해져야 기업도 돈을 번다. 노동자의 임금은 수요와 공급의 법칙이 아니라

미국의 국민차가 된 포드자동차

사회적 합의로 결정되어야 한다."라고 말했습니다. 또 이익공유제를 주장해 "기업은 이윤추구가 아니라 사회봉사를 위해 존재해야 하고, 이익을 근로자와 함께 공유해야 한다."라고 말하며 기업의 사회적 역할을 강조했습니다.

1927년 생산이 종료될 때까지 '포드모델 T'는 무려 1,500만 대나 판매되었습니다. 포드자동차는 세계 최대 자동차 회사로 성장했고, 미국 도로를 달리는 자동차의 절반 이상이 포드자동차였습니다. 미국인들은 포드를 일컬어 '자동차왕'이라 했습니다. 그는 '석유왕 록펠러', '철강왕 카네기'와 함께 미국 경제사의 획을 그은 위대한 인물로 평가받고 있습니다.

포드와 히틀러

전 세계를 떠돌던 유랑 민족인 유대인들은 정착하는 곳마다 두각을 나타내며 현지인의 시기심을 불러일으켰습니다. 미국에 정착한 유대인 역시 금융과 언론을 장악해 미국 사회 전체에 막강한 영향력을 행사했습니다. 나라 없는 민족이었던 유대인은 역사적으로 수없이 박해를 당해 왔기 때문에 한곳에 뿌리를 내리고 살 수 없었습니다. 따라서 그들은 땅이나 공장과 같이 가지고 다닐 수 없는 재산보다는 현금을 선호했습니다. 이로 인해 유대인은 금융 산업계에서 독보적인 존재가 되었습니다.

미국 금융 산업의 심장인 뉴욕 월스트리트에서도 유대인이 막강한 영향력을 행사했습니다. 그들은 금융 산업이야말로 굴뚝 없는 산업이고 고부가가치 지식산업이라 주장했지만, 포드의 생각은 달랐습니다. 금융산업이란 자금을 융통하는 영업을 이르는 표현일 뿐 실상은 돈놀이에 지나지 않는다고 여긴 것입니다. 금융업은 남이 저축한 돈으로 수익을 내는 비생산적인 일일 뿐이고, 제조업만이 양질의 일자리를 만들어 중산층을 양산할 수 있는 수단이라고 믿었습니다.

제조업을 중시하던 포드에게 금융업을 장악한 유대인은 눈엣가시 같은 존재였습니다. 이같은 반유대주의 사상은 비단 포드만이 아니라 미국 사회 전체에 만연한 풍조였습니다.

1920년, 포드는 자신의 신념을 사람들에게 널리 알리기 위해 그의 고향 이름을 딴 〈디어본 인디펜던트The Dearborn Independent〉라는 주간

The Ford International Weekly

THE DEARBORN INDEPENDENT

One Dollar — Dearborn, Michigan, May 22, 1920 — Five Cents

The International Jew: The World's Problem

"Among the distinguishing mental and moral traits of the Jews may be mentioned: distaste for hard or violent physical labor; a strong family sense and philoprogenitiveness; a marked religious instinct; the courage of the prophet and martyr rather than of the pioneer and soldier; remarkable power to survive in adverse environments, combined with great ability to retain racial solidarity; capacity for exploitation, both individual and social; shrewdness and astuteness in speculation and money matters generally; an Oriental love of display and a full appreciation of the power and pleasure of social position; a very high average of intellectual ability."

—The New International Encyclopedia.

The article that signaled the beginning of Henry Ford's seven-year hate campaign against the Jews. (COLLECTIONS OF THE HENRY FORD MUSEUM, GREENFIELD VILLAGE)

반유대사상 전파를 위해 만든 주간지 디어본 인디펜던트

지를 창간해 적극적인 반유대주의 활동을 펼쳤습니다. 그는 잡지의 지면을 통해 "강력한 제조업만이 미국 경제를 건강하게 만들고 지속적인 경제성장을 이끌 수 있다."라고 주장하며 금융업에 열중하던 유대인을 비판했습니다.

포드의 주장은 미국 사회에 많은 논란을 불러왔습니다. 많은 사람들이 그의 주장에 공감했지만, 미국 내 유대인은 그를 비난했습니다. 그들은 포드를 상대로 끊임없이 소송을 제기했습니다. 또 포드자동차 불매운동을 벌여 회사에 심각한 타격을 주었습니다. 뉴욕타임스, 워싱턴포스트, 월스트리트저널 등 미국의 유력 매체는 모두 유대인 소유였기 때문에 포드는 언론의 집중적인 공격대상이 되었습니다.

유대인 소유의 유력한 언론들은 "포드자동차 공장에서는 종일 같은 작업을 반복하다 보니 많은 노동자가 정신병자가 되었다. 포드가 월급을 많이 주는 것은 노동자를 위해서가 아니라 일이 너무 고되어 돈을 많이 주지 않으면 아무도 일을 하려고 하지 않기 때문이다." 등의 기사를 쏟아 내며 압박했습니다.

언론의 압박은 실제로 엄청난 위력을 발휘했습니다. 포드는 한순간에 악덕 기업주이자 지독한 인종혐오자로 낙인찍혔습니다. 이 일은 회사의 이미지에도 나쁜 영향을 주었습니다. 미국 사회 내에서 유대인의 막강한 힘을 실감한 포드는 1927년, 자신이 창간한 주간지 〈디어본 인디펜던트〉를 폐간하며 겨우 사태를 수습했습니다. 하지만 그는 미국 내 유대인과 직접 갈등을 겪으면서 유대인에 대해 더욱 나쁜 이미지를 가지게 되었습니다.

포드는 제조업의 중요성을 강조하는 과정에서 금융업을 지배하고 있는 유대인을 비판했을 뿐, 본래 인종차별주의자는 아니었습니다. 실제로 그는 직원의 20% 이상을 흑인, 여성, 장애인 등 사회적 약자를 고용한 사람이었습니다. 그러나 유대인과의 갈등 이후 그는 유대인을 미워하기 시작했습니다. 그리고 이 일을 계기로 독일의 히틀러와 인연을 맺게 되었습니다.

히틀러가 이끄는 나치당이 아직 군소정당에 지나지 않았던 때인 1922년, 포드는 나치당에 거금 7만 달러를 후원했습니다. 당시 미화 7만 달러는 큰돈으로, 히틀러는 그의 후원금 덕분에 정당 활동을 지속할 수 있었습니다. 히틀러는 유대인이 장악한 미국을 증오했지만, 자신을 도와 준 포드를 존경한 나머지 저서 《나의 투쟁》에서 그를 예찬했습니다. 또한 총통이 된 이후 집무실에 실물 크기의 포드 초상화를 걸어 놓았고 주간지 〈디어본 인디펜던트〉를 애독했습니다.

1933년, 히틀러는 권력을 장악함과 동시에 독일 내 포드자동차의 첨단 생산시설을 인수했습니다. 독일의 자동차 회사인 폭스바겐은

독일 나치로부터 대십자 공로훈장을 받는 헨리 포드

포드시스템을 활용해 생산성을 급격히 향상시켰습니다. 포드 역시 나치 독일에 경영 노하우를 적극적으로 전수해 주었습니다. 1938년 가을, 히틀러는 도움에 대한 감사의 표시로 포드에게 외국인이 받을 수 있는 최고의 명예인 '대십자 공로훈장'을 수여했습니다.

미국 내 유대인들이 포드에게 훈장을 받지 말라고 압력을 가했지만, 그는 아랑곳하지 않았습니다. 제2차 세계대전 기간에 포드는 전쟁물자 생산에 적극적으로 나서지 않았습니다. 종전 후 그는 전쟁 중에 보인 행적에 대해 의회 조사를 받아야 하는 상황으로 내몰렸습니다. 하지만 1947년 포드가 세상을 떠나면서 그에 대한 모든 논란이 종식되었습니다.

차가운 아버지

1893년 출생인 에드셀 포드Edsel Ford는 포드Henry Ford의 하나뿐인 아들입니다. 포드는 영리하고 공부 잘하는 아들을 대학에 보내는 대신 일찍부터 자신의 곁에 두고 혹독하게 경영 수업을 받도록 했습니다. 아들은 무척 엄격한 아버지를 어려워했습니다.

포드는 아들을 신뢰하지 않았습니다. 1919년, 26세의 에드셀이 포드자동차 최고경영자 자리에 올랐지만, 이는 허울뿐인 자리였습니다. 아들에게 실질적 권한을 넘겨줄 마음이 없었던 포드는 배후에서 회사의 모든 일에 간섭했습니다. 더구나 자신의 아들보다 해리 베닛Harry Bennett이라는 측근에게 더 많은 힘을 실어 주어 에드셀을 힘들게 했습니다.

아버지와는 다른 경영관을 가지고 있던 에드셀 포드

해리 베닛은 권투선수 출신으로 포드자동차 경비원으로 일하다 포드의 눈에 띄어 출세한 사람입니다. 한때 암흑가에서 활동했던 그는 온갖 궂은 일을 해결해 주며 포드의 신임을 얻었습니다. 포드는 그가 무슨 짓을 해도 신뢰를 거두지 않았습니다. 그러자 포악하고도 교활한 해리 베닛은 인사권까지 개입하는 등 횡포를 부렸고 회

포드의 막후에서 세력을 휘두른 해리 베넷

사 사람들은 그의 눈치를 볼 수 밖에 없었습니다. 이 때문에 포드의 아들 에드셀의 입지는 더욱 더 좁아졌습니다.

포드는 회사 운영에 관한 중요 사항을 해리 베넷을 통해 보고 받고 직접 모든 결정을 내렸습니다. 대외적으로는 에드셀이 최고 경영자였지만 포드는 회사 경영에 관해 아들과 허심탄회하게 논의하는 일이 없었습니다. 이처럼 포드는 아들에게 차갑게 대했는데, 에드셀이 자신의 뜻에 거슬리는 새로운 프로젝트를 추진하자 두 사람의 관계는 걷잡을 수 없이 악화되었습니다.

포드는 평소 자동차는 사람의 발을 대신하는 수단이므로 무조건 저렴하고 실용적이어야 한다고 생각했습니다. 이에 반해 에드셀은 자동차도 예술작품처럼 사람들에게 소중한 의미를 줄 수 있기에 장인들의 예술혼이 깃든 최고급 자동차도 만들어야 한다고 생각했습니다. 포드는 이러한 아들의 생각을 존중해 주지 않았습니다.

에드셀은 매일같이 심한 스트레스 속에 살다가 1943년, 50세 나이에 암으로 세상을 떠나고 말았습니다. 유일한 경영후계자였던 아들이 죽자 포드는 80세 나이에 경영일선에 복귀해 24년 만에 다시 포드자동차의 최고경영자 자리에 앉았습니다.

GM의 거센 도전

1908년, 미시간주 디트로이트에서 마차 공장을 운영하던 윌리엄 듀런트William Durant는 자동차 산업의 장래성을 보고 GM제너럴모터스이라는 자동차 회사를 차렸습니다. 평소 욕심이 많았던 그는 회사 설립 초기부터 적극적인 인수합병에 나서 무려 39개의 군소 자동차 회사를 병합하는 데 성공했지만 무리한 사업 확장으로 심한 자금난에 시달렸습니다.

1923년, 듀런트의 방만한 회사 운영에 불만은 품은 주주들은 창업주인 그를 경영 일선에서 쫓아내고 새로운 최고경영자로 알프레드 슬론Alfred Sloan을 추대했습니다. 알프레드 슬론은 고등학교도 제대로 마치지 못한 듀런트와 달리 미국 최고의 명문 대학 중 하나인 매사추세츠 공과대학MIT을 우수한 성적으로 졸업한 수재였습니다. 원래 슬론은 자동차 부품을 만들던 업체의 경영자였는데, 듀런트가 회사에서 쫓겨나면서 갑작스레

GM의 전설적인 경영자, 알프레드 슬론

GM의 수장 자리에 오르게 되었습니다.

슬론이 GM의 최고경영자 자리에 오를 때만 하더라도 포드자동차가 미국 자동차 시장의 절반 가까이를 차지하면서 절대강자로 군림하고 있었습니다. 슬론은 업계 최강자인 포드자동차의 절반에도 미치지 못하는 시장점유율을 끌어올리기 위해 특단의 대책을 세워야 했습니다. 이를 위해 그는 소비자의 취향을 조사하기 시작했습니다.

1910년대까지만 하더라도 자동차가 귀해서 미국 사람들은 차를 갖는다는 것 그 자체에 큰 의미를 두었습니다. 이로 인해 저렴하면서 품질 좋은 '포드모델 T'가 미국 시장을 장악했습니다. 그렇지만 1920년대로 접어들자, 사람들은 점점 도로 위를 가득 메운 '포드모델 T'에 싫증을 내기 시작했습니다. 미국 사람들의 소득이 늘어나면서 최소한의 달리는 기능만을 갖춘 저렴한 '포드모델 T'보다는 편리하면서도 다양한 기능을 가진 자동차를 원하는 사람이 많아졌습니다. 그런데도 포드는 소비자의 요구에 귀를 닫고 계속 저가형 자동차 생산에 모든 에너지를 쏟아부었습니다.

가난한 서민들에게 자동차는 마차보다 편리한 이동수단일 뿐이었지만, 부자들은 자동차를 자신의 부를 과시하는 수단으로 삼고 싶어 했습니다. 슬론은 소비자의 다양해진 취향에 맞추는 것이 회사를 살릴 수 있는 유일한 길임을 깨닫고 본격적인 내부 개혁에 나섰습니다. 그는 소득에 따라 선택할 수 있는 여러 종류의 브랜드를 만들어 소비자들에게 선택의 폭을 넓혀 주었습니다.

GM이 만든 서민을 위한 폰티악

GM이 만든 부유층을 위한 캐딜락

슬론은 서민을 위한 브랜드인 폰티악Pontiac부터 부유층을 위한 캐딜락Cadillac까지 다양한 가격대의 자동차 브랜드를 만들었습니다. 거기에다 모든 제품의 품질은 업계 최고 수준이었습니다.

GM이 고객들의 취향에 맞는 신차를 시장에 쏟아 내며 거센 돌풍을 일으키자, 포드자동차를 판매하는 딜러들은 '포드모델 T'를 뛰어넘는 새 모델을 만들어 달라고 본사에 요구했습니다. 그렇지만 포드는 세상의 변화에 적응하려고 하지 않았습니다. 아집에 빠져 있던 포드는 미국인들에게 필요한 자동차는 오직 '포드모델 T'밖에 없다고 주장하며 이미 한물간 구형 모델에 대한 집착을 놓지 못했습니다.

포드의 지나친 고집으로 포드자동차는 내리막길을 걷기 시작했습니다. '포드모델 T'에 대한 수요가 지속적으로 감소하자, 포드자동차는 1927년 5월 31일 1,500만 7,033번째 차량을 마지막으로 '포드모델 T'의 생산을 중단했습니다. 포드자동차가 부진을 면치 못하는 사이 슬론이 이끄는 GM은 폭발적인 성장을 거듭해 1930년대에 접어들자 포드자동차를 제치고 미국 최대의 자동차 회사로 등극했습니다.

슬론은 GM이 업계 1위로 올라선 이후에도 방심하지 않고 계속 내부혁신을 이끌어 갔습니다. 그는 인재를 적재적소에 등용하는 것이 회사가 제대로 운영되기 위한 필수 조건이라 생각해 인재 등용에 많은 시간을 할애했습니다. GM에서는 학벌이나 인종에 상관없이 오직 능력에 따라 위치가 정해졌고, 회사에 기여하는 만큼 반드시 대가를 받을 수 있었습니다. 이는 포드가 직원들의 능력보다는 해리 베넷 같은 측근에 의지해 회사를 경영한 것과 대비되는 점입니다.

1956년 경영 일선에서 물러날 때까지 33년 동안 회사를 이끌면서, 슬론은 미국을 넘어 세계 최대의 자동차 회사로 GM을 성장시켰습니다. 반면에 포드자동차는 시장에서 밀려나면서 예전의 영광을 되찾을 수 없었습니다.

떠나가는 포드

포드는 말년에 강한 아집으로 인해 회사를 위기로 몰아넣기도 했습니다. 하지만 오늘날에도 미국인들을 대상으로 존경하는 경영인을 물으면 포드가 빠지지 않을 정도로 그는 미국 사회에 큰 영향을 미치고 있습니다.

포드는 엄청난 재산을 가졌지만 죽는 날까지 검소하게 생활했습니다. 또한 기술자, 발명가, 농부들과 같이 현장에서 땀 흘려 일하는 사람을 무척 좋아했고, 자신도 죽기 전까지 자동차 연구를 계속했습니다.

그가 말년에 이르러서도 누구보다 뛰어난 기술자였음을 증명해 주는 일화가 있습니다. 추운 날씨로 악명 높은 디트로이트의 어느 겨울날, 동네에서 솜씨가 출중하기로 소문난 한 정비사의 자동차가 운행

미국 자동차 산업을 일으킨
헨리 포드와 포드자동차

중 고장 나 길에 멈추었습니다. 정비사는 이것저것 손보며 고장의 원인을 찾으려 했지만, 도저히 알아낼 수 없었습니다. 날씨는 점점 추워져 어찌할 바를 모를 때 지나가던 자동차 한 대가 멈추더니, 여든 넘은 노신사 한 분이 차에서 내려 "도와드릴까요?"라고 말을 건넸습니다.

정비사는 속으로 '디트로이트에서 가장 유명한 정비사인 나도 못 고치는 차를 노인이 고치겠다니……'라는 생각을 하며 물끄러미 노인을 바라보았습니다. 노신사는 차의 몇 군데를 손보더니 시동을 걸어 보라고 했습니다. 자동차 키를 돌리는 순간 시동이 쉽게 걸리자 정비사는 깜짝 놀랐습니다. 노신사는 자동차가 고장 나면 연락하라고 말하면서 명함을 주었습니다. 거기에는 '헨리 포드'라 적혀 있었습니다. 이처럼 포드는 둘째가라면 서러워할 정도로 자동차에 대해 열정과 전문지식을 갖춘 사람이었습니다.

포드는 본인이 뛰어난 엔지니어 출신이었던 만큼 이공계 기술자를 우대해 주었습니다. "교도소 출신이건 하버드대 졸업생이건 내겐 마찬가지다. 우리는 사람을 채용하는 것이지 사람의 과거를 채용하는 것이 아니다."라고 말하며 엔지니어의 잠재능력을 중시하고 스펙에는 거의 관심을 두지 않았습니다.

어느 날 라디오 프로그램에 출연한 포드에게 사회자가 한 가지 질문을 했습니다. 당시 최고의 인기 프로그램 '전국퀴즈대회'에서 한 남자가 우승을 차지해 '미국을 통틀어 가장 머리 좋은 사람'이라 불렸는데, 사회자가 포드에게 "이 사람을 고용한다면 어느 정도의 급여를 줄 것입니까?"라고 물은 것입니다. 포드는 "25달러에서 30달러가 적당합니다."라고 말했습니다.

임금이 너무 적은 탓에 깜짝 놀란 사회자가 그 까닭을 묻자 "그 남자는 지식이 많고 암기력이 좋은 사람임에 틀림없습니다. 하지만 그가 알고 있는 것은 전부 백과사전에 나와 있는 사실들입니다. 따라서 백과사전 가격과 비슷한 정도의 월급은 줄 수 있지만, 그 이상은 줄 수 없습니다."라고 답했습니다.

사회자는 또 다시 어떤 사람이 포드자동차에서 높은 급여를 받을 수 있는지 물었습니다. 그러자 "저보다 큰 꿈을 가진 사람, 어떤 문제든지 적극적으로 나서서 해결하려는 사람이라면 저보다 많은 임금을 받을 수 있습니다."라고 대답했습니다. 이처럼 포드는 학교에서 쌓은 지식보다는 삶의 경험에서 우러나온 지혜와 창의력, 그리고 뜨거운 열정이 있는 사람을 높이 평가했습니다.

최고의 엔지니어 출신 경영자였던 포드는 남보다 뛰어난 장점도 많았지만, 고집이 너무 강해 가족들에게 고통을 주었다는 오점도 남겼습니다. 1943년에 아들이 죽자 포드는 다시 최고경영자의 자리에 올랐으나 2년 만에 며느리, 손자와의 갈등으로 권좌에서 쫓겨나듯이 내려와야 했습니다. 그 후 포드는 아내와 함께 고향으로 돌아가서 말년을 보내다가 2년 만에 세상을 떠나고 말았습니다.

1947년 4월 7일 포드가 세상을 떠나자 그의 업적을 기리기 위해 미국 내 모든 자동차 생산 라인이 1분 동안 멈추기도 했습니다. 이후 포드자동차는 자손들이 물려받아 오늘날에도 미국 제2위의 자동차 회사로 명맥을 유지하고 있습니다.

포드시스템이 남긴 문제

컨베이어벨트를 이용해 대량으로 제품을 생산하는 포드시스템은 시간이 흐를수록 자동차 생산뿐 아니라 모든 영역에 적용되었습니다. 자동차에서 껌 생산에 이르기까지 사람들이 소비하는 제품들은 모두 포드시스템을 적용시킬 수 있어서 이전에는 상상도 할 수 없을 정도로 대량생산이 가능해졌습니다.

그렇지만 처음부터 끝까지 제품생산을 책임지는 장인匠人은 점차 사라지고 종일 단순 작업만 기계처럼 반복하는 노동자들이 늘어나면서 문제가 생겼습니다. 노동자는 더 이상 노동이 주는 성취감을 느낄 수 없게 되었습니다. 또한 인간 역시 언제든지 교체될 수 있는 하나의 부품처럼 다루어지면서 노동자의 지위가 위태로워지기 시작했습니다.

포드시스템으로 값싸고 품질 좋은 제품을 대량으로 생산·소비할 수 있게 되자 물질적으로 풍요로운 시대가 열렸습니다. 하지만 정신적으로는 이전보다 황폐해지는 부작용도 나타났습니다. 또한 대량생산 체제는 주기적인 경제 불황의 원인이 되었습니다. 제품이 팔리지

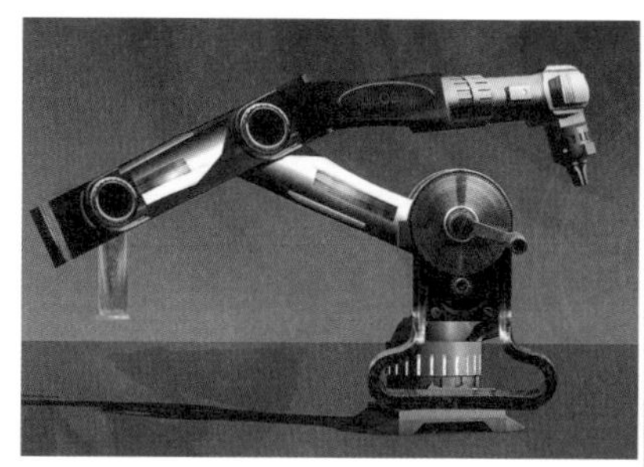

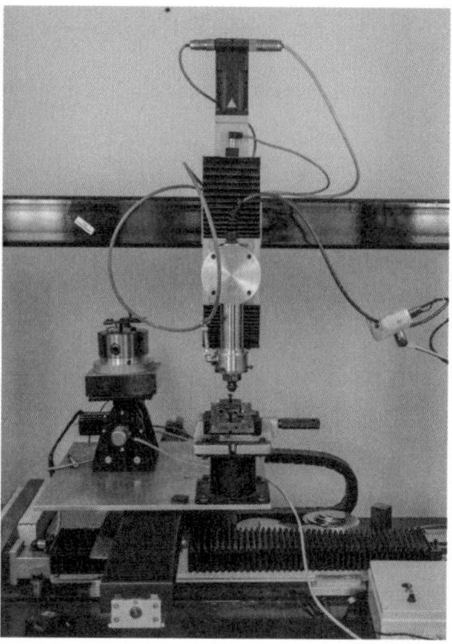

산업용 로봇

않아 재고가 산더미처럼 쌓이게 되면 기업은 노동자를 해고함으로써 필사적으로 손실을 줄이고자 합니다. 그런데 기업마다 일자리를 줄여 실업자가 늘어나면 구매력 감소로 인해 더 많은 재고품이 남게 되고 결국에는 극심한 불황으로 빠져드는 악순환이 반복됩니다.

1929년 미국에서 발생한 경제 대공황은 대량생산 대량소비 체제가 불러온 부작용이었습니다. 경제 대공황 당시 공장의 창고마다 물건이 산더미처럼 쌓여 있었지만, 제품을 구매할 소비자가 없어 인류 최악의 경기침체를 맛보아야 했습니다. 이런 상태는 지금껏 인류가 생산부족으로 빈곤에 시달려왔던 것과는 상반되는 현상이었습니다. 포드시스템은 환경파괴 문제도 더욱 심각하게 만들었습니다. 대량생산을 위해 자연이 파헤쳐졌고 대량소비 후 발생하는 쓰레기로 지구는 몸살을 앓게 되었습니다.

한편, 포드시스템은 노동자의 권익 향상에 큰 영향을 미쳤습니다. 같은 조립 라인에서 같은 옷을 입고 같은 제품을 만들게 된 노동자는 동질의식을 갖게 되었고, 이는 노동조합의 활성화로 이어졌습니다. 이때부터 노동자들은 자신의 권익을 향상시키기 위해 단체행동에 나섰고, 시간이 지날수록 회사 경영진은 물론 심지어 정부에도 막강한 영향력을 행사하기 시작했습니다.

하지만 21세기 들어 산업공학의 발달로 공장 자동화가 빠르게 진행되면서 노동자의 지위는 예전만 못하게 되었습니다. 산업현장에서는 로봇이 급속도로 노동자를 대체하고 있어, 노동조합을 통한 노동자의 권익 향상은커녕 일자리를 지키는 것도 쉽지 않게 되었습니다. 이제 포드시스템은 선진국을 중심으로 낡은 시스템으로 평가받고 있습니다. 소비자의 욕구가 다양해지면서 소품종 대량생산에서 다품종 소량생산 사회로 세상이 변했기 때문입니다. 선진국 사람들은 자기만의 개성을 추구하며, 가격은 비싸더라도 남과 다른 제품을 원하게 되면서 획일화된 상품을 예전만큼은 선호하지 않게 되었습니다.

들여다보기

★

대통령 전용차

초대 대통령 조지 워싱턴부터 제26대 시어도어 루스벨트까지 미국 대통령은 마차를 타고 다녔다. 대통령 전용차는 제27대 윌리엄 태프트 때부터 이용되었다. 미국 대통령의 첫 번째 전용차는 예상외로 이름 없는 브랜드의 친환경적인 전기자동차였다.

헨리 포드는 포드자동차를 최고급 브랜드로 인식시키기 위해 대통령 전용차 제작에 나섰다. 그는 대통령만을 위한 전용차인 '링컨 컨티넨탈'을 만들어 당시 백악관 주인이던 제32대 대통령, 프랭클린 루스벨트의 선택을 받았다. 루스벨트가 '링컨 컨티넨탈'을 흔쾌히 대통령 전용차로 삼은 것은 과거의 쓰라린 경험 때문이었다.

1933년 2월, 대통령 취임식을 앞두고 마이애미를 방문한 루스벨트는 지붕을 접었다 펼 수 있는 컨버터블convertible 차량을 타고 카퍼레이드를 벌였다. 그때 마피아의 사주를 받은 암살범으로부터 총격을 받았는데 다행히 루스벨트는 목숨을 건졌지만 옆에 있던 측근이 죽고 말았다. 이 사건으로 그는 큰 충격을 받았다.

1939년, 포드자동차가 방탄 기능을 갖춘 대통령 전용차를 만들어 탈 것을 제안하자 루스벨트는 기꺼이 받아들였다. 게다가 1939년은 제2차 세계대전이 일어난 해이기도 했다. 도처에 미국 대통령의 목숨을 노리는 사람이 있었기 때문에 방탄 차량은 필수적이었다. 이후 GM도 최고급차 브랜드인 '캐딜락'을 만들었지만 대부분의 미국 대통령들은 링컨 컨티넨탈을 선호했다.

대통령 전용차이자 고급차인 '링컨 컨티넨탈'로 명성을 얻은 포드자동차의 좋은 이미지에 먹칠을 하는 사건이 발생했다. 1963년 텍사스 댈러스를 방문한 존 F. 케네디 대통령이 포드 컨버터블 차량의 지붕을 연 채 카퍼레이드를 벌이다가 온 국민이 보는 앞에서 암살자가 쏜 총에 의해 죽은 것이다. 이때 '포드자동차는 대통령이 암살당한 차'라는 불운의 이미지가 덧씌워지고 말았다.

링컨 컨티넨탈의 전성기는 1980년대 초 로널드 레이건이 대통령 전용차로 캐딜락을 선정하면서 막을 내렸다. 이후 GM은 계속해서 캐딜락을 대통령 전용차로 공급하기 위해 전담부서를 따로 두는 등 많은 노력을 기울였다. 전용차의 이름을 '캐딜락 원Cadillac One'이라고 짓고, 테러로부터 미국 대통령을 지키기 위해 모든 신기술을 적용했다. 차체는 기관총은 물론 미사일 공격에도 끄떡없도록 특수강철, 티타늄, 세라믹, 탄소섬유 등 첨단 소재를 사용했다. 창문 역시 강력한 성능의 방탄유리로 만들었는데 자동차 문짝의 두께가 20cm가 넘고 무게도 많이 나가다 보니 건강한 경호원도 힘을 들여야 열 수 있다. 다만 방탄유리의 특성으로 인해 창밖의 사물들이 찌그러져 보이는 단점이 있다.

또한 지뢰의 폭발에도 견딜 수 있도록 차량 밑바닥도 두꺼운 강철로 제작하고 타이어는 강화섬유로 만들어 웬만해서는 터지지 않도록 했다. 만약 타이어가 터지더라도 시속 80km 이상으로 달릴 수 있도록 설계했다. 이외에도 화염방사기나 화염병을 이용한 공격에도 견딜 수 있도록 방화처리가 되었다. 만의 하나 독가스를 이용한 화학무기 공격을 당해도 문제없도록 차량의 트렁크에는 산소공급장치가 준비되어 있다.

'캐딜락 원'을 운전하는 사람은 대통령 경호원 중에서 선발되는데 어떤 상황에서도 대처할 수 있도록 특수한 훈련을 받는다. 또한 똑같은 차량 3대를 동시에 운행해 대통령이 어떤 차에 탔는지 모르게 한다.

이처럼 많은 비용과 시간을 들여 대통령 전용차를 만들지만 현직 대통령의 임기가 끝남과 동시에 GM은 그동안 사용했던 '캐딜락 원'을 폐기한다. 그리고 더욱 성능이 강화된 새로운 차량을 새롭게 선출된 대통령에게 제공한다. 3대밖에 만들지 않는 '캐딜락 원'은 차량 납품 가격보다 개발비가 훨씬 많이 들어 금전적으로는 손해다. 그러나 세계를 움직이는 미국 대통령이 선택한 최고의 자동차라는 좋은 이미지를 얻을 수 있기 때문에 계속 대통령 전용차를 공급하기 위해 노력한다. 한편 포드자동차는 대통령 전용차 공급업체 자리를 되찾기 위해 치열한 경쟁을 벌이고 있다.

07

금융재벌

존 피어폰 모건

세계 최대의 금융제국을 세운 투자가 (1837 ~ 1913)

미국을 금융 산업의 선두주자로 올려 놓은 모건 가문의 투자가이다. 1861년 남북전쟁을 기회로 군인들과 결탁, 불량 군수물자를 납품해 엄청난 부를 쌓았다. 또한 철도와 전신 사업에 뛰어들어 미국 4대 철도업자로 성장했으며, 에디슨을 후원하기도 했다. 이후 다시 철강산업과 초호화 유람선 사업에 진출, 손대는 사업마다 미국 최고의 기업으로 성장시켰다.

금융 제국의 시작

오늘날 미국의 금융 산업은 타의 추종을 불허하는 막강한 경쟁력을 갖추고 있습니다. 뉴욕 월스트리트에 밀집해 있는 금융기관들은 세계 금융시장을 무대로 해마다 천문학적인 수익을 거두어들이고 있습니다.

미국이 금융 산업의 선두주자로 오른 데는 모건 가문의 역할이 절대적이었습니다. 모건 가문의 뿌리 격인 마일스 모건Miles Morgan은 영국 남서부 웨일스Wales 사람으로 17세기 초반에 미국으로 건너왔습니다. 그는 여느 이민자처럼 새로운 땅에서 적응하기 위해 피나는 노력 끝에 고향에서 살던 것보다 나은 삶을 살았습니다. 이후 마일스 모건의 후손들은 계속 부를 늘려 나갔습니다. 주니어스 스펜서 모건Junius Spencer Morgan에 이르

어린 시절의 존 모건

존 모건에게 재산 증식의 기회를 준 남북전쟁

러서는 은행을 소유할 정도로 큰 재산을 모았습니다.

1837년 4월, 주니어스 스펜서 모건은 훗날 세계 최대의 금융제국을 만들게 되는 아들 존 피어폰 모건John Pierpont Morgan(이하 존 모건)을 얻었습니다. 존 모건은 어렸을 때부터 매우 총명하고 꼼꼼해 한 번 본 것은 잊는 법이 없었습니다. 야심이 컸던 주니어스 스펜서 모건은 사업을 획기적으로 성장시키려면 미국을 넘어 유럽까지 진출해야 한다고 판단했습니다. 이를 위해 아들 존 모건이 고등학교를 졸업하자 그를 유럽으로 떠나보냈습니다.

존 모건은 독일과 영국 등지에서 공부하며 미국과 다른 유럽 문화를 접하게 되었습니다. 유럽 유학을 통해 선진문물을 받아들였을 뿐 아니라, 탄탄한 인맥도 형성했습니다. 미국으로 돌아온 존 모건은 아버지의 은행에서 일을 배우면서 사회경험을 쌓아 나갔습니다.

1861년 남북전쟁이 일어나자, 존 모건은 전쟁이야말로 돈을 벌 최고의 기회라고 생각해 집을 떠나 뉴욕으로 갔습니다. 그리고 북군 지휘관들과 친분 쌓기에 나섰습니다. 남북전쟁 당시의 미국은 부정부패가 만연한 사회였습니다. 고위 관료나 정치인에게 뇌물을 제공하면 안 되는 일이 없을 정도로 사회가 혼탁했습니다.

탐욕스러운 군인들과 결탁한 존 모건은 뇌물을 매개로 군용물자를 대량 공급할 기회를 잡았습니다. 처음으로 자기 사업을 시작한 그는 악덕 상인의 전형이나 다름없었습니다. 그가 납품한 총은 방아쇠를 당겨도 제대로 격발되지 않았고, 군화는 하루도 지나지 않아 밑창이 떨어져 나갔습니다. 존 모건으로 인해 북군의 희생자가 늘어나자 국방부 장관이 물러나기도 했습니다. 불량 군수물자 때문에 북군은 막대한 인명손실을 입었지만 존 모건을 비롯한 악덕 상인들은 엄청난 부를 축적했습니다.

군수업자들의 비리를 보다 못한 당시 미국 제16대 대통령 에이브러햄 링컨은 '부당청구금지법'을 제정해 공무원의 부정부패 행위에 철퇴를 내리기도 했습니다. 부당청구금지법이란 누구라도 부정이나 거짓된 방법을 동원해 정부에 손해를 끼치면 패가망신할 정도로 막대한 배상금을 물어내도록 하는 강력한 법이었습니다. 부당청구금지법 제정 이후 미국은 공무원 비리가 크게 줄어들어 깨끗한 사회로 거듭났습니다.

철도와 전신 사업

1864년, 존 모건은 아버지로부터 재산을 물려받아 재산이 더욱 불어났습니다. 이듬해 남북전쟁이 북군의 승리로 마무리되자, 그는 새로운 기회를 찾아 나섰습니다. 그의 시선을 사로잡은 것은 철도였습니다. 동부 대서양에서 서부 태평양까지 이어진 미국 대륙은 그 면적이 광대해서 걷거나 말을 타고 횡단하기가 쉽지 않습니다. 그러므로 방대한 미국 대륙을 잇는 철도건설이 반드시 필요했습니다.

1869년 미국 동부와 서부를 연결하는 대륙횡단철도가 개통되자, 미국 전역에서 철도건설 붐이 일어났습니다. 이와 더불어 철도와 불가분의 관계에 있던 전신* 사업도 크게 활성화되었습니다. 1876년 알렉산더 그레이엄 벨Alexander Graham Bell이 전화기를 발명하기 이전까지 전신은 가장 빠른 통신수단이었습니다. 전신망의 대부분은 철도와 함께 부설되어 철도역마다 전신소가 있었습니다.

존 모건은 나날이 성장하는 철도와 전신 사업에 진출하면 큰돈을 벌 것이라고 여겨 그동안 모은 돈의 대부분을 쏟아부었습니다. 당시 200여 개나 난립한 철도회사 가운데 가장 작은 회사를 인수하는 것을 시작으로, 계속 철도회사를 사들였습니다. 그는 인수하는 회사마다 과감한 구조조정을 실시해 불필요한 인력을 정리하며 경영 효율성을 극대화했습니다. 아무리 부실한 회사도 존 모건의 손을 거치면

* 문자나 숫자를 전기 신호로 바꿔서 전송하는 통신 방법.

대륙횡단 철도역마다 있었던 전신소

튼튼한 회사로 거듭났을 정도로 그는 젊은 시절부터 뛰어난 경영수완이 있었습니다.

오래지 않아 존 모건은 미국 4대 철도업자로 성장했습니다. 그가 운영한 철도회사는 무려 30억 달러 이상의 가치를 갖는 거대기업으로 성장했습니다. 전신 사업에도 손을 뻗친 그는 통신회사 웨스턴 유니언Western Union을 인수했습니다. 마침 그곳에는 훗날 발명왕으로 명성을 날리게 되는 토머스 에디슨이 직원으로 있었습니다. 당시만 하더라도 에디슨은 무명의 전신 기사에 지나지 않았지만, 톡톡 튀는 아이디어로 주위 사람들의 주목을 받았습니다.

사람 보는 안목이 남달랐던 존 모건은 에디슨의 재능을 높이 평가해, 에디슨이 웨스턴 유니언을 퇴사한 후에도 그를 밀어주기로 마음먹었습니다. 에디슨의 특허를 비싼 값에 사주기도 하고, 1878년에는 '에디슨 전기조명회사'에 연구개발비를 후원했습니다. 뛰어난 기술을 가진 에디슨은 막대한 돈을 가진 존 모건의 전폭적인 후원을 받게 되면서 수많은 발명품을 쏟아 냈습니다. 1879년 10월 21일, 에디슨은 필라멘트를 이용해 40시간 이상 사용 가능한 실용 백열전구를 개발하는 데 성공하면서 존 모건을 기쁘게 했습니다.

존 모건은 세계 최초의 벤처투자자*로 불려도 손색이 없을 정도로 기술에 과감히 투자해 새로운 산업을 일구려고 노력했습니다. 그렇지만 에디슨이 최초로 상업화시키는 데 성공한 직류전기가 니콜라 테슬라Nikola Tesla의 교류전기에 밀려 시장에서 퇴출되자 에디슨과의 관계를 정리하고자 했습니다. 1891년, 존 모건은 대주주의 힘을 발휘해 에디슨을 쫓아내면서 그동안 맺었던 관계를 정리했습니다. 그리고 1892년, 회사 이름을 GE(제너럴 일렉트릭)로 바꾸었습니다. 설립자이자 발명왕이었던 에디슨은 회사에서 쫓겨났지만, GE는 에디슨 없이도 잘 운영되어 훗날 세계적인 대기업으로 성장했습니다.

US스틸의 탄생

연이은 사업 성공으로 막대한 돈을 벌게 된 존 모건은 1900년대부터 철강 산업에 집중하기 시작했습니다. 20세기 들어 미국도 유럽처럼 산업화가 빠르게 진행되면서 철강에 대한 수요가 해마다 큰 폭으로 늘어났습니다. 존 모건이 그동안 여러 철강회사를 인수하면서 몸집을 불렸지만, 당시 미국 최대 철강회사는 단연 '철강왕'이라 불리

* 고도로 참신한 기술이나 아이템으로 모험적 경영을 하는 중소기업에 투자하는 자본가.

던 앤드류 카네기Andrew Carnegie의 회사 '카네기철강'이었습니다.

카네기철강은 설립 이후 한 번도 적자를 낸 적이 없었을 정도로 튼튼했으며 기술력도 세계 최고 수준이라 오래전부터 존 모건이 탐을 내고 있었습니다. 마침 1892년 카네기철강 사업장에서 일어난 노사 간의 유혈 충돌을 계기로 카네기가 경영에 흥미를 잃자, 존 모건은 카네기철강을 인수하기 위한 작업에 들어갔습니다. 그는 카네기의 오른팔이자 후계자였던 찰스 슈왑Charles Schwab을 매수해 카네기철강을 자신에게 넘기도록 부추겼습니다.

당시 인생에 대한 회의감에 빠져 있던 카네기는 더는 치열하게 살고 싶지 않아 존 모건에게 회사를 넘기기로 했습니다. 그는 존 모건을 만난 자리에서 4억 8천만 달러라는 금액이 적혀 있는 종이를 건넸고, 존 모건은 군말 없이 카네기의 요구를 받아들였습니다.

철강업계 1위 카네기철강을 인수한 존 모건은 자신 소유의 철강회사와 합쳐 'US스틸'이라는 미국 최대의 종합철강회사를 탄생시켰습니다. 한때 US스틸은 미국 철강 생산량의 절반 이상을 차지하며 미국을 세계 최대의 철강 대국으로 이끄는 견인차 역할을 했습니다. US스틸의 주가는 지속적으로 상승해서 마침내 존 모건은 10억 달러에

손대는 사업마다 미국 최고의 기업으로 만든 존 모건

이르는 시세 차익을 누리게 되었습니다. 이는 회사 인수 당시 카네기에게 주었던 돈의 두 배가 넘는 금액입니다.

존 모건은 손대는 사업마다 미국 최고의 기업으로 만들면서 셀 수 없이 많은 돈을 벌어들였습니다. 다만 '철강왕' 카네기나 '석유왕' 록펠러와 달리 기부나 자선사업에는 관심이 없었습니다. 그는 평소 기부를 해 달라고 찾아오는 사람들을 향해 "나는 가난한 사람들에게 아무런 빚도 없다. 기업인은 돈을 좇는 사람인만큼 사업가에게 기부나 선행 같은 공익을 요구해서는 안 된다."라고 일침을 놓았습니다.

존 모건은 말 그대로 냉혹한 사업가였습니다. 심지어 남과 어울리는 일조차 좋아하지 않았습니다. 사교 모임에 나가 사람 사귀는 것도 좋아하지 않았고 집에 손님을 초대하는 일도 손에 꼽을 정도로 적었습니다. 사치를 좋아하지도 않았던 존 모건은 오직 돈 버는 일에만 관심이 있었습니다.

올림픽호와 타이타닉호

20세기 들어 미국과 유럽의 교류가 빈번해지자, 대서양을 가르며 승객들을 수송하는 여객선 사업이 큰 호황을 맞았습니다. 존 모건 역시 돈 되는 일이라면 물불을 가리지 않았기 때문에 여객선 사업에 뛰어들었습니다. 그는 영국의 여객선 회사 화이트스타라인White Star Line에 대규모 투자를 하면서 최대주주 지위에 올랐습니다.

1845년 창업한 화이트스타라인은 영국 굴지의 여객선 회사로서 세계 최대 수준의 선박을 다량으로 보유하고 있었습니다. 1911년 6월 14일, 화이트스타라인은 당시로서는 세계에서 가장 크고 화려했던 올림픽호를 출항시키며 초호화 선박의 새로운 장을 열었습니다. 올림픽호는 마치 바다 위를 떠다니는 호텔처럼 거대하면서도 안락했습니다. 이로 인해 그동안 무척 불편했던 대서양 횡단은 즐거운 여행길이 될 수 있었습니다.

올림픽호는 세상에서 가장 크고 호화로운 배라고 알려져 첫 출항 전부터 한 달치 좌석이 모두 매진되었고, 이후에도 승객들을 가득 태운 상태로 영국과 미국을 오가며 회사에 막대한 이익을 가져다주었습니다.

초대형 호화 여객선으로 알려진 올림픽호를 타려는 사람이 너무 많아지자 표를 예매하려면 최소 한 달 이상 기다려야 했습니다. 그러나 계속 큰돈을 벌어 줄 것만 같았던 올림픽호는 첫 출항을 시작한 지 3개월 만에 애물단지가 되었습니다.

1911년 9월, 올림픽호는 영국 남부 해안의 항구도시 사우샘프턴Southampton 인근 해역에서 영국 군함과 충돌하는 사고를 당했습니다. 이 사고로 선체가 반파되면서 대대적인 수리가 필요한 상태가 되었습니다. 더구나 충돌 사건의 시시비비를 가리는 재판에서 법원이 군함을 제대로 확인하지 않은 올림픽호 선장의 책임이 크다고 판결을 내리자 군함 수리비까지 물어야 하는 최악의 상황으로 갔습니다.

반파된 올림픽호를 수리하는 데만도 천문학적인 비용이 드는 상황에 군함 수리비까지 배상하게 되면서 회사의 자금 사정이 급속도로 악화되었습니다. 화이트스타라인 최대 주주였던 존 모건은 신속한 문제 해결을 촉구했습니다. 사실상 배의 운행이 더는 불가능한 상태였지만, 충돌사고가 난 지 5개월 만에 올림픽호는 다시 대서양 노선에 투입되었습니다.

하지만 사고 당시 큰 충격을 받은 올림픽호는 예전의 튼튼한 배가 아니었습니다. 수시로 고장을 일으켜서 운행이 중단되는 일이 잦았습니다. 게다가 갖가지 크고 작은 충돌사고가 이어지면서 승객들을 불안하게 만들었습니다. 사람들이 올림픽호를 멀리하기 시작하면서 배는 정원의 3분의 1 정도만 겨우 태운 채 적자 운행을 지속했습니다.

엎친 데 덮친 격으로 올림픽호가 가입돼 있던 보험회사에서 일방적으로 보험계약 해지를 선언해, 화이트스타라인은 더욱 궁지로 몰렸습니다. 올림픽호와 같이 거대한 여객선에서 해상사고가 발생하면 사태수습을 위해서 천문학적인 돈이 필요합니다. 이는 아무리 큰 여객선 회사라 해도 감당할 수 없는 비용이기에 보험 가입이 필수적입니다. 올림픽호로 인해 재정난을 겪는 데다가 그 선박에 대하여는 무보험 상태까지 가게 된 화이트스타라인은 창립 이래 최대 위기를 맞이하게 되었습니다. 만약 올림픽호에 사고라도 발생하는 날에는 회사 전체가 무너질 수도 있었습니다.

그런데 올림픽호가 등장한 지 1년 만인 1912년, 마치 쌍둥이처럼 크기와 모양이 비슷한 타이타닉호가 세상에 모습을 드러냈습니다. 타이타닉호는 길이가 269m나 되고 배를 움직이는 증기기관 하나가 3층 건물 크기였을 정도로 큰 배였습니다. 크기만 대단한 것이 아니라 내부 인테리어도 화려하기 그지없어 부자들의 마음을 사로잡았습니다.

화이트스타라인은 사활을 걸고 제작한 타이타닉호를 '세상에서 가장 크고 안전한 배, 신도 침몰시킬 수 없는 배'라며 대대적인 홍보에

올림픽호

타이타닉호

나섰습니다. 타이타닉호의 첫 항해에는 대주주였던 존 모건도 초청되어 측근들과 배를 타기로 예약되어 있었습니다.

1912년 4월 10일 타이타닉의 출항 전, 존 모건은 갑자기 병을 이유로 승선을 거부했습니다. 존 모건뿐 아니라 그의 주변 사람들도 하나같이 이런저런 이유를 들어 승선하기를 거부해 타이타닉호는 존 모건 일행을 제외한 채 첫 항해에 나섰습니다. 승객과 승무원을 합쳐 2,200여 명을 태운 타이타닉호는 영국 사우샘프턴 항을 떠나 뉴욕을 향해 바닷길을 나섰습니다.

타이타닉호는 빠른 속도로 대서양을 가로지르며 미국을 향해 나아갔습니다. 그런데 회사는 운행 거리를 단축해야 한다며 선장 에드워드 존 스미스E. J. Smith에게 안전한 기존 항로 대신 북대서양 뉴펀들랜드 항로를 이용해 대서양을 횡단할 것과 초고속으로 항해할 것을 지시했습니다.

존 스미스 선장

뉴펀들랜드 항로는 북극과 가까워서 빙하에서 떨어져 나온 유빙과 충돌하는 사고가 잦았기 때문에 선박들이 기피하던 항로였습니다. 더구나 타이타닉호가 운항을 시작한 4월에는 유빙이 더욱 많을 때라서 경험이 풍부한 선장들은 더욱 그 지역을 멀리했습니다. 그러나 타이타닉호 선장은 회사의 명령에 따라 유빙이 넘쳐나는 뉴펀들랜드 항로로 배를 이끌었습니다. 결국 1912년 4월 14일 밤, 타이타닉호는 출항한 지 4일 만에 북극에서 떠내려 온 거대한 유빙과 충돌해 침몰하고 말았습니다.

타이타닉호가 완전히 침몰하기까지는 2시간 30분이 넘는 적지 않은 시간이 걸렸습니다. 배 안의 모든 승객이 충분히 대피할 수 있는 시간이었지만 구명보트가 부족했습니다. 회사 측이 탑승인원의 절반 정도만 사용할 수 있는 적은 수의 구명보트를 실었기 때문입니다.

결국 1,500명 이상의 희생자를 낳은 20세기 최악의 해난사고로 기록된 이 사건은 미국과 유럽을 발칵 뒤집어 놓았습니다. 영국 정부는 회사 관계자를 불러 안전한 항로를 두고 굳이 위험한 항로로 타이타닉호를 보낸 이유를 추궁했지만 속 시원한 답변을 듣지 못했습니다.

사람들은 존 모건과 그 측근이 출항을 앞두고 하나같이 승선을 회피한 일을 두고도 의아하게 생각했습니다. 사전에 사고 가능성에 관한 정보가 없었다면 존 모건과 그의 주변 사람 모두가 타이타닉호를 타지 않는 일은 불가능하다고 보았기 때문입니다. 이처럼 타이타닉호 침몰 사건은 무엇 하나 속 시원히 밝혀지지 않은 채 사람들의 기억 속에서 잊혀 가는 듯했습니다.

사고 발생 80여 년 만인 1996년, 미국의 로빈 가디너Robin Gardiner 교수가 새로운 주장을 제기하면서 이 사건은 다시 한 번 세상의 주목을 받았습니다. 그는 바다에 가라앉은 배는 타이타닉호가 아니라 올림픽호라는 충격적인 주장을 했습니다. 당시 화이트스타라인이 보험계약 해지로 인해 정상적으로 활용할 수 없었던 올림픽호를 타이타닉호로 둔갑시켜서 굳이 사고 다발 지역으로 내보내 해저 4,000m의 심해에 침몰시킨 것이라고 강조했습니다.

가디너 교수는 화이트스타라인이 사고로 위장하려고 일부러 유빙이 넘쳐나는 뉴펀들랜드 해역으로 나가도록 조치했으며, 결국 타이타닉호로 둔갑한 올림픽호는 침몰되었다고 했습니다. 타이타닉호로 위장한 올림픽호가 침몰하자, 회사 측은 보험사로부터 무려 10억 달러 넘는 보험금을 타서 자금난을 일거에 해결하고, 무보험 상태의 올림픽호 역시 깨끗하게 수장했다는 주장입니다.

그도 그럴 것이 평소 잔고장이 너무 많아 제대로 운항조차 할 수 없었던 올림픽호는 타이타닉호 침몰 이후 23년 동안 별다른 고장 혹은 사고 없이 멀쩡하게 대서양 바다를 누비고 다녀 커다란 의혹을 불러 일으켰던 것입니다. 또 제1차 세계대전에도 투입되어 독일의 유보트(잠수함)를 격침하고 군함을 공격한 공까지 세웠습니다.

북대서양 한가운데 잠들어 있는 타이타닉호가 정말 올림픽호인지는 사고가 발생한 지 100년이 지났지만 아직도 의문으로 남아 있습니다. 무엇이 사실이든 간에 존 모건이 투자한 화이트스타라인은 거액의 보험금을 수령한 덕분에 재무상태가 급속도로 개선되어 초우량 여객선 회사로 거듭났습니다.

금융 위기를 해결한 금융왕

존 모건은 철도, 전신, 철강 등 온갖 사업에 손을 댔지만, 그의 본업은 금융업이었습니다. 아버지로부터 은행을 물려받은 그는 특유의 수완을 발휘해 'JP모건은행'을 미국의 최대 은행으로 성장시켰습니다.

1907년, 연초부터 세계 경제가 흔들리면서 미국 경제에는 불길한 그림자가 드리워지기 시작했습니다. 미국 은행은 1899년부터 시작된 남아프리카공화국의 보어전쟁*에 막대한 자금을 빌려주었습니다. 또 1904년에는 황제 치하의 제정러시아와 전쟁을 일으킨 일본에도 많은 돈을 빌려주었습니다. 그런데 빌려준 돈이 제대로 회수되지 않아 미국 은행은 자금난을 맞게 되었습니다.

은행들이 기업에 제대로 자금을 공급할 수 없게 되자 도산하는 기업체가 줄줄이 생겨났습니다. 또한 기업들이 도산하자 기존대출금을 회수하지 못한 은행들 역시 심각한 경영난에 빠지고 말았습니다.

이처럼 살얼음 위를 걷던 미국 경제는 오거스터스 하인츠F. Augustus Heinze라는 사람의 욕심으로 인해 본격적인 위기에 처하게 되었습니다.

미국의 구리왕 오거스터스 하인츠

* 1899~1902년 일어난 남아프리카 전쟁. 남아프리카공화국의 네덜란드계 백인인 보어인과 영국인 사이의 전쟁.

'미국의 구리왕'으로 불린 하인츠는 구리광산을 통해 많은 돈을 번 사람입니다. 광물을 팔아 큰돈을 번 그는 손쉽게 재산을 늘릴 방법을 찾던 중 주가조작의 세계로 뛰어들었습니다. 하인츠는 증권사를 인수한 후 지금까지 번 모든 돈을 주가조작을 위해 쏟아부었습니다. 그러나 끝내 자금 부족으로 실패하고 말았습니다. 가뜩이나 위태로웠던 주식시장을 그가 헤집어 놓는 바람에 1907년 10월, 주식가격이 대폭락을 거듭하며 주식시장은 붕괴 직전으로 몰렸습니다. 주가는 폭락하고 수많은 주식투자자는 큰 손실에 망연자실했습니다.

금융권에 위기가 몰아닥치자 불안감을 느낀 사람들은 너나 할 것 없이 은행으로 달려가 예금을 인출했습니다. 당시 미국에는 예금자를 보호하는 제도가 없었고 부실한 금융기관을 감독하는 정부기관도 없었습니다. 이로 인해 은행을 믿을 수 없었던 예금자는 앞다투어 은행으로 달려가 돈을 인출해 금고나 장롱 속에 보관했습니다.

미국 전역에 2만 5천 개가 넘던 크고 작은 은행들이 하나둘씩 쓰러지자, 미국 정부는 크게 당황하기 시작했습니다. 자본주의 국가에서 은행이 망하는 것은 나라가 망하는 것과 별반 다르지 않은 심각한 일입니다. 은행이 없다면 아무리 좋은 비즈니스가 있어도 기업이 자금을 마련할 길이 없어 사업을 확장할 수 없기 때문에, 해당 국가의 경제가 발전할 수 없습니다. 따라서 미국 정부는 유례를 찾을 수 없을 정도로 심각한 금융 위기를 해결하기 위해 미국 최고 갑부 중 하나인 존 모건에게 사태 수습을 부탁했습니다.

정부의 요구를 받아들인 존 모건은 미국 경제의 심장인 뉴욕 월스트리트의 대형은행 소유주들을 자신의 사무실로 불러 모았습니다. 그는 사무실 문을 걸어 잠근 후 반드시 살려야 할 우량기업의 명단을 제시하며 이들 회사에 자금을 지원하도록 압박을 가했습니다.

만약 누구라도 자신의 말을 따르지 않으면 사무실에서 내보내지 않겠다고 했습니다. 다만 존 모건은 자신이 시키는 대로 해서 금전적인 손해를 본다면 모든 책임을 자신이 떠안겠다는 약속을 했습니다. 이에 사무실에 모여 있던 모든 사람들은 존 모건의 말을 믿고 기업에 자금을 지원하기로 했습니다.

월스트리트의 대형은행 소유주들이 존 모건의 제안을 따른 것은 그에 대한 깊은 신뢰가 있었기 때문에 가능했습니다. 존 모건은 자신이 한 약속은 반드시 지키는 사람이었습니다. 그의 아버지는 자식들에게 "큰 성공을 이루려면 자신의 입에서 나온 말에 대해서 반드시 책임을 져야 한다."라고 말하며 신뢰가 사업가의 가장 중요한 자질임을 강조했습니다.

비록 존 모건이 남북전쟁 중 정부에 불량군수품을 납품했다는 오점은 남겼지만, 이후에는 모든 일을 정직하게 처리해 주변 사람들의 신뢰를 받았습니다. 그의 지시대로 대형 은행들이 우량기업에 자금 지원을 시작하자 부도 위기에 몰렸던 기업들이 살아났습니다.

기업들이 숨을 돌릴 즈음 이번에는 정부에 위기가 찾아왔습니다. 미국 최대의 도시이자 경제 수도였던 뉴욕시가 파산 위기에 몰렸기 때문입니다. 뉴욕시는 경제 위기로 세금이 제대로 걷히지 않아 소속 공무원의 급여를 줄 수 없을 정도로 재정난에 시달렸습니다. 문제해결을 위해 존 모건에게 손을 벌리자 그는 과감하게 뉴욕시에 돈을 빌려주었습니다. 미국의 경제 수도인 뉴욕시가 파산할 경우 그 파급력이 만만치 않으리라 생각했기 때문입니다.

뉴욕시가 존 모건 덕분에 안도의 한숨을 내쉴 무렵, 이번에는 뉴욕증권거래소가 파산 일보 직전까지 이르게 되었습니다. 뉴욕증권거래소는 미국을 대표하는 우량 기업들이 거래되는 자본시장이었지만 주가폭락의 영향으로 파산 위기에 몰렸습니다. 뉴욕증권거래소 최고경영자가 존 모건을 만난 자리에서 "이제 남은 것은 파산밖에 없다."라

뉴욕증권거래소

미국 대통령보다
큰 힘을 가진 존 모건을
풍자한 그림

고 푸념했을 정도로 사태는 심각했습니다.

1907년 10월, 미국을 뒤덮은 금융 위기는 대대적인 자금 지원을 위해 한 달 동안 이리저리 뛰어다니며 해결책을 내놓은 존 모건 덕분에 마침내 무사히 넘어갈 수 있었습니다.

일련의 사건을 통해 미국 사람들은 두 가지 사실을 깨달았습니다. 첫째는 존 모건이 가진 경제력이 미국 정부를 능가할 만큼 엄청나다는 사실이었습니다. 그는 막강한 경제력을 기반으로 미국 대통령 이상의 힘을 발휘할 수 있다는 사실을 금융 위기 때 온 세상에 보여주었습니다.

둘째로 이번에 닥친 금융 위기는 존 모건의 노력으로 간신히 넘겼지만, 그가 죽은 후 비슷한 위기를 맞게 되면 해결책이 없다는 점이었습니다. 따라서 언제 닥칠지 모르는 금융 위기에 적절히 대처하기 위해서는 특단의 대책이 필요하다는 공감대가 형성되었습니다.

미국 중앙은행

1913년, 민주당 출신 우드로 윌슨Woodrow Wilson 대통령이 집권하면서 그동안 존 모건에게 호의적이었던 분위기가 바뀌기 시작했습니다. 명문 프린스턴Princeton대학 총장 출신이었던 윌슨은 이전 정치인들과 달리 지배층의 이익보다는 노동자와 농민 등 사회적 약자들의 이익 보호에 적극적이었습니다. 그는 존 모건 같은 극소수 재벌에게 미국의 국부가 지나치게 몰려 있는 상황을 바꾸기 위해 대기업에 대한 다양한 규제조치를 마련했습니다.

그중 대표적인 것이 중앙은행의 설립이었습니다. 당시 미국을 제외한 선진국들은 중앙은행을 두고 있었습니다. 국가가 직접 운영하고 경제 전반에 절대적 영향력을 행사하는 중앙은행은 예금과 대출을 주 업무로 하는 시중은행과 달리 통화량과 이자율을 조절하며 국가경제의 중심을 잡는 역할을 합니다. 이를테면 시중은행이 자금난에 처해 예금자의 예금인출 요구를 들어줄 수 없는 경우, 중앙은행이 시중은행에 필요한 자금을 빌려줌으로써 은행의 도산을 막아낼 수 있습니다.

사회적 약자의 이익을 보호한 우드로 윌슨 대통령

또 중앙은행은 기준이자율을 정함으로써 경기를 조절할 수 있습니다. 경기가 불황일 경우 중앙은행은 이자율을 낮게 유지해서 기업이나 개인이 더 많은 돈을 빌릴 수 있도록 합니다. 이자율이 낮아지면 은행에서 돈을 빌려 간 대출자들은 매월 은행에 지급할 이자 부담이 줄어들기 때문에 더 많은 돈을 빌려 투자와 소비 활동을 하게 됩니다. 이 과정에서 경기가 회복됩니다.

반대로 경기가 과열되었을 경우, 이자율을 높이면 대출자들의 이자부담이 늘어납니다. 자연히 대출자들은 투자나 소비활동을 줄이게 되어 과열된 경기는 안정을 찾게 됩니다. 이처럼 국가경제의 안정적인 운영을 위해서 중앙은행은 반드시 필요합니다. 그렇지만 존 모건 같은 금융 자본가들이 과도한 주도권을 행사하던 미국에서는 존재할 수 없었습니다. 그 대신 존 모건 개인이 중앙은행 역할을 하면서 미국 경제를 이끌어 왔습니다.

1913년 3월, 존 모건은 북아프리카 이집트를 여행하다가 얻은 풍토병으로 이탈리아의 수도 로마에서 누구도 예상하지 못한 죽음을 맞이했습니다. 오랜 기간 금융계의 황제로 군림하던 존 모건의 죽음에 미국은 큰 충격에 휩싸였습니다. 뉴욕증권거래소는 임시 휴장을 하며 금융 황제를 추모했습니다. 특정 인물이 세상을 떠났다는 이유로 뉴욕증권거래소가 휴장하는 일은 그때까지 대통령이 서거할 때 외에는 없었지만 월스트리트의 금융인들은 모두 일손을 놓고 그의

미국만의 독특한 중앙은행, 연방준비제도 청사

죽음을 애도했습니다.

미국 100대 기업 중 철도, 전기, 철강 등 무려 40% 이상이 존 모건의 소유이거나 영향력 아래에 있는 상황이었습니다. 따라서 그의 사망은 미국 경제의 중심축이 크게 흔들리는 것과 다름없는 일이었습니다. 이는 앞으로 미국 경제에 위기가 찾아올 경우 더는 과거 존 모건이 처리했던 방식으로 문제를 해결할 수 없음을 의미했습니다.

우드로 윌슨 대통령은 존 모건이 사라진 지금이야말로 중앙은행 설립을 통해 월스트리트 금융 자본가의 힘을 줄일 수 있는 적기라고 판단했습니다. 이에 국가가 앞장서서 중앙은행 설립을 적극적으로 밀어붙였습니다. 1913년 12월 중앙은행 설립을 위한 연방 준비법이 제정되어, 드디어 미국에도 '연방준비제도'라는 미국만의 독특한 중앙은행이 만들어졌습니다.

미국을 제외한 대부분의 나라에서는 중앙은행의 소유와 운영이 국가의 몫입니다. 하지만 연방준비제도는 그렇지 않습니다. 정부가 설립을 주도했지만, 미국을 대표하는 모건 가문과 록펠러 가문, 유럽을 대표하는 로스차일드 가문 등이 소유하고 있는 민간단체입니다. 이는 미국이 정부의 경제 개입을 최소로 하는 것을 미덕으로 삼는 나라이기 때문에 가능한 일입니다.

제1차 세계대전과 JP모건

1913년 금융 황제 존 모건이 세상을 떠난 후, 그의 아들 잭 모건Jack Morgan이 아버지의 이름을 딴 회사 'JP모건'의 최고경영자가 되었습니다. 잭 모건 역시 그의 아버지처럼 탁월한 능력을 가졌지만 두 사람의 성격은 사뭇 달랐습니다. 존 모건이 비사교적이면서 검소했던 것에 반해 잭 모건은 매우 사교적이면서도 화려한 삶을 추구했습니다. 잭 모건의 대저택에서는 하루가 멀다 하고 파티가 벌어졌고 정치인, 기업인, 예술가 등 다양한 사람들이 그의 주변에 모여들었습니다.

경제 대공황을 계기로 큰 재벌이 된 잭 모건

아버지의 자리를 물려받은 이듬해, 잭 모건은 회사 성장을 위한 대도약의 기회를 잡았습니다. 1914년 유럽에서 제1차 세계대전이 일어나면서 전 세계가 전쟁의 소용돌이에 휘말린 것입니다. 아버지 존 모건이 남북전쟁을 통해 큰돈을 벌었던 것처럼 아들 잭 모건 역시 제1차 세계대전을 통해 한몫 보기 위해 최선을 다했습니다. 1915년, JP 모건은 영국 정부로부터 전시 자금조달 및 무기 매입 대리인으로 선정되는 큰 수확을 얻었습니다. 이후 JP모건은 영국에 전쟁비용을 대면서 천문학적인 이익을 챙겼습니다.

제1차 세계대전 당시 영국이 전쟁자금을 마련하기 위해 대거 발행한 국채도 JP모건이 주관하면서 막대한 수수료를 챙겼습니다. 게다가 JP모건은 미국 전역에 있는 군수공장에서 소총, 대포, 전차 등 다양한 무기를 구입해 영국에 비싼 값에 되팔아 큰 이윤을 남겼습니다. 얼마 지나지 않아 영국에 이어 프랑스까지 JP모건을 전쟁물자 대리인으로 선정함에 따라 더욱더 많은 돈을 벌었습니다.

잭 모건은 영국과 프랑스가 발행한 국채를 더 많이 팔기 위해 당대 최고의 영화배우 찰리 채플린Charles Chaplin을 내세우기도 했습니다. 찰리 채플린은 평소 잭 모건으로부터 거액의 영화 제작비를 지원받고 있었기 때문에 JP모건의 광고모델이 되어 달라는 요구를 거절할 수 없었습니다. 4년간 계속된 전쟁 기간에 잭 모건은 영국과 프랑스를 상대로 당시로서는 어마어마한 액수인 수십억 달러의 이윤을 남겨 주위 사람들을 놀라게 했습니다.

금융 산업의 역사에서 제1차 세계대전이 중요한 의미를 지니는 것은 전쟁을 계기로 세계 금융 산업의 중심이 영국에서 미국으로 이동했기 때문입니다. 18세기 후반, 영국은 산업혁명에 가장 먼저 성공한 후 전 세계를 대상으로 식민지 개척에 나서며 엄청난 자본을 끌어모을 수 있었습니다. 하지만 이때 벌어들인 돈을 제1차 세계대전 기간에 전쟁비용으로 탕진하면서 급속한 국력약화를 경험했습니다. 반면, 전쟁을 기회로 삼아 영국의 자본을 대거 흡수한 미국은 넘쳐나는 돈을 기반으로 세계 금융 산업의 중심 국가로 올라섰습니다.

두 얼굴의 경제 대공황

1929년 10월 24일, 미국 증시가 대폭락하며 전 세계에 경제 대공황이 몰아닥쳤습니다. 미국에서 경제 대공황이 시작된 것은 역설적이게도 그동안 미국 경제가 너무 좋았기 때문입니다. 제1차 세계대전 기간에 유럽 전역이 전쟁터로 변해 초토화되었지만, 미국은 본토에 폭탄 하나 떨어지지 않아 기존 생산설비를 그대로 보존했습니다.

더구나 유럽 각국에 엄청난 양의 전쟁물자를 수출하면서 미국의 생산력은 비약적으로 증가했습니다. 미국 곳곳에 유럽으로 보낼 군수물자를 만들기 위한 공장이 들어섰고, 이전에는 상상하지 못할 정도로 많은 양의 물자가 생산되었습니다.

하지만 1918년, 세계대전이 마무리되고 유럽 각국이 전후 재건에 나서면서 상황이 급변했습니다. 유럽 국가들은 더는 예전만큼 미국

대공황으로 넘쳐나는 실업자

상품을 수입해 가지 않았습니다. 기업마다 막대한 양의 재고품을 해결하지 못해 인원을 감축하고 공장 문을 닫아야 했습니다. 수요 부족으로 인해 미국 경제는 극심한 침체의 길로 들어섰습니다. 경제 대공황이 극성을 부리던 1929년부터 1933년까지 4년 동안 미국 전역에 있던 2만 5천여 개의 은행 중 9,000개가 쓰러지면서 미국식 자본주의의 몰락을 여실히 보여주었습니다.

일자리 창출에 큰 역할을 담당했던 건설업과 자동차 산업이 무너지면서 1,000만 명 넘는 새로운 실업자가 거리로 쏟아져 나왔습니다. 이 기회를 놓칠세라 기업사냥에 나선 잭 모건은 대공황 이전이라면 상상하지도 못할 헐값에 기업을 사들였습니다. 그는 무려 440개 이상의 계열사를 보유한 미국 최고의 재벌이 되어 석유 사업가 존 록펠

은행업과 증권업을 철저히 분리한 카터 글라스(왼쪽)와 헨리 스티걸(오른쪽)

러에 버금가는 부자가 되었습니다.

하지만 지나치게 많은 부는 잭 모건에게 위기를 불러왔습니다. 단 한 사람이 너무 많은 부를 차지하는 것은 건전한 경제발전을 위해 바람직하지 않기 때문에, 곳곳에서 잭 모건에 대한 비판의 목소리가 쏟아지기 시작했습니다. 국민은 전쟁이나 경제 대공황처럼 사람들이 곤경에 처한 때를 이용해 재산을 불리는 모건 가문을 증오했습니다. 급기야 JP모건 본사에 사제 폭탄 공격이 가해졌습니다. 잭 모건 역시 수차례 괴한들의 습격을 받았습니다.

1933년, 미국 제32대 대통령 자리에 오른 민주당 출신 프랭클린 루스벨트는 의회와 손잡고 JP모건에 제재를 가했습니다. 재무부장관 출신인 민주당 상원의원 카터 글라스Carter Glass와 하원의원 헨리 스티걸Henry Steagall은 공동으로 법안을 발의해 은행업과 증권업을 철저히 분리했습니다. '글라스-스티걸 법안'에 의하면 상업은행은 예금과 대출업무만 할 수 있을 뿐, 주식투자나 회사 인수 같은 투자활동을 할 수 없습니다. 이에 반해 투자은행은 주식투자와 회사 인수는 할 수 있지만, 예금과 대출업무는 할 수 없습니다.

글라스-스티걸 법안이 제정되자, 그동안 상업은행과 투자은행 업무를 모두 수행했던 JP모건은 둘 중 하나를 선택해야 했습니다. 잭 모건은 고심 끝에 비교적 안정적인 이윤 확보가 가능한 상업은행을 선택했습니다. 이후 JP모건은 상업은행 역할만 할 수 있게 되면서 영향력이 예전만 못하게 되었습니다. 투자를 담당했던 부문은 모건스탠리Morgan Stanley라는 투자은행으로 떨어져 나갔습니다.

그뿐만이 아닙니다. 1934년, 프랭클린 루스벨트 대통령은 증권거래위원회를 창설해 훗날 미국 제35대 대통령이 되는 존 F. 케네디의 아버지 조지프 케네디Joseph Kennedy를 초대 위원장에 앉혔습니다. 증권거래위원회란 잭 모건처럼 정보에 밝은 사람들이 비공개 정보를 이용해 주가 차익을 얻지 못하도록 상장회사를 철저히 감시하기 위해 만든 기관입니다.

증권거래위원회 초대 위원장 조지프 케네디

조지프 케네디는 과거 주가조작으로 큰돈을 번 사람이었습니다. 하지만 증권거래위원회 수장이 된 이후에는 주가조작과 허위정보 유포를 일삼는 사람을 대거 색출해 내는 능력을 발휘하면서 미국 증시가 투명하게 유지되는 일에 큰 공헌을 했습니다. 이처럼 경제 대공황은 모건 가문에 엄청난 이익을 안겨 주었지만, 정부에 의해 기업이 강제 분할되는 불행을 가져다주기도 했습니다.

JP모건의 마지막 영광

미국에서 시작된 경제 대공황은 세계로 퍼져 나가 유럽 역시 극심한 경제침체에 시달리게 되었습니다. 미국에서는 프랭클린 루스벨트 대통령이 경제 불황을 이겨내기 위해 뉴딜정책* 이라는 경기부양책을 사용하며 간신히 버티어 나가고 있었지만, 유럽 각국의 사정은 좋지 않았습니다. 특히 제1차 세계대전의 패전국이었던 독일은 영국과 프랑스 등의 연합국에 해마다 천문학적인 전쟁배상금을 물어내고 있었기 때문에 경제 사정이 더욱 열악했습니다.

1939년, 궁지에 몰린 독일은 결국 아돌프 히틀러의 지휘 아래 제2차 세계대전을 일으켰고, 전 세계는 다시 한번 전쟁의 참상을 경험해야 했습니다. 프랭클린 루스벨트는 전쟁에 휘말려 들지 않기 위해 노력했지만, 1941년 12월 일본이 하와이 진주만을 공격해 오면서 미국

* 미국의 프랭클린 루스벨트 대통령이 대공황을 극복하고자 추진한 경제 부흥 정책.

전쟁비용을 해결하기 위해 발행된 미국 국채

역시 전쟁의 소용돌이 속에 빠지게 되었습니다. 당시 경제 대공황의 기나긴 여파로 미국의 재정 상태는 최악이었습니다.

프랭클린 루스벨트는 전쟁을 치르기 위한 비용의 대부분을 국채발행으로 해결했습니다. 이때 다시 주목받게 된 회사가 JP모건이었습니다. 제1차 세계대전 기간에 영국과 프랑스의 국채를 판매한 경험이 있었던 JP모건은 미국 국채를 판매하는 주관사로도 선정되어 많은 수수료를 챙겼습니다.

미국이 제2차 세계대전 동안 사용한 전쟁비용은 대략 4조 달러인데, 이는 1945년 미국 국내총생산의 3분의 1이 넘는 엄청난 금액이었습니다. JP모건은 미국 국채의 절반 이상을 투자자들에게 판매하며 천문학적인 수수료를 벌었습니다.

남북전쟁으로부터 제2차 세계대전에 이르기까지 JP모건은 미국의 금융 산업을 지배해 미국 역사상 유례없이 큰 성공을 거둔 회사로 지금도 사람들의 입에 오르내리고 있습니다. 이후로도 JP모건은 계속 존재하고 있지만 존 모건과 잭 모건 부자(父子) 시절에 경험한 영광에 이르지는 못하고 있습니다.

들여다보기

★

유대인과 금융산업

오늘날 미국을 대표하는 주력 산업은 단연 금융산업이다. 미국이 세계 금융산업을 쥐락펴락하는 데에는 유대인의 기여가 절대적이었다. 유대인은 미국이 건국되기 이전부터 유럽 금융 시장에서 막강한 영향력을 발휘했는데 여기에는 슬픈 사연이 있다.

약 2,000년 전 로마제국은 팔레스타인 지역에 있던 유대민족의 나라 이스라엘을 멸망시켰다. 당시 유럽과 중동에 살던 대부분의 민족은 초강대국인 로마제국의 지배에 순순히 따랐지만 유대민족은 달랐다. 그들은 스스로를 신으로부터 선택받은 특별한 민족으로 여겼기 때문에 다른 민족의 지배를 거부했다. 이에 로마제국은 끝까지 저항하던 유대인들을 잔혹하게 학살했고, 이것으로도 부족해 팔레스타인 지역에 살던 유대인을 다른 곳으로 추방시켰다. 이때 수많은 유대인들이 유럽 대륙으로 이주했는데 그들은 어디를 가나 차별의 대상이었다.

농업이 근본이던 시절, 유럽에 살던 유대인은 갖가지 법적 규제로 인해 땅을 가질 수 없었다. 그들은 살아남기 위해 돈을 빌려주고 이자를 받는 대부업에 나서야 했다. 시대와 상관없이 돈을 빌려야 하는 사람들은 늘 있었기 때문에 대부업이 없던 시절은 없었다.

과거 유럽인들이 신봉하던 기독교에서는 '시간은 하나님의 것'이기 때문에 원금을 빌려주고 약속한 기간이 찾아오면 이자를 받는 일을 금기시했다. 그래서 유대교를 믿는 유대인이 대부업을 하게 되었다. 그들은 길거리에 기다란 탁자인 방코banko를 놓고 돈놀이를 했다. 오늘날 은행을 의미하는 뱅크bank는 유대인이 사용하던 탁자, 방코에서 유래되었다.

유대인은 수시로 탄압과 학살의 대상이 되었기 때문에 서로 정보를 공유하고 도우며 살아야 했다. 이는 금융 산업에서도 마찬가지였다. 공동체 의식으로 하나가 된 유대인은 유럽에서 금융업을 석권했고, 이후 아메리카 대륙에 미국이 세워지자 새로운 기회를 찾아 미국으로 건너갔다.

미국의 유대인은 황무지나 다름없던 뉴욕을 세계 금융의 중심지로 만들었다. 여기에는 유대인 자본가 존 모건의 역할이 절대적이었다. 존 모건이 일으킨 미국의 금융산업은 오늘날에도 변함없이 유대인이 지배하고 있다. 금융산업은 인간의 명석한 판단력을 필요로 하는 영역으로, 유대인 중에는 이 분야에서 필요로 하는 뛰어난 인재가 많다. 이는 자녀를 똑똑하게 키우는 것을 인생에서 가장 중요한 소명으로 삼는 유대인 부모의 뜨거운 교육열 덕분이다. 게다가 존 모건 이후의 미국의 금융산업은 유대인이 장악하고 있기 때문에 그들은 다른 민족보다 유리한 위치에 설 수 있었다.

미국은 세계 최고의 경쟁력을 가진 금융산업 덕분에 전 세계를 대상으로 해마다 천문학적인 돈을 벌어들이고 있으며, 세계 경제를 쥐락펴락하면서 초강대국의 지위를 유지하고 있다.

08

철강왕

앤드루 카네기

철강 산업을 통해 미국을 현대화시킨 사업가 (1835 ~ 1919)

미국 최대의 종합철강회사 US스틸의 전신인 카네기철강회사를 설립했다. 그가 만든 강철은 철도, 교량, 고층 건물 등 수많은 곳에 활용되면서 미국을 현대화하는 데 크게 이바지했다. 초창기에 노동자를 착취하여 부를 일궜지만, 노년에는 자선사업에 나서면서 미국 전역에 많은 도서관과 학교를 세웠다. 그의 자선사업은 미국 사회에 큰 영향을 주어 이후 미국에 기부 자본주의가 정착되었다.

가난한 어린 시절

앤드루 카네기Andrew Carnegie는 1835년 11월 스코틀랜드 동부 던펌린Dunfermline에서 태어났습니다. 그의 아버지는 실을 가지고 천을 짜는 직조공으로서 숙련된 기술을 가지고 있어 나름대로 안정된 삶을 꾸렸습니다. 하지만 1847년 산업혁명의 불길이 섬유산업에 휘몰아치면서 인간의 노동력을 대체하는 직조기가 널리 보급되었고 카네기의 아버지는 한순간에 일자리를 잃어버리고 말았습니다.

스코틀랜드에서 먹고살 길이 막막해진 카네기의 일가는 1848년 미국으로 떠나는 이민선에 몸을 실었습니다. 스코틀랜드에서 굶어 죽느니 '기회의 땅'으로 불리는 미국으로 건너가 기회를 잡아보려고 했습니다. 그러나 펜실베이니아주 피츠버그Pittsburgh에 정착한 카네기 가족을 기다리고 있던 것은 살인적인 강도의 노동이었습니다.

미국은 맨손으로 건너온 사람들에게 기회의 땅이 아니라 고난의 땅이었습니다. 당시에는 신생 독립국이다 보니 사회시스템이 제대로 갖추어지지 않아 약육강식의 세계나 다름없었습니다. 최저임금제,

어린이노동 금지법 등 사회적 약자를 위한 보호망이 제대로 마련되지 않았기 때문에 자본가들은 별다른 제재를 받지 않고 마음대로 노동력을 착취했습니다.

초등학교도 제대로 마치지 못한 어린 카네기는 가족의 생계를 위해 일자리를 찾아 헤매다가 13세 때 첫 직업을 갖게 되었습니다. 1848년, 그는 주급 1달러 20센트를 받는 조건으로 면직물 공장에 들어가 온갖 허드렛일을 했습니다. 그가 받은 급료는 끼니조차 제대로 해결할 수 없을 정도로 적었지만, 일자리를 원하는 노동자가 넘쳐나는 상황이었기 때문에 선택의 여지가 없었습니다. 카네기의 가족은 모두 열심히 일했지만, 가난을 면치 못했습니다.

카네기는 성장기에 제대로 영양 섭취를 하지 못해 왜소한 체격이었지만 열정만큼은 누구에게도 뒤지지 않았습니다. 그는 주어진 임무를 누구보다 열심히 수행했고, 이러한 성실함은 성공의 발판이 되었습니다.

열여섯 살의 카네기(오른쪽)

섬유공장 노동자로 사회에 첫발을 내디딘 카네기는 얼마 후 전보 배달원이 되어 부지런히 전보를 배달하고 다녔습니다. 낮에는 전보 배달원으로 일하고 밤에는 전신에 사용되는 용어인 모스부호를 익히기 위해 노력했습니다. 숙련된 전신 기사도 종이에 옮긴 후에나 해석할 수 있던 모스부호를, 카네기는 신호음만으로 해석할 수 있을 정도로 뛰어난 실력을 갖추었습니다.

카네기의 은인, 토머스 스콧

카네기에게 어느 날 능력을 발휘할 좋은 기회가 찾아왔습니다. 하루는 전신 기사가 부득이하게 자리를 비웠는데, 카네기가 완벽하게 전신업무를 대신하면서 상사의 인정을 받게 되었습니다. 그는 전보 배달원에서 전문직인 정식 전보 기사로 승진하게 되어 적지 않은 급여를 받았습니다.

1853년, 카네기는 그가 일하던 전신 회사의 단골손님이던 펜실베이니아 철도회사의 피츠버그 지부장 토머스 스콧Thomas Scott에게 발탁되었습니다. 토머스 스콧은 카네기의 성실함을 높이 평가해 자신이 일하던 철도회사로 데려갔습니다. 철도회사 내에서도 능력을 인정받던 간부 토머스 스콧으로부터 카네기는 세상에 관해 많은 것을 배웠습니다.

토머스 스콧은 나이 어린 카네기를 친자식처럼 돌봐 주고 돈을 벌 수 있는 좋은 정보를 주었습니다. 당시 미국 대륙에는 철도 붐이 일어나면서 기차에 대한 수요가 폭발적으로 늘어나고 있었습니다. 토머스 스콧은 카네기에게 독보적인 기술력을 가진 기차 제작 회사의 주식을 살 것을 권유했습니다. 은행에서 빚을 내어 주식투자에 나선 카네기는 217달러어치 주식을 산 후 매년 5천 달러 이상의 배당금을 손에 쥐었습니다.

1859년, 토머스 스콧은 부사장으로 승진해 본사로 떠나면서 카네기를 후임으로 임명했습니다. 그 덕분에 카네기는 24세라는 젊은 나이에 펜실베이니아 철도회사의 피츠버그 지부장이라는 요직에 앉았습니다.

1861년, 남북전쟁이 일어나자 토머스 스콧은 연방정부의 핵심부서인 전쟁성의 요직을 맡았습니다. 그는 카네기를 잊지 않고 불러들여 함께 일했습니다. 카네기는 토머스 스콧의 배려로 연방정부에서 일하는 동안 큰돈을 벌 수 있는 정보를 접했습니다. 남북전쟁 이후 미국에는 대륙횡단철도가 완공되리라는 계획, 그리고 미래에는 석유가 중요한 에너지원이 될 것이라는 정보였습니다.

토머스 스콧의 도움으로 카네기는 전도유망한 석유회사에 돈을 투자해 돈방석에 앉았습니다. 이처럼 카네기는 토머스 스콧이라는 일생일대의 은인 덕분에 성공의 가도에 올랐습니다.

코끼리가 만든 기적

1865년, 남북전쟁이 끝나자 연방정부는 국토의 균형적인 발전을 위해 대륙횡단철도 건설에 본격적으로 나서기 시작했습니다. 이를

미국 중부 지역을 남북으로 종단하는 미시시피강

절호의 기회라고 직감한 카네기는 다니던 직장을 그만두고 사업가로 변신했습니다. 그는 철도를 만들려면 철강이 필요하다는 사실에 주목해 1867년 '유니온제철소'라는 철강회사를 설립했습니다. 카네기가 철강회사를 건립하자 철도회사를 운영하고 있던 그의 은인 토머스 스콧은 이번에도 카네기를 돕기 위해 발 벗고 나섰습니다.

토머스 스콧은 카네기에게 미주리주에 있는 도시 세인트루이스의 미시시피강을 가로지르는 철도용 다리를 세울 기회를 주었습니다. 미시시피강은 미국의 중부 지방을 흐르는 길이 6,210km의 강으로서 나일강, 아마존강, 양쯔강에 이어 세계에서 네 번째로 긴 강입니다. 캐나다 국경 부근에 있는 미네소타주 북부의 작은 빙하호인 이타스카Itasca호에서 남쪽으로 흐르다가 마지막에는 멕시코만으로 흘러드는데, 미국의 50개 주 중 무려 31개 주에 걸쳐 흐르고 있습니다.

당시 미국의 동부에서 서부, 혹은 서부에서 동부로 가는 사람들은 반드시 미시시피강을 건너야 했습니다. 거대한 강이 남북으로 흘러 미국 땅을 동서로 갈라놓기 때문입니다. 따라서 다리를 놓아 이 문제를 해결해야 했지만 강폭이 넓고 물살이 빠른 미시시피강에 다리를 놓는다는 것은 사실상 불가능한 일이었습니다. 일반적으로 불가능하다고 여기는 일을 해내면 회사가 단번에 유명해질 수 있다고 생각한 카네기는 미시시피강에 다리를 놓으려고 했습니다. 그렇지만 승객과 화물을 가득 실은 육중한 열차 무게와 강물의 세찬 물살을 견딜 만한 튼튼한 철강 제품을 도저히 만들 수 없었습니다.

당시 카네기는 선철*을 이용해 철강제품을 만들었는데, 선철은 나무보다는 단단했지만 무거운 기차를 지탱할 정도로 견고하지는 못했습니다. 내구성이 떨어지는 선철로 만든 구조물은 얼마 지나지 않아 부서졌기 때문에 보다 강력한 철강을 만들어야만 했습니다. 1872년, 카네기는 세계 최대 철강 대국이자 최고 기술력을 확보하고 있던 영국을 방문하면서 골치 아팠던 문제를 깨끗이 해결할 수 있게 되었습니다.

카네기가 베세머Bessemer 제철소라는 곳을 방문했을 때 그곳에서는 선철보다 훨씬 튼튼한 강철을 대량으로 생산하고 있다는 사실을 알게 된 것입니다. 베세머 제철소에서는 2,000℃가 넘는 온도에서 철

* 탄소함유량이 1.7% 이상인 철로, 용광로에서 철광석을 제련할 때 생긴다. 무쇠라고도 한다.

에 탄소를 섞어 강철을 만들었습니다. 당시 강철은 선철에 비해 제조과정이 복잡했습니다. 이 때문에 기술력이 한참 떨어졌던 미국 철강 기업들은 강철을 만들 시도조차 하지 못하고 비교적 쉽게 만들 수 있는 값싼 선철 생산에만 주력하고 있었습니다. 또 강철값이 매우 비쌌기 때문에 강철로는 칼이나 포크 같은 작은 물건을 제작했을 뿐, 철도용 다리 같은 거대한 구조물을 만드는 데는 사용하지 못했습니다.

앤드루 카네기

1874년, 카네기는 수년간의 고생 끝에 강철로 1,600m 넘는 다리를 만드는 데 성공했습니다. 사상 최초의 일이었습니다. 그런데 평범한 미국 사람들은 미시시피강을 잇는 거대한 다리에 환호하기는커녕 오히려 겁을 내 다리를 건너려고 하지 않았습니다. 다리의 안전성을 믿지 않았기 때문입니다. 카네기는 해법 찾기에 나서야 했습니다.

어느날 카네기는 책을 읽다가 우연히 코끼리는 절대로 안전하지 않은 곳에 발을 내딛지 않는다는 사실을 알게 되었습니다. 코끼리는 상당히 신중한 동물인 것은 틀림없지만 그렇다고 위험한 모든 곳을 가릴 수 있을 만큼 특별한 능력이 있는 것도 아닙니다. 그러나 당시 사람들은 이러한 코끼리의 특성을 신비롭게 생각해서 미신처럼 믿고 있었습니다. 카네기는 코끼리에 대한 사람들의 믿음을 이용하기로 마음먹고, 다리 개통식 날 동물원에서 코끼리를 빌려왔습니다. 그리고는 맨 앞에 서서 다리를 건너게 했습니다.

카네기와 측근들은 음악을 연주하면서 코끼리의 뒤를 따라 걸었습니다. 강철로 만든 다리가 이 세상 어떤 다리보다도 안전하다는 것을 보여주고자 했던 것입니다. 코끼리가 무사히 다리를 건너자 비로소 사람들은 세계 최초의 강철 교량을 신뢰하기 시작했습니다. 이후 아무도 다리의 안전성에 의문을 제기하지 않았습니다. 코끼리가 무사히 다리를 건넜다고 해서 철교의 안전성이 보장되는 것은 아닙니다. 하지만 의심 많은 사람들에게 코끼리 쇼는 더할 나위 없이 효과적이었습니다. 강철에 대한 신뢰가 생겨난 것은 두 말 할 나위도 없습니다.

미국의 현대화에 이바지한 카네기철강

강철 교량을 건설해서 자신감을 얻은 카네기는 강철을 사용해 철로를 만들면 반영구적으로 사용할 수 있다고 생각했습니다. 이외에도 고층 건물, 다리, 선박 등 내구성을 요하는 모든 곳에 강철이 활용될 수 있다고 생각해 강철공장을 세우려고 했습니다. 막대한 자본이 필요했던 카네기는 토머스 스콧에게 부탁해 자금 마련에 나섰습니다. 토머스 스콧이 투자자를 모집해 준 덕분에 그는 피츠버그 인근에 미국 최대의 강철공장을 지을 수 있었습니다.

카네기 제철소

1875년, 카네기가 강철을 생산하는 데 성공하자 미국 정부도 그를 도와주기 시작했습니다. 정부는 미국 내에 부설되는 철도와 교량 등 모든 정부 공사에 미국산 철강 제품만을 사용하도록 강제하는 규정을 만들어 '카네기철강' 회사에 특혜를 주었습니다. 이를 계기로 카네기철강은 비약적인 성장을 했습니다. 더구나 농촌 사람들이 일자리를 찾아 도시로 밀려드는 도시화가 급속히 진행되면서 공간을 효율적으로 활용하기 위한 고층 건물이 대거 생겨났고, 이에 강철에 대한 수요는 더욱 늘어났습니다.

카네기철강은 하루 250여 톤의 강철을 생산했지만 수요량에 비하면 그 양이 턱없이 부족했기 때문에 계속 공장을 증설해 나갔습니다.

카네기가 만든 강철은 철도, 교량, 고층 건물 등 수많은 곳에 활용되면서 미국을 현대화하는 데 큰 영향을 미쳤습니다. 이를테면 미국 중부 지역의 대표적인 대도시로 성장한 시카고의 경우 몇 년 사이 카네기철강의 제품을 사용한 건물이 10만 채 이상 생겨났을 정도로 강철은 세상의 모습을 급속도로 바꾸어 놓았습니다. 강철을 최초로 도입해 큰 성공을 거둔 카네기를 미국인들은 '강철왕'이라 불렀습니다.

노동자의 몰락

철은 지구상의 수많은 금속 중에서도 무척 독특한 특성을 지닌 금속입니다. 금속은 온도가 올라가면 부피가 늘어나지만, 철은 910℃에 이르면 오히려 부피가 줄어듭니다. 따라서 열처리 과정을 잘 조절하면 원하는 강도의 제품을 만들어 낼 수 있습니다.

오래전부터 철강산업은 숙련된 기능공들이 주도권을 쥐고 있던 영역이었습니다. 뜨거운 쇳물을 다루는 철강산업은 오랜 기간에 걸쳐 현장경험을 쌓아야 자기만의 비결이 생기기 때문입니다. 따라서 철강산업에 수십 년 동안 종사한 사람은 그들만의 비법 덕분에 장인 대접을 받으며 보통 노동자보다 훨씬 많은 임금을 받았습니다. 철강 장인들은 미국의 중산층으로서 여유로운 생활을 할 수 있었으며, 스승으로부터 직접 가르침을 받는 도제 방식으로 제자들을 교육해 기술을 전수했습니다. 또한 철강산업은 모든 일이 수작업으로 이루어지기 때문에 철강 장인들이 파업하면 회사는 철강 생산을 중단할 수밖에 없어 경영자도 장인들을 함부로 대할 수 없었습니다.

제품의 생산단가를 획기적으로 낮추기 위해서는 자동화 설비를 통해 대량생산을 할 수밖에 없다고 판단한 카네기는 해마다 많은 돈을 투자해 기계를 사들였습니다. 마침내 철강 생산이 자동화되자 더는 숙련공이 필요 없게 되어, 철강 장인들은 대부분 직장에서 쫓겨나고 말았습니다. 그 대신 생산설비를 관리할 저임금 노동자들이 고용되면서 장인의 시대도 막을 내리기 시작했습니다.

자동화 설비가 도입되기 이전에는 철도용 레일 하나를 제작하는 데 2주 이상 걸렸지만, 도입하고 나자 15분이면 가능해졌습니다. 과거 노동자들에게 있어서 노동은 인간의 능력을 발휘하는 일이었습니다. 그러나 자동화 생산설비가 널리 보급된 이후 노동자는 기계의 일정에 맞추어 일하는 도구로 전락했습니다.

카네기는 비숙련공을 고용한 후 이들에게 의식주도 제대로 해결하기 힘들 정도의 최저임금을 주며 노동력을 착취했습니다. 당시 미국에는 유럽 전역에서 많은 수의 이민자가 계속 몰려들고 있었기 때문에 저임금 노동자를 구하는 것은 어려운 일이 아니었습니다. 그는 임금 착취를 통해 막대한 부를 축적해 나갔고 얼마 지나지 않아 미국 내에서 다섯 손가락 안에 꼽히는 부자가 되었습니다.

욕심이 많았던 카네기는 쇳물을 만드는 데 쓰이는 유연탄을 값싸게 공급받기 위해 탄광째 사들였고, 심지어 제품을 실어 나르는 철도 회사까지 인수하여 부를 독점하려고 했습니다. 그가 수단과 방법을 가리지 않고 돈벌이에만 열중하고 있을 때, 한 지식인이 찾아와 "당신 같은 부자는 가난한 사람들에게 골고루 재산을 나누어 주어야 합니다."라고 일침을 가했습니다.

카네기는 비서에게 자신의 전 재산이 얼마인지와 세계 인구 수를 물어 보았습니다. 그러더니 잠시 후 그 지식인에게 15센트를 주라고 말했습니다. 15센트는 카네기가 돈을 골고루 나눠주라는 지식인을 모욕하기 위해 자신의 전 재산을 세계 인구 수로 나눈 값이었습니다. 이처럼 젊은 시절의 카네기는 오직 돈벌이에만 관심 있던 매정한 사업가였습니다.

욕심 많은 부자들

카네기는 강철로 미국의 5대 부호 안에 들었지만 더 많은 돈을 벌기 위해 근로자의 노동력을 더욱 착취하기로 했습니다. 하지만 자신의 이미지만은 좋게 유지하고 싶어 했기에 대신 악역을 맡아 줄 사람이 필요했습니다. 마침내 헨리 프릭Henry C. Frick이라는 인물을 찾아냈습니다.

카네기를 대신해 악역을 맡았던 헨리 프릭

프릭은 잔혹한 아버지 밑에서 학대받고 자라서 타인에 대한 동정심이라고는 없는 사람이었습니다. 자신의 이익을 위해서라면 폭력을 휘두르는 것은 물론 사람을 죽이는 일조차 마다하지 않을 정도로 정상인과는 거리가 멀었습니다. 카네기에 의해 최고경영자 자리에 앉은 프릭은 카네기철강에 원자재를 납품하는 업체를 대상으로 납품 가격 인하를 강요했고 요구에 순순히 응하지 않으면 즉각 거래처를 변경했습니다.

여러 가지 이유로 거래처 바꾸기가 여의치 않을 때면 거래업체의 경영자를 대상으로 무자비한 폭력도 마다하지 않았습니다. 프릭이 거래업체를 쥐어짜면 짤수록 회사의 이익은 치솟았고 카네기의 재산도 그에 비례해 증가했습니다. 알아서 재산을 늘려주는 프릭이 마음에 들었던 카네기는 그에게 충분한 경제적 보상을 해주었습니다.

큰돈을 번 프릭은 펜실베이니아주 피츠버그시 동쪽에 있는 광대한 땅을 사들여 미국 최고의 부자만을 위한 회원제 리조트를 만들었습니다. 부자들은 끝없이 펼쳐진 인공호수에서 낚시와 뱃놀이를 즐겼습니다.

인공호수 위쪽에 위치한 미국 최대의 사우스포크 댐에는 무려 2,000만 톤 이상의 물이 저장되어 있었습니다. 프릭이 휴양지 건설을 위해 폭약을 터트리고 땅을 파내는 등 충격을 가하자 균열이 생긴 댐은 붕괴될 위험에 처했습니다. 댐을 관리하는 공무원들이 붕괴의 위험을 제기했지만 프릭은 들은 척도 하지 않았습니다. 오히려 댐 둑을 평평하게 깎아 내어 그 위로 마차가 지나다닐 수 있는 넓은 길을 만들었습니다.

이러한 작업들로 직접적인 충격을 받은 댐은 더욱 약해졌지만 프릭은 전혀 신경 쓰지 않았습니다. 댐 아래에는 무려 2만 명이 넘는 사람이 살고 있었는데, 이들 중 상당수는 가난한 철강 노동자 가족이었습니다.

1889년 5월, 피츠버그에 유례를 찾아보기 힘든 폭우가 내려 빠른 속도로 댐에 물이 차기 시작했습니다. 결국 수압을 견디지 못한 사우스포크 댐이 붕괴해 2,000만 톤이 넘는 물이 아래 쪽 마을을 덮쳤습니다. 댐 아래에 살던 사람들은 성난 파도처럼 밀려오는 물에 휩쓸려 꼼짝없이 죽음을 맞이했습니다. 물 폭탄으로 인해 1,600채 이상의 가옥이 파괴되고 최소 2천 명 이상의 주민이 사망했습니다.

사우스포크 댐 붕괴사건은 마을에서 수백km 떨어진 곳에서도 시

무너진 사우스포크 댐

신이 발견되었을 정도로 끔찍한 재앙이었습니다. 사망자의 30% 이상은 시신의 훼손이 너무 심해 신원조차 확인할 수 없을 지경이었습니다. 이 사고는 2001년 9·11테러사건이 벌어지기 이전까지 미국 역사상 최악의 인재로 기록될 만큼 끔찍한 사건이었습니다.

댐이 붕괴하자 미국 언론들은 수몰 지역의 실상을 대대적으로 보도하며 희생자들을 돕기 위해 캠페인을 벌였습니다. 미국 전역에서 자원봉사자가 피해 지역으로 달려와 수해복구에 힘을 보탰습니다. 현장에 직접 올 수 없는 사람은 성금을 내며 조금이라도 도움이 되고자 했습니다.

사태가 진정되면서 이번 사건이 피할 수 없는 천재지변이 아니라 프릭이 만들어낸 인재라는 사실이 세상에 알려졌습니다. 리조트 회원의 명단이 세상에 공개되자 카네기도 비난을 면치 못하게 되었습니다. 평소 이미지 관리를 중시했던 카네기는 즉각 리조트 회원에서 탈퇴하고 수해복구 자금으로 거액을 내놓았지만, 미국 사람들의 싸늘한 시선을 피할 수는 없었습니다.

프릭은 정부에 의해 살인죄로 기소되어 재판정에 섰지만 유능한 변호사를 총동원해 무죄판결을 받았습니다. 이는 당시 미국 사회가 돈만 있으면 얼마든지 죄를 면할 수 있는 유전무죄의 부조리한 사회였기 때문에 가능했습니다.

카네기철강의 노동자 학살

시간이 조금 흘러 카네기에 대한 부정적인 여론이 잠잠해지자, 그는 다시 노동자들을 착취하기 시작했습니다. 카네기 공장에서 일하던 근로자들은 하루 10시간 이상 뜨거운 열기를 뿜어내는 용광로 옆에서 땀을 흘리며 작업해야 했으나 임금은 다른 업체보다 적게 받았습니다. 게다가 안전사고도 수시로 발생해서 직원의 30% 이상이 산업재해를 당해 장애인이 되거나 목숨을 잃었습니다.

터무니없이 적은 임금을 받던 노동자들은 위생 상태가 형편없는 빈민굴에서 생활해야만 했고, 그 결과 갓 태어난 영아 3명 중 1명이 질병이나 영양실조로 죽음을 맞이했습니다. 그런데도 카네기는 노동자의 임금을 올려 주기는커녕 임금을 깎으려는 궁리로 하루를 보냈습니다. 지옥이나 다름없는 열악한 근로조건을 견디다 못한 노동자들은 권익을 지키기 위해 노동조합을 결성해 프릭과 카네기의 횡포에 맞서 나갔습니다.

1889년 강철 수요가 폭발적으로 늘어나 제철소가 눈코 뜰 새 없이 돌아가고 있을 때, 노동자들이 파업에 나서는 사태가 발생했습니다. 회사 중역들은 큰돈을 벌 기회를 놓치지 않기 위해 노동자에게 다소 유리한 조건으로 협상을 마무리했습니다. 이 같은 사실을 뒤늦게 알게 된 카네기는 크게 분노하며 계약이 갱신되는 1892년에 노동자들이 아무 소리 못하도록 만들겠다는 생각으로 노조 활동 탄압에 나서기 시작했습니다.

카네기는 노조에 가입하지 않는다는 조건으로 신입사원들을 채용했고 노조와는 대화조차 하지 않았습니다. 시간이 흐를수록 종업원의 노조 가입율이 계속 감소해 노조의 힘은 점차 약화되어 갔습니다.

1892년 4월, 궁지에 몰린 노조가 회사 측과 협상을 요구하자 카네기는 잔혹한 노조탄압에 나섰습니다. 이번에도 그는 자신의 이미지가 실추되는 것을 막기 위해 프릭을 전면에 내세웠습니다. 프릭은 누구보다도 카네기의 마음을 잘 알고 있었습니다.

카네기는 노사분규 사태가 끝날 때까지 고향 스코틀랜드의 별장에서 모든 일을 조종했습니다. 프릭은 이번 기회에 노조를 파괴하고 말 안 듣는 노동자를 해고할 생각이었기 때문에 노조와의 모든 협상을 거부해 의도적으로 분위기를 험악하게 몰아갔습니다. 프릭이 협상은커녕 고분고분하지 않은 노동자 모두를 일방적으로 해고하려고 하자 노조가 중심이 되어 파업에 들어갔습니다.

HARPER'S WEEKLY
A JOURNAL OF CIVILIZATION
NEW YORK, SATURDAY, JULY 16,

폭력 대행업체 핑커턴을 앞세운 잔혹한 노조탄압

프릭은 기다렸다는 듯 스코틀랜드에 있는 카네기에게 편지를 보내 "때가 무르익었습니다. 올해 여름 전쟁이 일어날 것입니다. 일단 전쟁에 돌입하면 끝까지 싸우겠습니다."라고 보고했고 카네기는 "끈기를 가지고 일을 잘 추진하세요. 이번 전쟁에서 실패하면 절대로 안 됩니다. 당신이 하는 모든 일을 승인합니다."라는 답장을 보냈습니다.

프릭은 말 안 듣는 노동자를 회사에서 쫓아내기 위해 핑커턴Pinkerton 이라는 용역업체와 계약을 맺고 노조탄압에 나섰습니다. 당시 핑커턴은 폭력배와 부랑자를 동원해 노조에 잔혹한 폭력을 행사하는 폭력 대행업체로 악명을 떨치고 있었습니다. 폭력행사뿐 아니라 유령 노조를 세우고 기존 노조에 대한 분열공작을 벌이는 등 노조 파괴를 위한 모든 업무를 수행하는 노조 파괴 전문단체였습니다.

핑커턴은 미군보다 많은 조직원을 확보하고 있었고 최신 무기로 무장한 업체였기 때문에 실질적으로 군대나 다를 바 없었습니다. 노조와의 전면전에 대비해 프릭은 공장 주변에 3m나 되는 높은 담장을 두르고 철조망과 감시탑도 세웠습니다. 공장은 마치 전쟁을 위한 요새처럼 보였습니다. 회사 측이 대화할 생각 없이 무력으로 사태를 해결하려고 하자 노조는 총파업을 선언하면서 공장 점거에 나섰습니다.

1892년 7월, 프릭의 사주를 받은 300명의 용역업체 직원들이 총과 야구방망이 등 각종 흉기로 중무장한 채 공장 진입에 나서자 노조원들은 격렬한 저항으로 맞섰습니다. 이 과정에서 10명의 노조원이 목숨을 잃고 160여 명이 크게 다쳤습니다. 핑커턴의 무자비한 폭력이 계속되었지만 노동자들은 공장을 떠나지 않고 끝까지 자리를 지켰습니다.

양측의 충돌이 전쟁을 방불케 할 정도로 격렬하게 벌어지면서 죽거나 다치는 노동자가 끊임없이 생겨나자, 펜실베이니아 주지사는 6천 명의 병력을 보내 폭력사태를 진압했습니다. 회사 측의 폭력배 동원으로 수많은 사상자가 발생함에 따라 여론이 크게 악화되면서 카네기를 비난하는 기사가 쏟아졌습니다.

이번에도 카네기는 책임을 회피하기 위해 핑계를 늘어놓았습니다. 이번 폭력사태는 자신이 자리를 비운 사이에 일어났기에 본인은 책임이 없다고 발뺌했습니다. 그는 노동조합을 와해시키고 회사에 남은 근로자들의 임금을 절반으로 깎는 데 성공했습니다. 노조탄압을 주도한 프릭은 얼마 후 괴한의 침입을 받아 여러 발의 총을 맞고 수차례 칼로 공격을 받았지만 기적적으로 목숨을 건졌습니다. 그는 지금까지도 미국인에게 노조탄압의 대명사이자 사상 최악의 경영자로 기억되고 있습니다.

물러나는 카네기

카네기는 노동자 학살로 인해 여론의 뭇매를 맞자 위기에서 벗어나기 위해 프릭을 해고했습니다. 그러나 한 번 나빠진 이미지는 도저히 만회할 수 없었습니다. 게다가 1889년 5월의 댐 붕괴로 많은 사람이 몰살된 이후, 폭우가 내리면 마음이 불안하고 우울해지는 정신적 고통에 시달렸습니다.

당시 석유왕이자 당대 최고의 부자였던 존 록펠러는 카네기를 견제하기 위해 미국 미네소타주 북부에 있는 거대한 메사비 철광산을 인수해 카네기의 신경을 건드렸습니다. 그는 메사비 광산에서 생산된 철광석을 카네기철강의 경쟁업체에 저가로 공급하면서 카네기를 압박했습니다. 특히 과거 카네기철강에서 일했던 사람들을 부추겨 제철소를 만들도록 하고, 이들에게 철광석을 최저가로 공급해 카네기를 괴롭혔습니다.

록펠러는 앞으로는 자신이 세계 최대 규모의 제철소를 직접 만들어 철강산업에 진출할 것이라는 소문을 퍼트리고 다녔습니다. 당시 카네기의 재산은 록펠러 재산의 3분에 1밖에 되지 않았기에 만약 록펠러와 정면 대결을 벌인다면 승산이 없었습니다.

록펠러와 카네기의 악연은 오래전부터 시작되었습니다. 록펠러는

존 록펠러와 앤드루 카네기

가족과 함께하는
카네기

카네기의 은인이자 철도회사를 운영하던 토머스 스콧을 파멸시킨 사람이기도 했습니다. 오래전 록펠러는 정유사업을 시작하면서 자사가 정제한 등유를 여러 철도회사를 통해 실어 날랐는데, 토머스 스콧 역시 록펠러에 의존해 회사를 유지하는 상태였습니다. 그러던 중 록펠러가 당대 최대의 철도 재벌 밴더빌트와 힘겨루기를 하는 일이 벌어졌습니다. 록펠러는 등유를 운반할 때 철도를 이용하는 대신 송유관을 만들어서 직접 미국 전역에 보급하는 데 성공했습니다. 이때 카네기의 은인이던 토머스 스콧의 철도회사도 파산하고 말았습니다. 토머스 스콧은 재기하지 못한 채 죽음을 맞이했고, 이를 지켜본 카네기는 록펠러를 증오했습니다.

록펠러가 철강산업에 뛰어들겠다고 하자 카네기는 분노하는 동시에 두려워졌습니다. 록펠러는 카네기를 화나게 만들기 위해 크리스마스 날 종이로 만든 싸구려 속옷을 선물로 보냈습니다. 이는 스코틀랜드 출신의 가난한 이민자였던 카네기를 조롱하려고 일부러 한 짓이었습니다.

세계 최고의 갑부인 록펠러가 끊임없이 못살게 굴자 카네기는 록펠러를 찾아갔습니다. 그리고는 메사비 광산에서 생산되는 철광석을 전량 비싼 가격에 사 주는 대신 철강산업에는 진출하지 않겠다는 다짐을 받아냈습니다. 록펠러가 정말로 철강산업에 진출하려고 했는지는 아무도 모릅니다. 예전부터 그는 권모술수에 능해 돈을 벌기 위해서라면 비슷한 일을 자주 저질렀기 때문입니다.

카네기철강이 록펠러의 철광석을 비싼 가격에 사서 강철을 제조하면서 수익률이 급격히 낮아지자 한때 경쟁업체의 추격을 받기도 했습니다. 극심한 스트레스를 받게 된 카네기는 일 년 중 절반 이상을 고향인 스코틀랜드에서 가족과 함께 보내면서 골치 아픈 일에서 벗어나고자 했습니다. 따라서 그는 회사를 대신 맡아 운영할 후임자를 임명해야 했습니다. 그의 회사에는 명문대를 졸업한 엘리트가 대거 포진해 있어, 이들 중 한 명이 후계자가 되리라고 사람들은 생각했습니다.

카네기의 후계자, 찰스 슈왑

하지만 카네기는 초등학교 학력이 전부였던 찰스 슈왑Charles Schwab을 후계자로 지명해 모든 사람을 놀라게 했습니다. 슈왑은 집안이 어려워 초등학교도 겨우 졸업했으며 이후 여러 가지 밑바닥 생활을 전전하다 카네기철강에서 비정규직 청소부로 일했습니다. 맡은 일이라고는 청소가 전부였지만 그는 최선을 다해서 부지런히 청소했습니다. 더구나 자신의 구역을 청소하고 나면 다른 곳까지 자발적으로 청소했습니다.

카네기는 항상 최선을 다해 맡은 바 임무를 수행하는 슈왑을 오랫동안 지켜보다가 나중에 비서실 정규직원으로 불러들였습니다. 비서실에서도 성실히 일했던 그는 밤낮을 가리지 않고 카네기가 가는 곳마다 그림자처럼 따라다니며 보필했습니다. 카네기는 그를 후계자로 지명하면서 "슈왑은 제가 유일하게 이름을 알고 있는 청소부였습니다. 명문 대학 출신의 유능한 사람은 해마다 수만 명씩 쏟아져 나오지만, 슈왑처럼 성실하고 책임감을 가진 사람은 좀처럼 볼 수 없습니다."라고 말했습니다. 카네기는 학벌이나 능력보다는 성실함을 지도자의 최우선 덕목으로 생각했습니다.

후임자 슈왑은 카네기 못지않은 경영수완을 발휘해 회사를 계속 성장시켰습니다. 1890년대 말, 미국은 카네기철강의 선전으로 영국을 누르고 세계 제1의 철강 생산 국가로 올라섰습니다. 카네기철강이 만들어낸 강철의 품질 또한 세계 최고 수준에 도달해, 미국은 생산량과 품질 면에서 영국을 앞지르며 철강 왕국의 지위를 차지했습니다.

1901년 2월, 66세의 카네기는 갑자기 회사를 경쟁업체에 팔아치우며 다시 한번 세상을 깜짝 놀라게 했습니다. 카네기철강은 창업 이래 한 번도 적자를 낸 적이 없는 초우량 기업으로서 세계 최대의 철강업체이자 미국 철강 생산량의 4분의 1 이상을 생산하던 기업이었습니다.

하지만 카네기는 회사가 정점에 있을 때 과감히 회사를 경쟁업체에 넘기며 깨끗이 손을 털고 나왔습니다. 그는 금융재벌 존 모건이 소유하고 있던 미국 제2의 철강업체에 회사를 넘기는 조건으로 4억 8천만 달러를 받았습니다. 당시 일본 정부의 1년 예산이 1억 3천만 달러 수준이었던 점에 비추어 볼 때, 카네기의 재산이 얼마나 엄청났는지 짐작해 볼 수 있습니다. 이로 인해 카네기는 당시 석유왕 록펠러, 금융재벌 존 모건과 함께 세계 최고의 갑부 중 하나가 되었습니다.

기부천사 카네기

카네기는 천문학적인 돈으로 재단을 설립하고 남을 돕기 위한 자선사업에 나섰습니다. 이를 지켜본 미국 사람들은 어리둥절했습니다. 평소 노동자들에게 한 푼이라도 덜 주려고 발버둥쳤던 카네기가 노동자의 임금을 착취해서 번 돈으로 남을 돕겠다고 나섰기 때문입니다. 그러자 카네기는 사람들에게 자신이 나이 들어 깨닫게 된 교훈을 말하기 시작했습니다.

카네기는 세상을 향해 "인생의 절반은 돈을 버는 데에, 나머지 절반은 돈을 쓰는 데 사용해야 합니다. 자신이 번 돈을 처분하는 방법은 세 가지가 있는데 첫 번째 방법은 가족들에게 물려주는 것입니다. 만약 자녀에게 많은 재산을 물려주면 아이들은 열심히 일하려고 하지 않을 것입니다. 이는 곧 자녀의 재능과 열정을 죽이는 일이기 때문에 피해야 합니다. 두 번째 방법은 죽은 후에 기부하는 것이지만, 이 역시 좋은 방법이라고 볼 수 없습니다. 기부한 돈이 고인의 뜻대로 사용되리라는 보장이 없기 때문입니다. 세 번째 방법은 돈을 번 사람이 살아생전에 자기 뜻대로 사용하는 것입니다."라고 말하며 여생을 자선활동으로 보내겠다고 선언했습니다.

카네기가 가장 먼저 벌인 자선사업은 도서관을 만드는 일이었습니다. 그는 초등학교도 제대로 다니지 못했지만 많은 독서를 통해 여러 분야에 해박한 지식을 지닌 지식인이었습니다. 독서야말로 사람을 발전시킬 수 있는 최고의 방법이라고 생각한 그는 미국뿐 아니라 전 세계 2,500여 곳에 도서관을 만들었습니다. 일부 사람들은 "굶주

배움의 기회 균등을 위해 세운 카네기 도서관

전세계 음악가들의 꿈의 무대, 카네기 홀

리는 사람들에게 먹을거리를 주는 것이 도서관을 만드는 것보다 시급하다."라고 주장했지만, 카네기는 동의하지 않았습니다. 빵을 나눠주어 당장 굶주림을 면하게 하는 것보다는 배움의 기회를 주는 것이 더 중요하다고 생각했습니다.

카네기는 도서관뿐 아니라 수많은 학교를 세워 많은 사람에게 배움의 기회를 균등하게 주었습니다. 또 과학기술, 문화, 예술, 국제평화 분야에도 막대한 돈을 쏟아부어 인류의 삶을 좀 더 풍요롭게 만들고자 했습니다.

1919년 8월 11일 84세의 나이로 세상을 떠나기 전까지 18년 동안, 카네기는 자선사업을 위해 혼신의 힘을 기울였습니다. 살아생전

말년에 반려견과
산책을 즐기는 카네기

그는 입버릇처럼 "부자인 채로 죽는 것은 정말 부끄러운 일입니다."라고 말했는데, 실제로 그는 세상을 떠나기 전에 재산의 85% 이상을 사회로 환원했습니다. 이로 인해 카네기는 '비정한 악덕 기업주'라는 오명을 벗고 미국인들에게 '현대식 자선사업의 아버지'로 존경을 받게 되었습니다.

카네기의 자선사업은 미국 사회에 큰 영향을 주어 많은 부자들이 그의 뒤를 이어 자선사업에 헌신했습니다. 20세기 초까지만 해도 미국 사회에는 돈을 최고의 가치로 삼는 천민자본주의가 팽배했지만, 카네기가 좋은 선례를 남김으로써 기부 자본주의가 정착할 수 있게 되었습니다.

카네기와 함께 역사상 최대 부호로 손꼽히던 록펠러 역시 자선사업으로 말년을 보내며 사정이 어려운 사람들에게 많은 자비를 베풀었습니다. 그 덕분에 오늘날 미국에는 무려 5만 6천여 개의 자선단체가 활동하며 사회적 약자들을 돌보고 있습니다. 개인들도 기부에 큰 관심을 보여 전체 미국 국민의 98%가 어떤 형태로든 기부활동에 동참하고 있습니다.

복지제도가 발달한 북유럽 국가들에 비해 미국은 정부가 사회적 약자들을 제대로 돌보지 못합니다. 그러나 부유층뿐 아니라 대부분의 국민이 기부활동에 적극적으로 참여하며 소득불평등 현상이 악화되는 것을 막고 있습니다. 이는 다른 나라에서는 찾아보기 힘든 현상으로서 미국 사회를 '온정적 자본주의'라고 부르는 이유기도 합니다.

들여다보기

★

쇠락한 미국의 철강산업

카네기가 일으킨 미국의 철강산업은 한동안 적수가 없었다. 신흥 국가였던 미국이 하루가 다르게 경제성장을 하는 동안 유럽은 정체를 면치 못했기 때문이다. 게다가 20세기 들어 일어난 두 차례의 세계대전으로 유럽의 제철소는 초토화되었다. 경쟁자가 사라지자 미국의 철강 업체들은 세계 철강 생산량의 4분의 3을 차지하는 거대 기업으로 성장했다.

그러나 영원할 것만 같던 미국 철강산업의 태평성대도 1950년대에 접어들면서 문제가 생기기 시작했다. 제2차 세계대전이 끝나자 유럽 국가들은 폐허가 된 철강산업을 다시 일으키기 위해 절치부심했다. 유럽 업체들은 생산 규모 면에서 세계 최대를 자랑하는 미국 업체를 따라잡기 위해 양보다는 질적 변화를 추구했다.

시간이 흐르자 미국식 생산방식보다 훨씬 뛰어난 생산 공정이 등장하면서 유럽 업체들은 질적으로 미국을 앞서기 시작했다. 반면 신기술로 무장한 첨단 제철소가 유럽 곳곳에 들어서고 있는데도 미국 철강업계의 경영자들은 안일한 생각에 빠져 세상의 빠른 변화를 깨닫지 못하고 있었다. 하루가 다르게 미국 철강의 세계 시장 점유율이 줄어들자 결국 이를 보다 못한 미국 의회가 발 벗고 나섰다.

1957년, 미국 의회는 철강회사의 최고 경영자들을 의회로 불러들여 청문회를 열었다. 의원들이 앞다투어 철강산업의 문제점을 지적했지만 경영자들은 "미국의 철강산업은 누구도 따라올 수 없는 최고의 생산성과 고품질을 자랑한다."라고 근거 없는 자화자찬만을 늘어놓았다. 그들은 사태파악도 제대로 못한 채 이미 한물가버린 기존 기술을 고집하며 변화할 수 있는 기회를 스스로 날려 버렸다. 노동자도 마찬가지였다. 해마다 미국의 철강 생산량이 줄면서 회사의 재정 상태가 이전보다 훨씬 못해졌지만 끊임없이 임금인상을 외치며 자신의 뱃속을 채우는 일에만 관심이 있었다.

1970년대에 접어들자 이번에는 일본 제품이 미국을 위협하기 시작했다. 유럽보다 더욱 효율적인 생산방식을 개발한 일본 업체들은 최고 품질의 철강을 매우 저렴한 가격에 미국 시장으로 내다 팔면서 급속도로 시장 점유율을 높여 나갔다.

2000년대 들어서서는 미국 시장에 중국 업체들이 진출하면서 다시 한번 미국 철강업계에 고통을 안겨 주었다. 중국산 철강 제품은 유럽이나 일본산 철강에 비해 품질이 좋지 않았지만 중국 정부의 보조금 덕분에 빠르게 시장 점유율을 늘려나갔다. 철강 없이는 산업화를 이룰 수 없기 때문에 해마다 중국은 철강업체에 막대한 보조금을 주는 방법으로 자국의 철강산업을 일으켰던 것이다. 이와 같이 선진국 개발도상국 가리지 않고 철강 제품들이 밀려들어오자 미국의 철강 업체들은 비명 속에 쓰러졌다.

미국의 철강 산업이 몰락하자 2017년 임기를 시작한 도널드 트럼프 대통령은 외국산 철강 제품에 고율의 관세를 부과해 자국의 철강산업을 회생시키고자 했다. 그러나 미국의 철강산업은 부활하지 못했다. 그동안 경영난에 시달려 온 기업들은 신기술을 도입하거나 새로운 공장을 지을 만한 자금이나 여유조차 없는 상태였기 때문이다.

19세기 후반 카네기가 과감하게 신기술을 도입해 유럽을 꺾고 미국의 철강산업을 세계 최고로 올려놓았던 일은 이제 과거의 이야기가 되고 있다.

09

발명왕

토머스 에디슨

세상의 밤을 대낮처럼 밝힌 발명가 겸 사업가 (1847 ~ 1931)

실패를 기반 삼아 끊임없이 재도전함으로써 1,000개가 넘는 특허권을 보유한 집념의 미국인이다. 19세기 미국의 과학기술 수준은 유럽에 비해 크게 낙후되어 있었지만 그의 등장으로 미국은 응용 기술 면에서 유럽을 압도하게 되었다. 멘로 파크에서 보낸 1876~1881년 발명가로서 최대 전성기를 맞이하였으나 자신이 만든 회사에서 쫓겨나는 수모를 당하기도 했다. 그러나 인간적인 결함에도 불구하고 역사에 길이 남을 발명가임에는 틀림이 없다.

집념의 에디슨

발명왕 토머스 에디슨Thomas Edison은 세계 아이들의 우상입니다. 지구촌 어디를 가든지 에디슨의 일대기를 다룬 전기傳記가 읽히고 수많은 어린이들이 그를 존경합니다. 1847년 미국 오하이오주 밀란Milan에서 태어난 에디슨은 원하는 것은 어떻게 해서든지 얻으려고 하는 소년이었습니다.

석 달밖에 다니지 않은 학교에서도 그의 성격은 그대로 드러났습니다. 지적 호기심이 왕성했던 에디슨은 궁금한 것이 생기면 곧바로 교사에게 물어보았습니다. 바람은 왜 부는지, 하늘이 왜 파란지, 별은 어떻게 아래로 떨어지는지, 물고기는 왜 물에 빠져도 죽지 않는지, 씨앗이 어떻게 꽃이 되는지 등 수없이 많은 질

어린 시절의 에디슨

문을 퍼부었습니다.

처음에는 교사도 에디슨의 질문에 대답해 주었지만, 질문이 꼬리를 물고 끝없이 이어지자 난감해했습니다. 교사라고 해서 세상의 모든 것을 알 수는 없었고, 에디슨 이외에도 여러 학생들을 가르쳐야 했기 때문에 수업 시간 중 그의 질문에 일일이 답할 수 없었습니다. 이런 사정은 헤아리지 못하고 계속 질문을 쏟아내는 에디슨을 교사는 혼내기 시작했습니다. 그러나 에디슨은 물러나지 않고 계속 질문을 퍼붓다가 '저능아'라는 폭언을 듣기도 했습니다. 에디슨의 어머니는 아들이 학교에서 모욕을 당하자 더는 미련을 두지 않고 자퇴를 선택했습니다.

이 같은 에디슨의 태도는 어떤 방향에서 보느냐에 따라 평가가 달라집니다. 좋게 보면 호기심이 왕성한 학생이지만, 나쁘게 보면 다른 사람의 존재는 아랑곳하지 않는 자기중심적 성격의 소유자이기도 합니다. 관점에 따라 달리 해석할 여지가 있는 에디슨의 성품은 지금까지도 논란의 대상이 되고 있습니다. 학교에서 쫓겨나다시피 한 에디슨은 부모님 밑에서 홈스쿨링*을 통해 기초적인 지식을 쌓았습니다. 그의 아버지는 자유주의 사상을 지닌 진보적 지식인이었고 어머니는 초등학교 교사 출신이었습니다.

아들에게 한없는 사랑을 베풀어 주었던 어머니 낸시Nancy 는 보통

* 학교에 가는 대신 집에서 공부를 하는 재택 교육.

아이들과는 많이 다른 에디슨이 상처를 입거나 위축되지 않도록 배려했습니다. 긍정적이고 활발했던 그녀는 호기심 많고 상상력이 풍부한 아들이 던지는 수많은 질문에 일일이 답해 주었습니다. 질문에 바로 답하지 못한 것은 백과사전을 뒤져 답을 찾아내느라 밤을 지새우기도 했습니다.

낸시는 아들의 창의성을 개발하기 위해 다양한 분야의 책을 끊임없이 읽어 주었고 여러 가지 주제에 대해 에디슨과 토론하며 많은 시간을 보냈습니다. 에디슨의 장래에 결정적인 영향을 끼친 것은 9살 때 어머니가 선물한 리차드 파커Richard Parker의 《자연철학 학교》라는 책이었습니다. 이 책은 화학실험으로 가득하여 어린이들이 읽을 수 없는 수준 높은 과학책이었지만, 에디슨은 늘 곁에 두고 책에 나온 여러 가지 실험을 했습니다.

에디슨의 부모는 훌륭한 인품을 지녔으나 돈 버는 데는 그다지 재주가 없었습니다. 과학 분야에 열중해 있던 아들 에디슨을 위해 부모는 날품을 팔아 지하실에 전용 실험실을 만들어 주었고, 200여 가지의 화학실험 재료를 마련해 주었습니다. 그렇지만 어린 시절의 에디슨을 항상 따라다닌 가난 탓에 그는 10대 초반부터 생계를 위해 발 벗고 나서야 했습니다. 그는 집이 있는 미시간주 포트휴런Port Huron과 디트로이트Detroit를 오가는 기차 안에서 잡지, 과자, 음료수 등을 팔아 생활비를 마련했습니다.

어릴 적부터 근면하고 성실했던 에디슨은 기차 안에서 마냥 흘려

보내는 시간이 아까웠습니다. 그는 비어 있는 짐칸을 과학 실험실로 사용하며 연구에 몰두했습니다. 열차가 디트로이트에 정차해 있는 8시간 동안에도 도서관으로 달려가 부지런히 책을 읽었습니다. 남들보다 일찍 사회생활을 시작해 돈벌이에 관심이 많았던 에디슨은 열차 안에서 승객들이 무료한 시간을 보낸다는 점에 착안해 열차 전용 신문을 발행하기도 했습니다.

열차 안에서 잡상인 생활을 하던 15세의 에디슨에게 어느 날 작은 이변이 찾아왔습니다. 에디슨은 마운트 클레멘스Mount Clemens 역에서 역장의 두 살짜리 아들이 선로로 기어가는 것을 보고 뛰어들어 그를 구해냈습니다. 역장은 은혜에 보답하기 위해 그에게 전기 기술을 가르쳐 주었습니다. 전기 분야에 해박한 지식을 가지고 있었던 역장 덕분에 에디슨은 전기에 관해 많은 지식을 얻을 수 있었습니다. 남들보다 훨씬 빨리 지식을 습득할 수 있었던 것은 방대한 독서 덕분이었습니다. 그는 1년 만에 역장의 기술을 모두 흡수했습니다.

역장은 명석한 두뇌를 가진 에디슨이 열차 안에서 잡상인으로 인생을 보내고 있는 것을 안타깝게 생각했습니다. 그는 에디슨을 포트휴런에 있는 한 통신회사에 취직시켜 주었습니다. 쓸 만한 일자리를 얻은 에디슨은 낮에 일하고 밤에 공부하면서 학문적 기초를 다져 나가 10대 후반에는 웬만한 공과대학 졸업생보다 깊은 지식을 갖추었습니다.

1869년, 에디슨은 통신회사를 그만두고 자신만의 기술과 창의력을 바탕으로 창업의 길로 들어섰습니다. 에디슨이 세운 회사는 벤처기업의 원형으로서, 그는 세계 최초의 벤처사업가이기도 합니다. 그의 첫 특허발명품은 자동투표기록기였습니다. 투표용지를 빠르게 분류해 투표결과를 신속히 알려 주는 기계였는데, 한 대도 팔지 못했습니다.

에디슨은 미국 의회에 자신의 발명품을 판매하려고 했지만, 국회의원들이 구입 예산을 배정해 주지 않았습니다. 개표 작업을 하는 일은 국회의원이 아니라 말단 직원의 몫이었기에 굳이 돈을 들여가며 최신 투표기록기를 구입할 필요가 없었던 것입니다. 이 일을 통해 에디슨은 돈이 되지 않는 발명은 의미가 없다는 사실을 알게 되었습니다. 이후 철저히 상업주의를 추구하는 발명의 길을 걸었습니다.

멘로 파크의 마법사

에디슨은 자동투표기록기의 실패로 큰 손실을 보았지만, 발명을 포기하지 않았습니다. 곧바로 주식시세 표시기를 만들어 세상에 공개했습니다. 당시 자본주의가 비약적으로 발전하고 있던 미국에서는 주식시장에 상장하는 회사가 늘어나면서 성능이 우수한 주식시세 표시기가 꼭 필요한 상황이었습니다.

에디슨의 발명품에 호감이 생긴 대기업 웨스턴 유니언Western Union이 특허권을 사겠다는 제안을 해 왔습니다. 에디슨은 도대체 얼마를 받

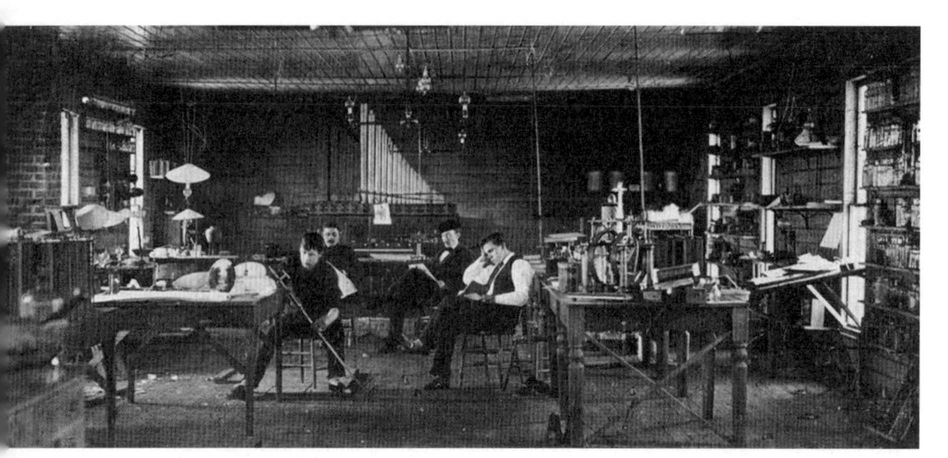

멘로 파크 연구소

고 특허를 넘겨야 할지 감이 오지 않아 고민에 빠졌습니다. 항상 가난 속에 살았던 그는 1천 달러라도 받았으면 좋겠다는 생각으로 협상에 임했습니다. 에디슨은 "얼마나 주시겠습니까?"라고 먼저 상대방의 의사를 물었습니다. 뜻밖에도 상대측은 에디슨이 생각한 금액의 40배나 되는 4만 달러를 주겠다고 제안했습니다. 거금 4만 달러는 에디슨에게 성공의 날개가 되었습니다.

1876년, 에디슨은 특허 매각대금으로 뉴저지주 멘로 파크Menlo Park에 연구소를 차리면서 인생 최대 전성기를 맞이했습니다. 당시 개발된 수많은 발명품 중에서도 그가 만든 전구는 인류에 큰 영향을 미쳤습니다. 사실 에디슨은 백열전구를 맨 처음으로 고안한 사람이 아닙니다. 이전에 등장한 전구는 실제 생활에 쓰이지 못하고 연구용 시제품에 지나지 않았는데, 에디슨은 이것을 바탕으로 실생활에 사용할 수 있는 전구를 만들어 내고자 했습니다.

에디슨의 위대한 발명품인 전구

백열전구 개발과 각 가정으로 전기를 공급하는 사업은 혼자 힘으로 불가능했기에, 1878년 에디슨은 적극적인 투자 유치에 나섰습니다. 당대 손꼽히던 재벌이자 '금융재벌' 존 모건이 에디슨을 돕겠다고 나서면서 행운이 찾아오는 듯 보였습니다.

존 모건은 에디슨에게 막대한 돈을 투자했습니다. 그을음이 심한데다 주기적으로 연료도 채워야 하는 등유 램프보다는 깨끗하고 사용이 편리한 전기가 미래의 주력 에너지가 될 것이라고 예상했기 때문입니다. 존 모건이 투자금을, 에디슨은 기술을 제공하는 조건으로 두 사람은 '에디슨 전기조명회사'라는 주식회사를 차려 한배를 타게 되었습니다. 하지만 풍부한 연구개발 자금이 있다고 해서 모든 일이 일사천리로 진행되지는 않았습니다.

에디슨이 전구를 개발하는 과정은 실패의 연속이었는데, 가장 어

청년 시절의 에디슨

려운 작업은 빛을 내는 필라멘트*를 만드는 일이었습니다. 에디슨이 처음 필라멘트의 소재로 생각한 물질은 백금이었습니다. 백금은 용융점**이 가장 높은 소재이기 때문에 전기에너지를 빛으로 바꾸는 데 용이하지만, 가격이 너무 비싸 도저히 실용화할 수 없었습니다. 제품의 성능이 아무리 뛰어나더라도 가격이 비싸면 팔리지 않기 때문에 에디슨은 백금을 대신할 물질을 찾기 위해 동분서주했습니다. 백금 대신 니켈을 사용해 필라멘트를 만들어 보았지만, 얼마 쓰지 못하고 망가져 제품화할 수 없었습니다.

이후 수백 가지의 물질로 필라멘트를 만들다가 의외의 소재를 찾아냈습니다. 바로 대나무였습니다. 대나무를 탄화시켜 얇은 실처럼 만들면 상당히 오랜 시간 빛을 내었습니다. 가장 많은 빛을 내고 오랫동안 쓸 수 있는 대나무를 찾기 위해 세계 곳곳의 대나무 산지에서 재료를 모은 결과, 에디슨은 일본 교토 부근에서 자라는 대나무가 필라멘트 소재로 가장 적합하다는 사실을 알아냈습니다.

* 전류가 흐르면 빛과 열을 방출하는 가느다란 금속 선. 전구, 전자관 등에 사용한다.
** 고체가 녹아서 액체로 바뀌는 온도, 즉 녹는점.

1879년, 에디슨은 필라멘트를 이용해 40시간 이상 빛을 내는 백열 전구를 개발했습니다.

19세기 최고의 발명품인 백열전구는 인류의 생활 방식을 송두리째 바꿔 놓았습니다. 어두운 밤에도 사람들은 밝은 전구 아래서 낮처럼 일할 수 있게 되었습니다. 에디슨의 전구 발명은 개인적인 성공뿐 아니라 국가적 차원의 쾌거이기도 했습니다.

19세기 미국의 과학기술 수준은 유럽에 비해 크게 낙후되어 있었습니다. 유럽의 과학계는 방사능원소를 발견한 프랑스의 퀴리Curie 부부, 양자역학의 창시자인 독일의 막스 플랑크Max Planck, 상대성이론을 주창한 독일의 알버트 아인슈타인Albert Einstein, 불확정성 원리를 창시한 독일의 하이젠베르크Heisenberg 등 과학 역사에 큰 획을 긋는 천재 과학자가 쏟아져 나오면서 비약적인 발전을 이루고 있었습니다.

압도적인 능력을 자랑하던 유럽 과학계의 기세에 미국 과학계가 눌려 있을 때, 에디슨이 혜성처럼 등장해 유럽 사람들도 만들지 못한 백열전구를 세상에 내놓은 것입니다. 일부 사람들은 에디슨이 정규 교육과정을 마친 정통 과학자가 아니기에, 그가 개발한 전구는 이론적 토대도 갖추지 못한 기술에 불과하다며 폄훼했습니다. 그렇지만 에디슨의 왕성한 지적 호기심과 실험 정신으로 인해 미국은 응용 기술 면에서 유럽을 압도할 수 있게 되었습니다.

에디슨을 미워하던 사람들은 그가 대학을 졸업하지 못했다는 이유를 들어 그를 얼치기 기술자로 평가 절하했습니다. 하지만 에디슨은 오히려 정규 교육에서는 얻을 수 없는 자유로운 발상과 아이디어를 통해 수많은 발명품을 만들어 냈습니다. 또 누구보다 해박한 전문지식을 바탕으로 연구소의 직원들을 진두지휘하는 등 리더로서의 면모를 보여 주었습니다. 에디슨은 이론과 실제를 겸비한 뛰어난 발명가였지만, 사람들은 그가 죽는 날까지 학력을 문제 삼았습니다.

백열전구 개발 후, 전 세계가 에디슨이 만든 전구를 사용하면서 밤문화가 생겨났습니다. 에디슨은 멘로 파크에서 백열전구, 축음기, 축전지, 전화 송화기 등 실생활에 필요한 온갖 제품을 만들어 미국인의 생활을 바꾸어 놓았습니다. 미국 사람들은 발명에 천부적인 재능이 있던 에디슨을 일컬어 '멘로 파크의 마법사'라 치켜세우며 추앙의 눈길을 보냈습니다.

냉혹한 경영자

어릴 적부터 산전수전 다 겪은 에디슨은 뛰어난 발명가였지만 한편으론 얼음장처럼 차가운 경영인이기도 했습니다. 그는 한 번 시도한 일은 반드시 끝을 보는 성미를 가졌습니다. 축전기를 개발하기 위해 무려 1만 번의 실패를 했지만 끝내 개발에 성공한 것은 하나의 예입니다. 에디슨은 평생 1년에 단 하루, 독립기념일인 7월 4일에만 쉬었고 364일을 하루 14시간씩 쉼 없이 일했습니다. 그는 "천재는 99%의 노력과 1%의 영감으로 이루어진다."라는 격언을 남기며 최선을 다하는 삶을 예찬했습니다.

소리의 녹음과 재생을 가능하게 만든 에디슨 축음기

에디슨의 엄청난 성공 뒤에는 사람들에게 알려지지 않은 어두운 면도 존재합니다. 에디슨이 일생에 걸쳐 획득한 1천 93개나 되는 특허에 대해 사람들은 의문을 제기합니다. 그는 왕성한 활동을 펼쳤던 1870년대 말부터 1900년까지 2주에 한 번꼴로 특허를 등록했습니다. 아무리 창의성 넘치는 사람일지라도 축전지, 영사기, 축음기, 전기, 타자기, 시멘트 제조법, 119구급 시스템 등 서로 연관성 없는 분야에서 독보적인 성과물을 내기란 불가능합니다. 이 기간 에디슨이 획득한 특허의 상당 부분은 그의 회사에서 일하던 직원들의 아이디어였습니다.

에디슨은 재기발랄한 젊은 직원들의 아이디어를 자신의 이름으로 특허 등록했습니다. 사람들은 에디슨이 들고나온 모든 발명품을 그가 개발한 것으로 알게 되었습니다.

에디슨의 잘못된 행동은 이뿐만이 아닙니다. 1902년 프랑스의 영화감독 조르주 멜리에스Georges Melies는 영화사에 길이 남는 최초의 공상과학영화(SF영화) 한 편을 제작했습니다. 기존 영화의 상영시간이

최초의 공상과학영화 '달나라 여행'

1~2분 정도에 지나지 않던 것에 비해 그가 만든 '달나라 여행'이라는 작품의 상영시간은 14분에 달했습니다. 상영시간도 길어졌지만 내용도 참신했던 이 영화는 유럽에서 폭발적인 인기를 끌었습니다.

영화가 유럽에서 흥행에 성공하자 에디슨 회사 소속 직원 하나가 프랑스로 건너가 불법을 저질렀습니다. 파리에 있던 극장의 영사기사를 돈으로 매수해서 필름을 빼돌린 후 복제품을 만든 것이었습니다. 에디슨의 회사는 불법복제 필름으로 미국 전역에서 영화를 개봉해 엄청난 돈을 벌었습니다.

조르주 멜리에스 감독과 프랑스 영화사 측은 에디슨에게 항의했지만 아무런 소용이 없었습니다. 에디슨은 "불법을 저지른 것은 나 자신이 아니라 종업원이었다."라고 변명하며 발뺌하기에 급급했습니

영화의 중심지, 할리우드

다. 조르주 멜리에스 감독은 어떠한 손해배상도 받지 못한 채 세계 최대의 미국 시장을 잃어야 했습니다.

1908년, 에디슨은 프랑스 영화로 벌어들인 돈을 기반으로 영화사를 만들고 영화시장을 장악하고자 했습니다. 자본을 무기로 영화계를 장악하려는 에디슨에게 반감을 품은 많은 영화인이 힘을 합쳐 만든 것이 바로 '할리우드Hollywood'*입니다. 영화인들은 동부 뉴욕을 근거지로 하고 있던 에디슨의 영향력에서 벗어나기 위해 서부의 할리우드에 보금자리를 마련했습니다.

할리우드가 탄생함으로써 에디슨의 영화산업 장악 의도는 실패로

* 영화의 중심지. 미국 캘리포니아주 로스앤젤레스에 있다.

돌아갔습니다. 사람들이 에디슨의 이중적인 모습을 비판하자, 그는 "산업 분야에 있는 사람들은 누구나 남의 것을 훔치기 마련이다."라고 응수했습니다. 그는 출중한 발명가이기도 했지만, 성공을 위해서는 수단과 방법을 가리지 않는 사업가였습니다.

에디슨과 테슬라

니콜라 테슬라Nikola Tesla는 1856년 7월 동유럽 크로아티아에서 태어났습니다. 그리스 정교회 성직자였던 그의 아버지는 아들도 성직자가 되기를 바랐지만, 테슬라는 어릴 적부터 종교보다는 발명에 관심이 많았습니다. 테슬라는 발명 재능을 어머니로부터 물려받았습니다. 그의 어머니는 학교를 다닌 적 없지만 손재간이 뛰어나 집안의 모든 가재도구를 스스로 만들어 썼을 만큼 발명에 일가견이 있었습니다.

니콜라 테슬라

1875년, 테슬라는 그라츠 공과대학에 입학했으나 경제적 어려움으로 졸업을 하지는 못하고, 1881년 헝가리로 건너가 국영 전화국에서 엔지니어로 일했습니다. 얼마 후 파리로 건너간 테슬라는 에디슨이 파리에 설립한 유럽 지사에서 근무하게 되었습니다.

1879년, 에디슨이 백열전구 발명을 계기로 본격적인 전기사업에 뛰어들 당시 상품화한 전기는 직류였습니다. 직류는 시간에 따라 전류 크기와 방향이 변하지 않고 일정하게 한 방향을 흐르는 전류를 뜻합니다. 즉, 전기가 흐를 때 전압이 바뀌지 않는 방식으로 당시 기술로는 전기를 멀리 보낼 수 없다는 치명적인 약점이 있었습니다. 따라서 미국 전역에 전기를 공급하려면 엄청나게 많은 발전소를 곳곳에 건설해야 하기에 천문학적인 비용이 들어갑니다. 이런 이유로 전기사업의 성공을 위해서는 값싼 전기를 만들 수 있는 신기술이 필요했습니다. 이때 등장한 사람이 바로 테슬라였습니다.

테슬라는 파리 지사에서 일할 때부터 전기에 관해 해박한 지식을 가지고 있었습니다. 이 소문은 널리 퍼져 미국의 에디슨에게도 전해졌습니다. 1884년 에디슨의 초청을 받고 미국으로 건너온 테슬라는 그 유명한 멘로 파크에서 에디슨을 처음으로 만났습니다. 에디슨은 테슬라와 전기에 관한 이야기를 나누다가 깜짝 놀랐습니다. 테슬라가 자신보다 전기에 관해 훨씬 해박한 지식을 가지고 있었기 때문입니다. 발명가 겸 경영자였던 에디슨은 테슬라가 세상 물정에 어두운 순진한 기술자라는 사실도 금세 알아차렸습니다.

에디슨은 첫 만남에서 테슬라에게 직류전기의 약점을 보완해 줄 방법을 찾아내면 5만 달러의 사례금을 주겠노라고 약속했습니다. 당시 5만 달러는 봉급생활자가 평생 손에 쥘 수 없는 엄청난 금액이었습니다. 에디슨의 제안을 흔쾌히 받아들인 테슬라는 그날 이후 직류전기의 단점을 해결하기 위해 밤낮을 가리지 않고 연구에 매진했습니다.

연구를 시작한 지 1년 만인 1885년, 테슬라는 에디슨의 직류전기를 뛰어넘는 교류전기를 개발했습니다. 교류전기란 전기를 보내면서 전압을 주기적으로 바꾸는 방식을 말합니다. 전기를 다른 곳으로 보낼 때 전압을 변화시키면 중간에 송전손실을 최소화하면서 멀리까지 보낼 수 있습니다. 교류전기는 발전소에서 멀리 떨어진 곳까지 전기를 자유롭게 보낼 수 있어, 직류전기처럼 중간에 발전소를 세울 필요가 없습니다. 테슬라의 교류전기 개발로 인해 전기 판매가격이 획기적으로 낮아져 비로소 전기가 상품성을 가질 수 있게 되었습니다.

테슬라는 교류전기 뿐만 아니라 이를 멀리 보낼 수 있도록 하는 변압기까지 개발해 에디슨을 찾아갔습니다. 에디슨은 테슬라가 만든 교류시스템을 보고 큰 충격을 받았습니다. 자신이 개발한 직류시스템보다 훨씬 앞선 기술이었기 때문입니다. 테슬라의 교류시스템을 활용하면 전력망 구축비용이 10분의 1로 줄어들어 타사 대비 뛰어난 가격 경쟁력을 확보할 수 있었습니다.

하지만 에디슨은 그동안 직류시스템 개발을 위해 엄청난 돈을 쏟아부었기 때문에 교류시스템 도입을 꺼렸습니다. 자신이 그동안 이룩한 부와 명예가 한순간에 무너질 것을 우려한 나머지 1년 전 약속한 5만 달러의 사례금 지급은커녕 테슬라의 교류시스템을 두고 온갖 트집을 잡으며 폄훼했습니다.

약속한 돈을 달라는 테슬라의 요구에 에디슨은 "예전에 돈을 주겠다고 한 말은 농담이었다. 당신은 미국식 농담도 이해하지 못하느냐?"라고 말하며 오리발을 내밀었습니다. 테슬라가 보았을 때, 에디슨의 직류시스템은 자신의 교류시스템에 비하면 원시적인 수준에 불과했습니다. 에디슨과 전기전쟁에서 충분히 이길 자신이 있었던 테슬라는 과감하게 회사를 그만두었습니다.

전기전쟁

에디슨과 결별한 테슬라는 자신의 이름을 딴 회사를 설립하고 교류전기를 보급하기 위해 적극적으로 나섰습니다. 그는 누구나 저렴한 가격으로 교류전기를 사용할 수 있도록 하려고 특허료를 포기했습니다. 이러한 태도는 특허에 집착해 악착같이 특허료를 받아 챙기던 에디슨과는 다른 모습이었습니다.

테슬라의 교류시스템은 에디슨의 기술보다 월등히 앞섰기 때문에 많은 사람의 관심을 끌었습니다. 정부가 미국 전역에 전기를 공급한다는 계획을 발표하면서 전기전쟁은 본격화되었습니다. 전기전쟁에서 가해자 편에 선 에디슨은 그동안 궂은 날을 대비해 사회 곳곳에 거미줄처럼 구축해 온 인맥을 이용했습니다. 정계와 재계는 물론, 언론과도 좋은 관계를 형성한 에디슨은 교류전기가 인체에 치명적이라는 중상모략을 하기 시작했습니다.

전기는 직류든 교류든 구분할 것 없이 높은 전압이 흐르면 위험하기는 마찬가지입니다. 하지만 에디슨은 교류전기만 위험한 것처럼 보이기 위해 잔혹한 방법을 동원했습니다. 그것은 바로 '동물 처형식'이었습니다. 그는 자신에게 호의적인 기자를 불러 모은 후 동네 길고양이와 유기견을 교류전기로 죽이는 실험을 진행했습니다.

언론을 통해 교류전기의 위험성을 접한 사람들의 반응이 대수롭지 않자, 에디슨은 좀 더 과감하게 동물들을 죽이기 시작했습니다. 한꺼번에 더 많은 개와 고양이를 죽였고 심지어 말까지 희생시켰습니다. 교류전기의 위험성을 알리기 위해 실험을 강행한 결과 에디슨 회사 근처의 개와 고양이 개체수가 크게 줄어들고 말았습니다. 그러나 그

교류전기 앞에서 독서하는
니콜라 테슬라

교류전기에 반대하기 위해
희생시킨 코끼리

의 실험에 대한 사람들의 반응은 여전히 싸늘했습니다.

에디슨은 사람들에게 더 큰 충격을 주기 위해 무게가 5톤이나 나가는 코끼리를 데려와 6,600 볼트의 교류전기를 흘렸습니다. 전기가 흐르는 동안 극도의 고통을 느끼며 죽어 가는 코끼리의 모습은 실시간으로 촬영되었습니다. 에디슨은 이 모습을 전단지에 담아 대량으로 살포해 교류전기에 반대하는 움직임이 일어나도록 유도했지만 아무런 소용이 없었습니다. 오히려 돈벌이를 위해 죄 없는 동물들을 학살하는 에디슨에 대한 비난이 쏟아졌습니다.

궁지에 몰린 에디슨은 교류전기를 이용해 아예 인간을 죽이기로 결심하고, 대상을 물색했습니다. 그의 광기에 희생양이 된 사람은 사형수였습니다. 과거 에디슨은 사형제도에 강력하게 반대한다고 공공연하게 떠들고 다녔지만, 테슬라를 무너뜨리기 위해 자신의 신념마저 저버렸습니다.

1890년 8월 뉴욕주 오번Auburn 교도소의 사형수를 대상으로, 에디

뉴욕주 오번 교도소에서
사형을 집행하는 데 쓰인
에디슨의 전기의자

슨은 자신이 직접 제작한 교류 전기의자의 성능을 확인해 볼 수 있었습니다. 오번 교도소는 이전까지 목을 옭아매어 죽이는 교수형으로 사형을 집행했지만, 에디슨의 막후교섭에 넘어가 전기의자를 동원해 사형을 집행하게 되었습니다.

사형이 집행되기 직전, 에디슨은 교류전기가 너무 위험해서 고압의 전기를 흘리는 즉시 사형수가 죽을 것이라고 호언장담했습니다. 사형수는 고압전류가 흐를 때 몸의 털에 불이 붙지 않도록 눈썹과 머리카락 등 온몸의 털을 모두 깎은 상태였습니다. 사형수의 몸에 전극이 붙여지면서 마침내 고압의 교류전기가 흘렀습니다. 전기가 흐른 지 17초 만에 사형수는 의식을 잃고 고개를 떨어뜨렸습니다. 사형 집행관은 사형수가 죽은 줄 알고 다가갔다가, 다시 숨을 쉬기 시작하는 모습에 깜짝 놀랐습니다.

또다시 전기를 흘려보낸 지 70초 후 사형수의 온몸에서 불길이 치솟았습니다. 사형수는 절규를 하며 고통스러워했고 이를 지켜보던

에디슨과 존 모건이 세운
뉴욕 맨해튼 발전소

참관인들은 엄청난 충격을 받아 일부는 기절하기도 했습니다. 사형수는 산 채로 타면서 끔찍한 죽음을 맞이했고 방안은 온통 탄 냄새로 진동했습니다. 에디슨 전기의자는 언론을 타고 세상에 널리 알려졌습니다. 기사를 접한 사람들은 교류전기의 위험성에 충격을 받기보다는 에디슨의 잔혹함에 혀를 내둘렀습니다.

에디슨의 제안을 받아들여 집행된 '세계 최초의 전기의자를 이용한 사형'은 처참한 실패로 돌아가, 에디슨은 훌륭한 발명가라는 이미지 대신 잔혹한 인물이라는 악평을 듣게 되었습니다. 그가 수단과 방법을 가리지 않고 테슬라를 무너뜨리려고 한 것은 직류전기를 개발하기 위해 그동안 너무나 많은 돈과 시간을 쏟아부었기 때문입니다. 이미 에디슨과 존 모건은 거액을 들여 뉴욕 맨해튼에 발전소를 짓고 수천 가구에 전기를 안정적으로 공급하며 전기사업에 깊숙이 개입하고 있었습니다.

테슬라의 완승으로 끝난 전기전쟁

기술로서는 테슬라를 도저히 이길 수 없다는 것을 누구보다도 잘 알고 있었던 에디슨은 중상모략을 해서라도 전기전쟁에서 승기를 잡으려고 했지만 모두 실패로 돌아갔습니다. 에디슨이 교류시스템을 이용해 동물과 사람을 가리지 않고 살해하는 모습에 테슬라는 몹시 괴로워했습니다.

에디슨은 동물 화형이나 사형수의 전기의자 사형 이외에도 테슬라를 괴롭히려고 안간힘을 썼습니다. 테슬라에게 돈이 흘러들어가지 않도록 하기 위해 그에게 투자하려는 사람들을 설득하거나 협박하여 돈줄을 차단함으로써 테슬라를 망하게 하려고 했습니다.

하지만 테슬라의 뛰어난 기술력을 알아본 기업들은 테슬라를 찾아와 서로 협조할 것을 제안했습니다. 테슬라는 특허 사용료를 받지 않고 협력기업에 적극적으로 기술을 전수해 주는 선의를 보였습니다.

조지 웨스팅하우스

특히 발명가 겸 기업가였던 조지 웨스팅하우스George Westinghouse는 교류전기의 효율성에 매료되어 테슬라와 동업에 나섰습니다. 그가 교류전기에 대해 잘 몰랐을 때는 에디슨의 직류시스템을 지지했으나, 마음을 바꿔 테슬라 편에 섰습니다. 이후 웨스팅하우스는 테슬라와 손잡고 교류전기가 기술표준이 될 수 있

시카고 만국박람회

도록 노력했습니다.

1893년 시카고 만국박람회의 조명설비 입찰은 테슬라와 에디슨 사이의 공식적인 첫 번째 전기전쟁으로, '전기 표준화 대결'이었습니다. 이때 박람회장의 밤을 환히 비춰줄 25만 개나 되는 백열전구를 밝힐 기술로 교류전기가 선정되었습니다. 테슬라와 웨스팅하우스는 에디슨이 제시한 금액의 4분의 1밖에 되지 않는 낮은 가격으로 시카고 만국박람회장의 전기설비를 설치하기로 해 계약을 따냈습니다. 시카고 만국박람회장에 설치된 전구는 에디슨이 개발한 백열전구였지만 전기시스템으로는 테슬라의 교류전기가 채택된 것입니다. 시카고 만국박람회에는 무려 2,700만 명의 관람객이 찾아들었으며 방문객들은 교류전기의 효율성과 성큼 다가온 전기 시대를 직접 체험할 수 있었습니다.

테슬라와 에디슨의 두 번째 전기전쟁은 3년 뒤인 1896년에 벌어졌습니다. 전기 수요가 계속 늘어나면서 대형 발전소가 필요했던 미국 정부는 엄청난 수량을 자랑하는 나이아가라 폭포를 이용해 세계 최대의 수력발전소를 짓기로 하고 사업자 선정에 나섰습니다. 나이아가라 수력발전소 건설은 미국 동부의 모든 가정이 전기로 불을 밝힐 수 있는 매우 중요한 사업이었습니다.

에디슨과 존 모건은 이번만큼은 절대로 물러날 수 없다는 필사의 각오로 수주 경쟁에 뛰어들었지만 이번에도 교류전기의 벽을 뛰어넘을 수 없었습니다. 에디슨의 직류전기는 발전소에서 생산한 전기를 42km나 떨어진 도시로 보내는 전력사업에 적당하지 않았기 때문에 장거리 송전에 유리한 교류전기가 선정되었습니다. 이로써 테슬라와 에디슨 사이에 오랫동안 계속되었던 전기전쟁은 테슬라의 완승으로 끝을 맺었습니다.

존 모건의 배신

금융 자본가 출신인 존 모건은 교류전기와의 전쟁에서 참패를 거듭하자 더는 에디슨과 직류전기에 집착하지 않기로 마음먹고 음모를 꾸미기 시작했습니다. 그는 에디슨 전기조명회사의 주식을 에디슨 모르게 매집해서 최대주주의 자리에 오르자마자 에디슨을 회사에서 쫓아내려고 했습니다. 에디슨은 강하게 저항하며 회사를 지키려고 했지만, 끝내 자신이 만든 회사에서 쫓겨나는 수모를 당했습니다.

에디슨을 내쫓는 데 성공한 존 모건은 회사명을 '에디슨 전기조명회사'에서 '제너럴일렉트릭General Electric Company'으로 바꾸어 에디슨의 흔적을 말끔히 없앴습니다. 존 모건은 어느 정도 내부 정리가 끝나자 본격적으로 테슬라와 웨스팅하우스를 괴롭히기 시작했습니다. 미국 금융시장을 휘어잡고 있었던 그는 의도적으로 웨스팅하우스* 주식회사가 경영난에 시달리고 있으며 머지않아 파산할 것이라는 소문을 퍼뜨리고 다녔습니다.

금융시장의 절대 강자 존 모건이 웨스팅하우스의 파산 가능성을 떠들고 다니자 곧바로 주가가 폭락을 거듭해서 주식회사 웨스팅하우스의 자금조달 길이 막혀 버렸습니다. 존 모건은 때를 놓치지 않고 테슬라와 웨스팅하우스를 찾아가 "내가 갖고 있는 교류전기에 관한 특허를 두 사람이 침해했다."라고 주장하면서 머지않아 소송을 제기하겠다고 으름장을 놓았습니다.

사실 세상 사람 대부분이 테슬라가 교류전기를 개발했다는 사실을 알고 있었지만 존 모건이 소송을 걸어오면 테슬라와 웨스팅하우스는 변호사를 고용할 돈이 없어 도저히 소송을 감당할 수 없었습니다. 게다가 권모술수에 능한 존 모건이 재력을 이용해 판사를 매수할 경우 상식 밖의 결과가 나올 수 있었기 때문에 두 사람은 존 모건에게 무릎을 꿇고 말았습니다.

존 모건의 무지막지한 협박에 시달리다 못한 테슬라와 웨스팅하우

* 경영자 이름인 동시에 회사 이름이기도 하다.

스는 교류전기에 관한 특허권을 넘겨주었습니다. 이를 밑천으로 존 모건은 전기사업에서 절대 강자가 되었습니다. 존 모건의 제너럴 일렉트릭은 세계 최대 종합 전기회사가 되었습니다. 에디슨과 테슬라가 전기 시대를 열었지만 정작 돈을 번 사람은 전기에 대해 전문지식도 없던 존 모건이 되면서 전기전쟁은 엉뚱한 결말로 끝을 맺었습니다.

사라지지 않은 앙금

전기전쟁은 마무리되었지만, 이후에도 에디슨이 계속 테슬라를 공격했기 때문에 두 사람 사이의 앙금은 사라지지 않았습니다.

1915년 가을, 미국 언론은 일제히 에디슨과 테슬라가 노벨 물리학상을 공동 수상하게 될 것이라는 기사를 쏟아냈습니다. 노벨상 수여를 담당하는 스웨덴의 노벨 위원회는 그동안 두 사람이 전기 대중화에 기여한 점을 높이 평가해 노벨상을 주려고 했습니다. 특히 에디슨은 필라멘트를 개발하던 도중 '에디슨 효과'를 발견해 과학발전에 적지 않은 기여를 했습니다. 에디슨 효과란 뜨겁게 가열된 금속의 표면에서 전자가 방출되는 현상으로서 에디슨이 실험을 통해 완벽히 입증했고, 훗날 진공관 개발에 널리 이용되었습니다.

에디슨은 테슬라와 공동으로 노벨상을 수상할 생각이 전혀 없었습니다. 미국 최고 유명인사가 된 자신이 동유럽 출신의 기술자와 함께 시상식에 오르고 싶지 않았기 때문입니다. 더구나 자신이 공동 수상에 동의하지 않으면 테슬라도 상금을 받지 못하지만, 자신이 노벨상을 받고 싶어서 동의하면 둘 다 많은 상금을 받게 될 것이고, 그 돈을 밑천 삼아 테슬라가 연구를 계속한다는 것조차 마음에 들지 않았습니다. 테슬라 역시 탐욕스러운 기업인에 지나지 않는 에디슨과 노벨상을 공동으로 수상하고 싶은 마음이 전혀 없었습니다. 두 사람 모두 노벨상 수상을 거부하는 바람에 결국 그해 노벨상은 다른 사람에게 돌아가고 말았습니다.

테슬라는 에디슨이 즐겨 사용한 '천재는 99%의 노력과 1%의 영감으로 이뤄진다.'라는 말에 공감하지 않았습니다. 오히려 종일 일에 매달려 사는 에디슨을 향해 "약간의 머리를 쓰면 99%의 노력을 줄일 수 있을 텐데."라고 말하기도 했습니다. 수많은 시행착오 끝에 무언가를 만들어 내는 에디슨에 비해, 테슬라는 번뜩이는 아이디어가 떠오르면 머릿속에서 모든 구상을 마친 후 간단한 실험을 통해 실용화하는 방식으로 발명을 했습니다. 테슬라의 천재성을 부러워한 에디슨은 아무리 노력해도 따라잡을 수 없는 테슬라의 창의성을 시기해 평생 그를 괴롭혔습니다.

전설이 된 에디슨

일 중독자라 불리며 평생 연구개발에 전념한 에디슨도 세월을 비켜 갈 수는 없었습니다. 나이 70대에 접어든 이후 그의 창의력은 급속도로 퇴화되어 예전처럼 영향력 있는 발명품을 세상에 내놓지 못했습니다. 에디슨은 나이가 들수록 기이한 행동을 하면서 실생활에 거의 필요 없는 괴상한 발명품들을 쏟아내기 시작했습니다. 평생 언론의 화려한 조명을 받으며 영웅 대접을 받아왔던 그는 세상 사람들의 기억 속에서 사라지는 것을 두려워했습니다.

다시 한번 세상을 깜짝 놀라게 할 발명품을 만들기로 결심한 에디슨이 생애 마지막으로 개발하고자 한 것은 엉뚱하게도 '유령 탐지기'였습니다. 레이저를 쏘는 빔 프로젝터와 빛을 감지하는 장치인 광센서를 이용해 유령을 감지할 수 있는 기계를 발명할 수 있다고 언론에 공개하며 직접 개발에 나섰습니다. 그러나 미국 과학자들은 대부분 에디슨의 주장에 회의를 품었습니다. 영혼이 있는지 없는지도 모르는 상황에서 영혼을 감지하는 기계를 만든다는 것은 얼토당토않은 일이었기 때문입니다.

얼마 후 에디슨은 세계 최초로 유령 탐지기를 개발했다고 주장하

SPIRIT EXPERIMENTS

transformed instantly into a feeble electric current. Any object, no matter how thin, transparent or small, would cause a registration on the cell if it cut through the beam.

When the experiment was ready to begin the spiritualists in the group of witnesses were called upon to summon from eternity the etherial form of one or two of its inhabitants, and command the spirit to walk across the beam. Then while the spiritualists went through their rites the scientists watched intently the meter of the electric eye, which would flicker the instant any ghostly form interrupted the light beam.

Spirits Remain in Eternity

Tense hours were spent watching the delicate instruments for the slightest indication of a spirit form, but none came. The wind howled around the corners of the laboratory building, the spiritualists exorcised, but the ghosts, if any, remained in their abode in eternity. Narrowed scientific eyes saw the meter's needle remain steady as a rock.

It was because of these negative results that the news of the amazing experiments was never given out to the world. Edison

Inventions for October

35

Edison Believed That Spirits Should Have All the Attributes of Matter

would not reveal his belief-shattering discoveries to a believing world.

The great inventor was a realist and his experiment revealed the stony silence his profound mind expected to find. If spiritual entities existed Edison believed that they should have some of the attributes of ordinary matter. Hence his belief that if spirits existed they could be detected by the electric eye.

It was Edison's belief, even up to the day of his death, that life in man and animal results from the activity of countless myriads of what he called "immortal units," endowed with intelligent direction of life and its processes.

To substantiate his hypothesis, Edison burnt his finger intentionally! (Before the finger was burned, however, the scientist had a Bertillion print made of his digit.) The burn was severe enough to obliterate all the delicate skin lines, yet after the finger had healed, another print showed that the lines and whorls, even though they had been hopelessly destroyed, had returned to their original position.

From this experiment, Edison got confirmation of his hypothesis that it is these aforementioned "immortal units" which supervised the regrowth of his finger skin, following out the original design. Man, he believed, is a mosaic of such life units, and it is these entities which determine what we shall be.

To make his hypothesis clear, Edison was wont to cite the following analogy. Suppose this earth were visited by some extra-terrestrial being whose eyes were so course that the smallest thing he could see was the Brooklyn bridge. Naturally he would take the structure as some sort of natural growth.

Now suppose this imaginary giant were to destroy the bridge, then, after a couple of years, find it rebuilt. Don't you suppose the giant would assume that some guiding intelligence were behind the reconstruction? That's what Edison believed.

36

Modern Mechanix and

토머스 에디슨의 유령 탐지기 기사를 다룬 신문

며 자신의 임종 시 새로운 발명품을 작동시키겠다고 큰소리쳤습니다. 마지막 숨을 거둘 때 육신과 분리된 자신의 영혼이 탐지기에 감지될 것이라고 확신한 에디슨은, 1931년 10월 18일 사망을 앞두고 인생의 마지막 실험에 착수했습니다. 그날 에디슨은 언론의 큰 관심을 받으면서 임종을 맞이했지만, 유령 탐지기는 끝내 작동하지 않았습니다.

토머스 에디슨

에디슨은 죽는 순간까지 여론몰이를 했을 정도로 언론을 다루는데 능숙한 사람이었습니다. 오늘날 에디슨이 가지고 있는 좋은 이미지 역시 언론을 통해 만들어진 것이라 할 수 있습니다. 그는 자신에게 유리한 기사만 나가도록 이미지 관리에 큰 노력을 기울였습니다. 하지만 에디슨은 성공만을 추구한 사람이었습니다. 평소 그는 "나는 팔 수 없는 것은 개발하지 않는다. 팔린다는 것은 유용하다는 증거이고, 유용하다는 것은 성공을 의미한다."라고 말하며 돈벌이를 위한 발명만이 가치가 있음을 주장했습니다.

에디슨은 가정생활에서도 그다지 좋은 점수를 받지 못했습니다.

첫 번째 결혼생활에서 그는 일을 핑계로 아내 메리Mary를 거의 배려하지 않았기 때문에 메리는 항상 고독했습니다. 그녀는 외로움 속에서 살다가 29세의 젊은 나이에 2남 1녀를 남겨둔 채 갑자기 세상을 떠났습니다. 얼마 후 에디슨은 19세 연하인 20살의 마이너 밀러Mina Miller와 재혼했습니다.

에디슨은 밀러에게 다정다감했고 그녀를 위해 뉴저지주 웨스트오렌지West Orange에 대저택을 지어주기도 했습니다. 그는 첫 번째 부인 메리 사이에서 태어난 자식들에게는 눈길조차 주지 않았지만, 재혼한 밀러가 낳은 자식들에게는 끊임없는 사랑을 주었습니다. 에디슨의 차별대우는 자식들의 운명에도 큰 영향을 주었습니다. 메리가 낳은 큰아들은 가짜 건강관리 기계를 만들다 사기꾼으로 몰렸고, 둘째 아들은 하는 사업마다 망해 평생을 극빈자로 살다가 죽었습니다. 반면 밀러가 낳은 큰아들은 아버지의 후광을 등에 업고 정치인으로 크게 성공해 뉴저지 주지사가 되었습니다. 둘째 아들은 명문 매사추세츠공대MIT 물리학과를 졸업한 후 학자로서 안정된 삶을 살았습니다.

마이너 밀러와 에디슨

에디슨은 관점에 따라 평가가 엇갈리고 있습니다. 위인전에서 이야기하는 것처럼 위대한 면도 있지만 이에 반하는 인간적인 결함도 있습니다. 1931

토머스 에디슨 저택

년 10월 18일 에디슨이 세상을 떠나자, 당시 미국 대통령 허버트 후버Herbert Hoover는 동부 시간으로 밤 10시를 기해 일제히 소등할 것을 국민들에게 공식적으로 제안했습니다. 이는 인류에게 백열전구라는 위대한 발명품을 선사한 에디슨에 대한 감사의 표시였습니다. 그날 밤 10시, 미국 전역에서 대부분의 백열전구가 빛을 잃으며 역사에 길이 남을 위대한 발명가 에디슨을 추모했습니다.

들여다보기

★

전구와 LED

에디슨이 전구를 개발할 당시에는 빛을 발하는 필라멘트를 만들기가 쉽지 않았다. 조명장치로 이용할 수 있을 정도로 충분한 빛을 내면서도 오랫동안 사용 가능한 물질을 찾아야 했기 때문이다. 적합한 재료를 찾기 위해서 에디슨은 수많은 시행착오를 거쳐야 했다. 90번째 실패를 했을 때 그동안 에디슨을 돕던 조수가 "사장님, 상업적으로 판매 가능한 필라멘트를 개발하는 것은 불가능한 것 같습니다. 그만 포기하는 것이 어떻겠습니까?"라고 물었다. 그러자 에디슨은 고개를 저으며 "그동안의 실험은 아주 성공적이었네, 우리는 실패한 것이 아니라 필라멘트로 사용할 수 없는 90가지의 재료를 밝혀낸 것일세."라고 말하며 뜻을 굽히지 않았다. 이후로도 그는 더욱 더 많은 실패를 거듭해 무려 2,400번째 실험에서 성공을 거두었다.

에디슨이 각고의 노력 끝에 만든 필라멘트 전구는 20세기까지 전 세계를 밝히며 인류에게 엄청난 혜택을 주었다. 그러나 21세기 들어 에디슨의 전구는 찬밥신세를 면하지 못했다. 전구가 전기에너지를 빛으로 바꾸는 과정에서 열이 발생해서 95%의 전기에너지는 사라져 버리기 때문이다. 전구가 대표적인 저효율 조명기기라는 것은 누구나 알고 있는 사실이었지만 그동안 형광등 이외에는 마땅한 대안을 찾을 수 없었다. 그러나 21세기 들어 반도체의 일종인 LED(발광다이오드)가 보급되면서 에디슨의 전구는 세상에 등장한 지 100여 년 만에 자취를 감추기 시작했다.

LED 조명은 백열전구 대비 80% 이상의 에너지 절감효과가 있어 선진국을 중심으로 빠르게 보급이 진행되었다. 등장 초기에는 비싼 가격으로 소비자의 외면을 받았지만 기술의 발전으로 생산비용이 급격히 낮아지면서 전구를 대체하게 되었다. 각국 정부가 에너지 절약을 위해 LED 조명으로 바꾸는 이들에게 보조금을 지급하며 장려하자 LED는 더욱 빠른 속도로 보급되었다. 게다가 선진국을 중심으로 전구 사용을 금지하는 법안이 통과되자 전구는 점차 설 자리가 사라졌다.

가정용 조명으로 보급되던 LED는 자동차용, 산업용, 의료용 등 빛을 필요로 하는 모든 분야에 활용되며 전구를 구시대의 유물로 만들었다. 오랫동안 전구를 만들던 기업들도 LED로 생산라인을 바꾸면서 이제는 전구를 구하기조차 힘들어지게 되었다. 그러나 에디슨이 발명한 전구는 지난 100여 년을 통틀어 가장 위대한 발명품으로서 인류에게 야간생활을 가능하게 한 것만으로도 큰 의미가 있다.

세계를 통찰하는 지식과 교양 〈**세계통찰**〉 **시리즈**

미국

인물

미국을 만든 사람들

세계통찰_ 미국 1	1	역사의 기초를 다진 위대한 리더들	미국의 대통령
세계통찰_ 미국 2	2	오늘날 세계를 움직이는 파워 리더들	
세계통찰_ 미국 3	3	창의성과 도전 정신으로 무장한 미래의 개척자	미국 비즈니스계의 거물들
세계통찰_ 미국 4	4	세계 최강 미국 경제를 만든 기업가	
세계통찰_ 미국 5	5	세상에 발자취를 남긴 생각의 천재들	세상에 영향을 미친 미국인 – 문화인, 예술인, 사상가
세계통찰_ 미국 6	6	세계인의 감성을 자극한 문화 예술인	

사회 문화

세계의 중심이 된 미국

세계통찰_ 미국 7	1	미국을 이해하기 위한 다양한 문화 키워드	미국의 문화
세계통찰_ 미국 8	2	문화의 용광로, 다양한 민족	
세계통찰_ 미국 9	3	사회 제도와 스포츠	
세계통찰_ 미국 10	4	미국을 더 깊이 알 수 있는 핫스팟	

산업

세계통찰_ 미국 11	5	세계 경제를 주무르는 원동력은 어디서 오는가 – 유통, 정보 통신, 문화, 에너지, 항공, 우주	미국의 산업
세계통찰_ 미국 12	6	알고 보면 더 흥미진진한 일상 밀착 산업들 – 금융, 도박, 의료, 제약, 곡물, 군수, 자동차	

전쟁

전쟁으로 일어선 미국

세계통찰_ 미국 13	1	시련과 고비를 딛고 일어서다 – 독립 전쟁부터 제1차 세계대전까지
세계통찰_ 미국 14	2	강대국 중의 강대국이 되다 – 제2차 세계대전
세계통찰_ 미국 15	3	초강대국가의 입지가 흔들리다 – 냉전과 한국 전쟁, 베트남 전쟁
세계통찰_ 미국 16	4	전쟁과 평화 사이에서 – 걸프 전쟁, 테러와의 전쟁

세계통찰 미국 ④

미국을 만든 사람들 4 - **미국 비즈니스계의 거물들**

세계 최강 미국 경제를 만든 기업가

2020년 1월 31일 1판 1쇄 발행

지은이 한솔교육연구모임
펴낸이 권미화
편집 최세라
디자인 김규림
마케팅 조민호
펴낸곳 솔과나무
출판등록 2018년 12월 20일 제2018
주소 서울시 마포구 독막로 266, 111-901
팩스 02-6442-8473
블로그 http://blog.naver.com/solandnamu
트위터 @solandnamu
메일 hsol0109@gmail.com

ISBN 979-11-967534-6-7 44300
979-11-967534-0-5 (set)